Linda Donn · Freud und Jung

Linda Donn

# FREUD UND JUNG

## Biographie einer Auseinandersetzung

Aus dem Amerikanischen
von Michael Benthack

Kabel

Titel der amerikanischen Originalausgabe:
*FREUD AND JUNG*
Years of Friendship, Years of Loss
Charles Scribner's Sons, New York

Danksagung des Übersetzers:
Ich danke Herrn Prof. Dr. Gerhard Fichtner,
Tübingen, und Frau Dr. Ingeborg Meyer-Palmedo,
Frankfurt/Main, für ihre Hilfe.
*Michael Benthack*

*Meinem Mann Tony und unseren Kindern*
*Cassie, Alex und Michael.*
*Von ganzem Herzen.*

# Inhalt

# Vorwort

Die Freundschaft zwischen Sigmund Freud und C. G. Jung bildete den Schnittpunkt zweier genialer Menschen. Er markierte einen Gefühlsraum, der zu bestimmten Zeiten gekennzeichnet war von luftigen Sphären und einer berauschenden Atmosphäre und zu anderen von engen Passagen, Labyrinthen und unversehens auftauchenden Hindernissen. Es bereitete mir große Freude, mich in dieser Welt zu bewegen. So blickte ich an einem Abend durch ein Fenster und sah Freud und Jung, wie sie in einem behaglichen Wiener Café sitzen, Kaffee trinken und sich gutgelaunt unterhalten. Sie schieben die Holzstühle vom Tisch weg, ein scheuerndes Geräusch ist zu hören, und legen das Wechselgeld auf den Tisch, da sie das Lokal verlassen wollen. Mit solchen Vorstellungen begann ich meine Arbeit, bis sie allmählich anderen Bildern Platz machten, die in einer ferneren Wirklichkeit gründeten.

Eines Nachmittags nahm ich im Magazin der New York Society Library einen schmalen, etwas abgegriffenen Band aus dem Regal. Die Autorin war Hilda Doolittle, eine amerikanische Lyrikerin; der Schauplatz das Wien Freuds in den spannungsvollen Tagen vor dem Einmarsch deutscher Truppen in Österreich. Ich mußte Hilda Doolittles Buch mit nach Hause nehmen, denn das Bild, wie sie allein durch die Straßen Wiens geht und sich am Vorabend des Terrors auf den Weg zu Freud macht, hatte mich tief bewegt.

Bisweilen überlagerten Schwierigkeiten diese Wahrnehmungen. Das Recherchieren ist manchmal eine enttäuschende, ja in die Irre führende Arbeit; es ist leicht, Fehler zu machen, und schwierig, ihnen auf die Spur zu kommen. Die Eindrücke, denen ich nachforschte, entstammten einem ganz anderen Bereich als jene, die ich während meiner Doktorandenseminare über akademische Psychologie sammelte. Ich beneidete deshalb allmählich diejenigen, deren Projekte sich aus der von Stipendien geförderten wissenschaftlichen Arbeit entwickelten, und nicht umgekehrt. Ich erlebte aber auch Augenblicke tiefer Zufriedenheit. Als ich mit den Recherchen begann, wurden gerade einige Zugangsbeschränkungen zur Sigmund Freud Collection in der Library of Congress aufgehoben, und so konnte ich Briefe studieren, in die man bis dahin nur schwer Einsicht bekam. Darunter befanden sich der Briefwechsel zwischen Freud und seiner Tochter Anna sowie Freuds Briefe an seine Kollegen und Freunde Eugen Bleuler, Ludwig Binswanger und Ernest Jones. Außerdem las ich den Briefwechsel zwischen Freud und seinem engen Freund Sándor Ferenczi. Dieser Briefwechsel, aus denen die vorliegende Arbeit grundlegende Informationen bezieht, enthält große theoretische Reichtümer. Darüber hinaus stieß ich aber auch auf sehr eindrückliche Stellen von menschlicher Wärme, auf Passagen voller Zorn, daß einem das Herz stehenblieb, und solche mit beiläufig übermitteltem Klatsch und von einer ruhigen Gelassenheit, aus denen Wahrheit sprach.

In der Francis A. Countway Library in Boston lernte ich das Werk von Dr. Eugene Nameche kennen, der mit über hundert Kollegen, Angehörigen und Freunden Carl Gustav Jungs Gespräche geführt hatte. Die meisten Interviews stammen aus den späten sechziger und den frühen siebziger Jahren. Der Zugang zu ihnen war für verschieden lange Zeit Einschränkungen unterworfen gewesen. Zu Beginn meiner Recherchen waren die Beschränkungen jedoch häufig bereits aufgehoben. Die Gespräche, die ich mit Sir Arnold Toynbee führte, waren eine faszinierende und unschätzbare Hilfe bei meinen Erkundungen in die Gedankenwelt Jungs. Paula Fichtl, Freuds Haushälterin, die im vergangenen Jahr in einem Altersheim vor den Toren Salzburgs gestorben ist, bot mir im Laufe meiner vier Forschungsreisen nach Europa ihre Freundschaft an. Als wir unsere Gespräche führten, war sie mit ihren dreiundachtzig Jahren noch immer eine außergewöhnlich lebhafte Frau mit klarem Verstand. Sie lebte und arbeitete seit ihrem 28. Lebensjahr im Haushalt der Familie Freud und zeichnete ein sehr menschliches Bild von Freud. In unseren Gesprächen ließen wir die Zeit wiederaufleben, als tiefe Schatten auf Österreich und die Familie Freud fielen. In der Schweiz berichtete mir Franz Jung an mehreren Nachmittagen Vorfälle aus dem Leben seines Vaters. Franz Jung versetzte mich mit großem Gespür für die kleinen Dinge des täglichen Lebens zurück in die Zeit um die Jahrhundertwende, in das Schweizer Dorf, in dem Carl Gustav Jung lebte.

Nach vier Jahren hatte ich das Buch rechtzeitig zu Ende geschrieben. Es ist merkwürdig: Ich kann die Entstehung nachzeichnen, weiß aber nicht mehr, woher die ersten Gedanken dazu kamen oder welche Gründe mich zum Schreiben eigentlich bewogen hatten. Ich erinnere mich an die Zeit, als ich während des Studiums in einem Londoner Stadthaus eines Verwandten einer Freundin wohnte. Ich war verblüfft, als plötzlich die Anwesenden vom Tisch aufstanden und sich um den Fernsehapparat scharten. C. G. Jung wurde interviewt. Aufregung lag in der Luft, die Gespräche kreisten um die Freundschaft zwischen Freud und Jung. Und über allem lag ein Hauch von Geheimnis.

Oft sind die Erläuterungen der Gründe, warum man etwas geschrieben hat, für den Leser recht langweilig. Wenn man die Gründe notiert und das Geschriebene präsentierbar machen will, bemüht man sich um Logik. Mit der Wahrheit verhält es sich allerdings ganz anders: nicht selten entgeht sie gerade dem, der sich in ihrem Besitz wähnt. Auf jener Party in London hatten alle Anwesenden in der Freundschaft zwischen den beiden Männern etwas Geheimnisvolles und Dramatisches gesehen. An dieser flüchtigen Erinnerung an einen Abend aus meiner Jugendzeit verfingen sich dann, gleichsam wie an einem Stück Baumrinde, das flußabwärts treibt, weitere Stückchen und zogen mich mit. Die Freundschaft zwischen zwei genialen Männern, die Verbindung von Intellekt und Leidenschaft übte eine große Faszination auf mich aus; und da ich die Gesellschaft von Freud und Jung schätzen und lieben gelernt hatte, setzte ich meine Arbeit fort.

Im folgenden gebe ich eine selektive Darstellung dieser Freundschaft. Wenn ich mich auch genau an die Tatsachen hielt, so ist die Auswahl meiner Vorstellungen doch persönlich gefärbt. Irgendwann einmal wird jemand die Welt, in der Freud und Jung lebten, bis zum Ende vermessen und nichts dabei auslassen. Bis dahin spricht vielleicht einiges dafür, von einem bestimmten Standpunkt aus die Ereignisse zu schildern. Bisweilen lag der Weg im dunkeln. Ich habe mich jedoch bemüht, ihn, so gut es ging, im Auge zu behalten.

# Danksagung

Es spricht für sich, wenn man sich bei der Danksagung an die Chronologie hält. William Schneider, Mitglied der Fakultät der New School for Social Research, gab den Hinweis, daß sich aus der Arbeit, die ich über die Freundschaft von Freud und Jung schrieb, möglicherweise ein Buch machen ließ. Steven Frimmer, damals Lektor beim Verlag Reader's Digest Press, sah meine Arbeit durch und machte eine Reihe von Verbesserungsvorschlägen. Er brachte mich mit Julian Bach in Verbindung, der mein Agent wurde und mir geduldig und mit viel Humor erklärte, wie man ein Exposé schreibt, und vieles mehr. Er betreute das Buch fast während der ganzen Zeit und blieb bis zum Ende so engagiert und hilfsbereit wie zu Beginn. Auch Dr. Bernard Weitzman von der New School Graduate Faculty gab mir in der ersten Zeit der Entstehung des Buchs wertvolle Ratschläge. Ihnen allen danke ich für ihre Hilfsbereitschaft.

Mehr als einmal ließ mich William McGuire großzügig an seinem Wissen teilhaben, das er über das Thema des vorliegenden Buches besitzt. Winifred Clark brachte mich in Verbindung mit Vertretern der Jungschen Richtung der Psychoanalyse. Eliat van de Velde und Dr. John Rosen waren so freundlich, mir Auskünfte über Freud und Jung zu erteilen. Ihre Hinweise und Anregungen haben mich zu Beginn meiner Recherchen immer begleitet.

Während ich das Buch schrieb, fuhr ich mehrmals nach Europa. Ich suchte in London Eveline Bennet auf, die kurz zuvor die gründlichen Anmerkungen ihres Mannes, *Meetings with Jung*, herausgebracht hatte. Im englischen Aldeburgh war ich einen Tag zu Besuch bei Sir Laurens von der Post und seiner Frau, die eng mit Jung befreundet waren. In Salzburg schließlich traf ich Paula Fichtl, die Haushälterin der Freuds, die mich freundlich empfing und fließend Englisch sprach. Ihnen allen bin ich zu großem Dank verpflichtet, daß sie mich

13

an ihren Erinnerungen teilhaben ließen und diese Erinnerungen mit Leben gefüllt haben.

In der Schweiz besuchte ich Franz Jung, der mir an mehreren Tagen über viele Stunden aus dem Leben seines Vaters erzählte. Aus seinen Erzählungen ergab sich ein verläßliches, durchgehendes Bild über die Familie Jung. Seine nachdenklichen und behutsam formulierten Erinnerungen bilden die Grundlage des vorliegenden Buchs. Ich danke ihm für seine Aufmerksamkeit und seine Freundschaft. Er wird wissen, wo er sich auf diesen Seiten wiederfindet. Über Aryeh Maidenbaum, den Leiter der C. G. Jung Foundation For Analytical Psychology of New York, lernte ich Dr. Robert Hinshaw kennen, einen amerikanischen Psychoanalytiker, der in Zürich praktiziert. Rasch und problemlos stellte er mich einigen Leuten vor, die ich sonst nur schwer kennengelernt hätte, unter ihnen Aniela Jaffé, die Herausgeberin der *Erinnerungen, Träume, Gedanken* von Jung, die über einen reichen Schatz an Tatsachenmaterial aus dem Leben C. G. Jungs verfügt. Frau Jaffé, die Jungs Andenken treu bewahrt und dennoch jedem, der es stören könnte, mit großer Liebenswürdigkeit begegnet, ging mit besonders großer Freundlichkeit auf meine Fragen ein. Ebenfalls in Zürich erzählten mir die Psychoanalytiker und Autoren Dr. Liliane Frey-Rohn und Dr. Siegmund Hurwitz, wie sie Jung kannten und verstanden. Auch der angesehene Analytiker Dr. C. A. Meyer, der über mehrere Jahre eng mit Jung zusammenarbeitete, zeichnete ein sehr persönliches Porträt von C. G. Jung. Alle diese Menschen teilten mir großzügig ihre Erinnerungen mit. Sollten einzelne Striche darin falsch gezeichnet sein, so stammen sie von mir. In den Bibliotheken und Archiven – furchteinflößende Orte für jeden Unkundigen – machte Dr. Ronald S. Wilkinson, Handschriftenexperte und Historiker, dessen Spezialgebiete Kulturgeschichte und Geschichte der Naturwissenschaften sind, meine Arbeit in der Handschriftenabteilung der Library of Congress zu einem Vergnügen. Dr. Harold Blum, der Leiter des Sigmund-Freud-Archivs, half mir, wo er nur konnte; ich werde nie vergessen, daß er immer Zeit hatte, ein Wort mit mir zu wechseln, obgleich er selber viel zu tun hatte. Das Jung Biographical Archive in der Francis A. Countway Library of Medicine in Boston wird umsichtig und mit großer Sorgfalt von Richard Wolfe geleitet; sein Kenntnisreichtum und seine Energie haben mich zu Fragen ermutigt, die nie unbeantwortet blieben. Mary E. Winkle, die während meiner Arbeit am vorliegenden Buch als stellvertretende Leiterin der Archiv- und Handschriftenabteilung arbeitete, war immer in der Nähe, wenn ich meine ausgedehnten Nachforschungen betrieb, und nahm sich zuverlässig allen Einzelheiten meiner Arbeit an. In der Countway-Bibliothek lernte ich Eugene Taylor kennen, der über die Entwicklung der wissenschaftlichen Psychotherapie in den USA forscht und mich großzügig an seinen Kenntnissen und Informationsquellen teilhaben ließ. Dr. Frank Mecklenburg vom Leo Back Institute in New York City half mir bei meinen ersten Recherchen. Die Mitarbeiter der New York Society Library in New York City nahmen sich kenntnisreich und verläßlich aller Fragen zum Versand der Mikrofilme von einer zur anderen Bibliothek an und lösten alle unweigerlich dabei auftauchenden verfahrenstechnischen Probleme. Ihnen allen sei an dieser Stelle für ihr Wissen und Können und ihre gute Laune gedankt.

Danken möchte ich auch allen an diesem Projekt beteiligten Übersetzern. Vor allem Magda Jones bin ich zu großem Dank verpflichtet. Es ist eine zeitraubende und auch ein wenig eintönige Arbeit, mit Hunderten von Briefen auf dem laufenden zu bleiben, die Handschriften zu übertragen, die Briefe mit Gespür für einen klaren Stil zu übersetzen und dabei alles in einen geordneten Ablauf zu bringen; aber es gab auch immer wieder Zeiten übersetzerischer Freude. An der Weslyan University fertigte Dr. Krishna Winston weitere Übersetzungen an; ihre Sekretärin Hilda Damiata erstellte mit Genauigkeit und Verläßlichkeit die Abschriften. Weiteres Material haben Ilse Schutz und Almut Fitzgerald übersetzt. Krishna, Magda und Almut sahen am Ende meine Arbeit im ganzen durch. Ich danke ihnen für ihren Sachverstand und ihr gemeinschaftliches Wohlwollen.

Annie Rohrmeier, Montie Mills und Steve Kellogg lasen das Manuskript im Hinblick auf die eigentliche Geschichte. Dr. Robert Hinshaw und William Schneider lasen das Manuskript und trugen die Kenntnisse aus ihren Spezialgebieten bei. Ich danke ihnen für ihre Ratschläge. Es gibt jedoch eine noch größere Schuld, die sich nicht zurückerstatten läßt. Tom Crider, Partner meiner ersten literarischen Versuche aus früheren Jahren, bot mir mehr als einmal seine Hilfe an. Er kümmerte sich um die geringfügigsten Details, und wie schon damals trug auch diesmal Humor den Sieg davon. Tom ist ein wunderbarer Freund, dem das geschriebene Wort sehr viel bedeutet, doch selbst er kann keine Wunder vollbringen. Sollte etwas auf den folgenden Seiten unklar bleiben, habe ich allein dies zu verantworten.

Janet Forster fiel die Aufgabe zu, den Anmerkungsapparat zu erstellen. Bei einem sich ständig ändernden Text ist das eine Arbeit mit einer Vielzahl offener Probleme. Ich danke ihr für ihren unbestechlichen Blick, ihre Ausdauer und ihre Freundschaft. Mieke Maas besorgte die Zusammenstellung der Photographien; die endgültige Auswahl bestimmte sie mit großem künstlerischem Gespür. Zumal in den letzten Monaten entwickelte sich die Fertigstellung des Buchs zu einem Gemeinschaftsunternehmen. Janet Forster, Suzy Kane, Almut Fitzgerald, Annie Rohrmeier und Avra Matsoukas nahmen sich der zeitaufwendigen Arbeit an, die Erlaubnis zum Abdruck der Photographien und Texte einzuholen und die Richtigkeit der Zitate nachzuprüfen. Ihnen allen möchte ich herzlich danken.

Gladys Alvarez, Debbie Kusa, Alice Seeley und Maria Royek hielten zu verschiedenen Zeiten unseren Haushalt in Ordnung. Ohne ihre Hilfe hätte ich die ganze Arbeit nicht leisten können, aber wer wüßte dies nicht besser als sie?

Meinem Vater möchte ich danken, daß er mich zum Schreiben des Buchs ermutigt und mich unterstützt hat. Keiner war aber während der ganzen Zeit freundlicher und geduldiger als mein Mann Tony. Er hat als Arzt selbst viel zu tun, aber niemand hat mir geduldiger zugehört und bessere Kritik ge-

16

übt. Tony bewies Verständnis und nahm Anteil an meiner Arbeit. Am wichtigsten war mir jedoch, daß er immer ungeschönt seine Meinung äußerte, ehrlich und unkompliziert. Es ist recht langweilig, wenn die eigene Frau ein Buch schreibt; schlimmer ist wohl nur noch, wenn die eigene Mutter ein Buch schreibt. Die heute dreizehn Jahre alten Cassie und Alex taten alles, damit unser Leben interessant blieb. Sie machten Vorschläge für den Titel und den Einband. Sie ermahnten mich, daß ich weiter mit meinem Personal Computer schreiben sollte, und standen mir in der ersten verwirrenden Zeit, als ich damit zu schreiben anfing, zur Seite. Vor allem aber interessierten sie sich für alle Gesichtspunkte des Schreibens – angefangen vom Aufbau einer Szene bis hin zu den Techniken, wie man einen Anmerkungsapparat erstellt; es war eine unverhoffte Freude.

Dem Scribners-Verlag, vor allem meinem Lektor Robert Stewart, danke ich dafür, daß ich das vorliegende Buch schreiben durfte. Viele Menschen haben dabei mitgeholfen, allen möchte ich danken. Besonders bewegend ist es, wenn man ans Ende gelangt ist und erkennt, daß alles aufgrund so großer aufrichtiger Hilfsbereitschaft zustande kam.

# Teil I
## Schauplätze

# 1. Kapitel

Hilda Doolittle trug oft helle Strümpfe und locker gegürtete Kleider, die sie in Secondhand-Läden fand, von Medaillons gehaltene Seidentücher sowie lässig übergeworfene Pelzmäntel. Als sie sich an einem Spätoktobertag des Jahres 1934 in Wien ankleidete, wählte sie allerdings ein altes Tweedkostüm aus. Sie verließ das Hotel Regina und betrat den Freiheitsplatz, eine schwere Aktentasche aus Leder in der Hand. Die Professoren und Studenten von der gegenüberliegenden Universität trugen ähnliche Taschen.

Es war fünf Uhr nachmittags. Hilda Doolittle begab sich zur Analysestunde bei Professor Freud; sie bog in die Berggasse, und direkt vor ihr, auf dem schmalen Bürgersteig, waren Hakenkreuze zu sehen. Während ihres Aufenthalts in Wien war sie immer wieder auf diese Zeichen gestoßen. Eines Morgens waren konfettiähnliche Papierstückchen vom Himmel herabgerieselt, und sie mußte an die schmalen Papierstreifen denken, die englische Kinder mit den Weihnachtsgeschenken bekommen und mit denen ihnen Glück und Gesundheit gewünscht wird. Die Botschaften, die sie nun sah, verhießen jedoch eine ganz andere Zukunft. »Hitler gibt Euch Arbeit.« Zwar waren auf Hilda auch schon einmal goldfarbene Papier-Hakenkreuze herabgefallen; aber die Hakenkreuze, die sie an diesem Oktobertag sah, waren von einer anderen Art. »Jetzt waren sie aus Kreide; ich folgte ihnen die Berggasse hinunter, als wären sie speziell mir zuliebe auf das Pflaster gemalt worden.« Hilda setzte ihren Weg fort. In den menschenleeren Straßen wirkte ihre große Gestalt einsam und verlassen. Dann folgte sie den mit kräftigen Strichen auf den Gehsteig gemalten Hakenkreuzen, bis sie vor Freuds Wohnung stand.

Es lag schon einige Zeit zurück, daß der amerikanische Dichter William Carlos Williams, einer der führenden Vertreter der amerikanischen Lyrik in der ersten Hälfte des 20. Jahrhunderts, von Hilda Doolittles »bizarrer Schönheit« gesprochen hatte. Sie war fast einen Meter achtzig groß, wirkte jedoch eher zart und zerbrechlich; sie hatte intensiv leuchtende Augen und einen verlegenen, kindlichen Blick. Diese Widersprüche ließen sie aber nur noch schöner erscheinen. 1911 war die jetzt 48jährige als junge und unerfahrene Dichterin aus den Vereinigten Staaten mit dem Schiff nach Europa gekommen, um ihren Freund und ehemaligen Verlobten Ezra Pound zu besuchen. Nachdem sie sich im Britischen Museum in London die griechischen Friese angesehen hatte, saß sie mit Ezra Pound beim Tee und zeigte ihm ihre neuesten Gedichte, die sie mit sparsamer, ruhiger Handschrift niedergeschrieben hatte. Alles Unwesentliche hatte sie fortgelassen, wodurch sie ihren Gedichten die schlichte und klare Form der von ihr so sehr geliebten griechischen Statuen verlieh. Pound war begeistert, er strich die Unterschrift unter einem der Gedichte durch und schrieb darunter: »H. D. *Imagiste*.« Mit dieser Geste setzte eine neue Richtung der modernen Lyrik ein. H. D.'s unverwechselbarer Stil als Frau und als Lyrikerin regte eine Reihe von Schriftstellern dazu an, sie als Figur in ihren Romanen auftreten zu lassen. Einer ihrer Biographen schreibt, D. H. Lawrences *Lady Chatterley's Lover* vermittele einen Eindruck von dem Leben, das sie während der ersten Jahre ihres Aufenthalts in England führte.

Die Sensibilität, die H. D.'s Gedichte so ernst und reizvoll machten, blieb indes nicht ohne Auswirkungen auf ihr seelisches Wohlergehen. Zeitlebens bemühte sie sich, den eigenen Mythos an den Heldensagen der alten Griechen zu messen, zuweilen war es eine zu weite Kluft. »Sie gleicht einer Seiltänzerin«, schrieb ihr Freund D. H. Lawrence, »man weiß nie, ob sie wohlbehalten ans andere Ende gelangt.« Ende 1934 war die unruhige und oft schwermütige Hilda Doolittle nach Wien gekommen, um die im Vorjahr bei Sigmund Freud begonnene Analyse wieder aufzunehmen.

Ihre Gedanken schweiften oft zurück zu ihrem ersten Besuch in der Berggasse 19. »Paula hat die Tür geöffnet (allerdings wußte ich damals noch nicht, daß das hübsche kleine

Wiener Mädchen Paula hieß)... Sie hat mich in das Wartezimmer mit den Spitzengardinen am Fenster gewiesen... Da
ist die bescheidene, in hohen Ehren gehaltene gerahmte Ur-
kunde der kleinen Universität in Neu England, die ich später
genau untersuchte.« Wie sie später erfuhr, handelte es sich
um die Ehrendoktorwürde, die die Clark University Freud
verliehen hatte, als er 1909 mit seinem engsten Freund Carl
Gustav Jung in die USA reiste. Nervös und ein wenig ängstlich nahm sie im Wartezimmer Platz. »Ich weiß, daß Professor Dr. Sigmund Freud die Tür mir gegenüber öffnen wird.
Obwohl ich es weiß und mich jetzt schon einige Monate auf
diese Feuerprobe vorbereitet habe, bin ich dennoch verblüfft,
überrascht, sogar schockiert, als sich die Tür öffnet.«

Ein Mann von vollendeter Höflichkeit stand vor ihr, er war
untadelig gekleidet, in dunklem Anzug mit Weste und einer
altmodischen goldenen Uhrkette mit einem kleinen Medail-
lon; er mußte einmal ein gutaussehender Mann gewesen sein.
Doch von Anfang an beunruhigte sie etwas Geheimnisvolles
in Freuds Wesen. Zwar lächelte er freundlich, aber an den
dunklen, tiefliegenden Augen ließ sich nur wenig ablesen.
»Aber warum sind Sie nur gekommen?« erkundigte er sich.
»Niemand ist heute hierhergekommen, niemand! Wie sieht
es draußen aus?« Schon seit Hitlers Machtübernahme im Januar 1933 hielten die Einwohner Wiens ständig nach Zeichen Ausschau, die erkennen ließen, ob, wann und wie die
deutschen Truppen in Österreich einmarschieren würden.

Freud hatte allen Anlaß, sich Sorgen über den Fortgang des
Lebens in Wien zu machen. Er war Jude und hatte sein ganzes
Leben in einer von Antisemitismus geprägten Umgebung ver-
bracht. Erst einige Zeit zuvor hatte ihm der Freund Oskar
Pfister geschrieben: »Letzte Woche war ich rasch in Deutsch-
land und holte mir einen Ekel, den ich lange nicht mehr los
werde... Feig nach außen, läßt er seine kindische Wut an
wehrlosen Juden aus.« Zudem wußte Freud, daß man seinen
Enkel in der Schule in Berlin *Jud Freud* nannte – damals eine
Anrede, so wie man Herr Freud sagte.

Freud war im Jahr 1934 78 Jahre alt. Er war schon als kleiner Junge mit seinen Eltern nach Wien übergesiedelt. Nachdem er seine Frau Martha geheiratet hatte – sie siedelte nach der Heirat nach Wien über –, lebten sie in ihrer großen und behaglich eingerichteten Wohnung. Inzwischen waren über vierzig Jahre vergangen, und die Hakenkreuze führten direkt bis zur Haustür. Wahrscheinlich würde er Wien verlassen müssen, man hatte ihm bereits geraten, Zuflucht im Ausland zu suchen. Dem Neffen Samuel Freud hatte er im Vorjahr nach England geschrieben: »Das einzige, was ich sagen kann, ist, daß wir entschlossen sind, hier auszuharren bis zum Letzten. Vielleicht kommt es nicht allzu schlimm.« Aber jetzt war er nicht mehr so sicher. Rund siebzigtausend Juden hatte man zur Flucht aus Deutschland gezwungen, unter ihnen eine große Zahl von Psychoanalytikern. Er befürchtete, daß die Bewegung, an deren Ausbreitung er zeitlebens mitgewirkt hatte, vernichtet und sein Tod ihr Ende markieren würde. Früher einmal hatte er die Hoffnung gehegt, der Freund Carl Gustav Jung werde die psychoanalytische Bewegung weiterführen. Doch schon vor Jahren war es zum Bruch zwischen ihnen gekommen. Nun gab es niemanden mehr, der seinen Platz einnehmen konnte.

An jenem Tag sprach Freud mit Hilda Doolittle darüber, was die Hakenkreuze bedeuteten. England und Frankreich waren ein Bündnis eingegangen. Deshalb war es recht unwahrscheinlich, daß Hitler wagen würde, diesen Ländern die Stirn zu bieten. Schließlich meinte er achselzuckend: »Wir sollten jetzt wohl mit der Analyse fortfahren. Es bleibt uns nichts anderes zu tun.« Hilda Doolittle war für ihn von großem Interesse. Aufgrund ihrer Neigung zu mystischen Vorstellungen hatte es sie unwiderstehlich in die Grenzbereiche rationaler Erkenntnis gezogen, nur zu gern hatte sie sich der Magie der Alchimie und des Spiritualismus hingegeben. Auch Freud zeigte Interesse an solchen Phänomenen. Er hatte an Séancen und an Experimenten im Zusammenhang mit der Gedankenübertragung teilgenommen. Schließlich war er überzeugt, daß etwas Wahres daran sein müsse, auch wenn er schon immer die irrationale Seite in sich bekämpft hatte; irgend etwas daran flößte ihm Angst ein. Jahre zuvor war die Freundschaft zu Carl Gustav Jung zerbrochen, der sich dieser fremden, mystischen Welt verschrieben hatte. Deshalb wies Freud H. D. immer wieder auf das hin, während sie »rückwärtsgehen oder fort zur Alchimie« schreiten würden, worin er die Vernunftseite der Psychoanalyse sah – auf das von ihm selbst errichtete Denkgebäude. Er hatte es unter großen Opfern errichtet, und über weite Strecken war er allein gewesen.

Hilda Doolittles Therapiesitzung bei Freud war vorbei. Langsam neigte sich der Nachmittag dem Ende zu. Manchmal führte Freud H. D. in sein Arbeitszimmer und unterhielt sich noch etwas mit ihr. Auf den ersten Blick machte der Raum mit den altmodischen und vom vielen Sitzen weichen Roßhaarstühlen einen eher konventionellen Eindruck. Aber das war nicht das entscheidende. Das Zimmer war faszinierend – ringsum, aus den Vitrinen und aus den Bücherregalen richteten Hunderte von hübschen kleinen Gesichtern ihre Blicke auf sie. Mythologische Gestalten, alte assyrische Gottheiten, Holzspielzeuge aus ägyptischen Gräbern, Heiligenfiguren und fratzenhafte Wasserspeier – der beredte Symbolismus von Schlangen und schauerlichen mittelalterlichen Drachen. Diese »kleinen Statuen und Bildwerke helfen«, schrieb Freud, »die verfliegende Idee zu festigen oder vor dem gänzlichen Entschwinden zu bewahren«. Einmal hatte er eine elegante Bronzestatuette zur Hand genommen, die zwischen mehreren anderen in einem Halbkreis auf dem Schreibtisch stand, und gesagt: »Das ist mein Lieblingsstück.« Er hatte es ihr in die Hand gelegt. Es handelte sich um Pallas Athene, das wußte sie, »verehrungswürdig als die Projektion eines Gedankens..., die ohne eine menschliche oder sogar göttliche Mutter geboren worden und in voller Rüstung dem Kopf ihres Vaters entsprungen war... Zeus«.
In jener schweren Zeit symbolisierte die Athene-Statuette für Freud die Überzeugung, daß man dem Weltlauf, aller Irrationalität zum Trotz, Widerstand leisten mußte. Hier, in diesem Arbeitszimmer hatte er unter die Oberfläche des bewuß-

ten Lebens gegraben und das von instinktiven Bedürfnissen beherrschte und von Sexualenergie in Gang gehaltene Unbewußte entdeckt. Die Erklärung menschlichen Verhaltens, wie er es sah, war ein gewaltiges Unterfangen gewesen. »Mein Los war das des Teufels. Ich hatte die Steine aus dem Steinbruch zu beschaffen, so gut ich eben konnte, und war froh, wenn es mir gelang, sie irgendwie zusammenzusetzen, so daß etwas einem Gebäude Ähnliches daraus wurde.« Nun mußte er sich fragen, wer es zu Ende bauen würde.

Freud hatte einen Mann kennengelernt, der diese Aufgabe zu lösen imstande gewesen wäre und der über einen ihm verwandten Geist verfügte. Er hatte Freuds Ideen ergänzt, erweitert und in großen Zügen bestätigt. Jahre zuvor, an einem Sonntag im März 1907, war der Schweizer Psychiater Carl Gustav Jung mit seiner jungen Frau zu Besuch gekommen. Der 32jährige Jung hatte sich stark zu den Grundsätzen der jungen Wissenschaft hingezogen gefühlt. Er stand im Bann der Geheimnisse des Spiritualismus und zeichnete sich durch ein jugendliches, trotziges und eigensinniges Selbstbewußtsein aus – Eigenschaften, für die Freud große Bewunderung hegte. Sie hatten sich in Freuds Arbeitszimmer zurückgezogen und gleich beim ersten Zusammentreffen dreizehn Stunden ohne Unterbrechung miteinander gesprochen. Der selbstbewußte, einundfünfzigjährige Freud saß regungslos da und rauchte Zigarren; ab und zu nahm er eine Figur aus der kleinen Antiquitäten-Sammlung auf dem Schreibtisch. Mit wachsender Verwunderung betrachtete Freud den redegewandten, begeisterungsfähigen Mann, dessen Ansichten offenkundig seinen eigenen entsprachen. Allmählich wich die Einsamkeit, die er in den zurückliegenden Jahren empfunden hatte, während sie sich bis tief in die Nacht weiter unterhielten. Der hochgewachsene junge Schweizer hatte, ohne es zu wissen, einen so nachhaltigen Eindruck auf Freud gemacht, wie es niemandem mehr nach ihm gelingen sollte. Gemeinsam enthüllten sie die Geheimnisse der Psyche und leisteten der etablierten Psychiatrie Widerstand. Freud und Jung revolutionierten die Psychiatrie und schlugen kühn und phantasievoll neue Wege ein, wobei sie die unerläßlichen Charaktereigenschaften für diese Aufgabe mitbrachten. »Ich bin nichts als ein Konquistadorentemperament, ein Abenteurer«, bekannte Freud einmal. Jung entsprach seinem unbedingten Streben, überkommene Normen in Frage zu stellen. Jenes abendliche Gespräch bildete den Anfang einer engen Freundschaft und einer machtvollen Allianz. 1913 verkehrte sich dann die tiefe Zuneigung der beiden Männer zueinander in zornige Ablehnung, und ihre vielschichtige, lebendige Freundschaft zerbrach. Im Lauf der Zeit verringerte sich zwar das Leid, ganz sollte es jedoch nie mehr verschwinden. 1932 fragte ein Besucher Freud, was er heute über die gescheiterten Freundschaften aus der Frühzeit der Psychoanalyse halte. Wie denke er über Alfred Adler, Wilhelm Stekel und Carl Gustav Jung? fragte ihn der Besucher, Dr. E. A. Bennet. Der Verlust von Adler spiele keine große Rolle, antwortete Freud, und was Stekel betreffe, so habe sein Charakter jede weitere Zusammenarbeit verhindert; dann aber hielt er inne. Und Jung? Nach einer Pause fügte er hinzu: »Jung war ein großer Verlust.«

1933 kam es zu ganz anderen schmerzlichen Ereignissen. Jung übernahm den Vorsitz der überstaatlichen Allgemeinen ärztlichen Gesellschaft für Psychotherapie, die ihren Sitz in Deutschland hatte. Über die Mehrheit verfügten die Deutschen, die die Gesellschaft bald darauf offiziell neu organisierten und alle Juden von der Mitgliedschaft ausschlossen. Jung besaß beträchtlichen Einfluß, denn neben dem Vorsitz übernahm er auch die Herausgeberschaft der einflußreichen Zeitschrift der Gesellschaft, des *Zentralblatts für Psychotherapie*. Diese Stellung hielt er von 1936 an mit Dr. Matthias Heinrich Göring, dem Vetter von Feldmarschall Hermann Göring, gemeinsam inne. Wegen seiner Verbindung zu M. H. Göring, den die Deutsche Gesellschaft – nur Monate nach Jungs Ernennung zum Vorsitzenden der internationalen Dachorganisation – zu ihrem Präsidenten machte, hatte man Jung heftig angegriffen. 1933 veröffentlichte Dr. Göring in der deutschen Beilage des *Zentralblatt* eine Art Manifest, mit dem die Mitglieder der Deutschen Gesellschaft zur Übernahme der ideologischen Grundsätze Hitlers gedrängt wurden. Ob nun versehentlich oder mit Absicht, das Manifest erschien in leicht abgeänderter Fassung auch in der internationalen Ausgabe des *Zentralblatt*. In den Augen der Öffentlichkeit war das *Zentralblatt* eine Zeitschrift unter Jungs Leitung. Sie hatte ein Manifest der Nationalsozialisten abgedruckt, das laut Jung jedoch ohne sein Wissen hinzugefügt worden war. Es wird nicht nur von vielen behauptet, Jung sei Antisemit gewesen und habe gemeinsame Sache mit den Nationalsozialisten gemacht; nicht selten wird auch die Ansicht vertreten, er habe sich abfällig über die Grundlagen der Freudschen Psychologie geäußert. Jung hatte erklärt: »Ich bin allerdings arg mit der Zeitgeschichte zusammengestoßen. Man meint, ich sei nun ein blutrünstiger Antisemit geworden, weil ich den deutschen Ärzten geholfen habe, ihre Psychotherapeutische Gesellschaft wieder zu konsolidieren, und weil ich gesagt habe, daß zwischen der jüdischen Psychologie und der sog. arischen gewisse Unterschiede bestünden.« 1933 hatte er im *Zentralblatt* geschrieben, es sollten »die tatsächlich bestehenden und einsichtigen Leuten schon längst bekannten Verschiedenheiten der germanischen und der jüdischen Psychologie nicht mehr verwischt werden, was der Wissenschaft nur förderlich sein kann«. Und in der folgenden Ausgabe, die 1934 erschien, schrieb er: »Der Jude hat nie und wird voraussichtlich auch nie eine eigene Kulturform schaffen, da alle seine Instinkte und Begabungen ein mehr oder weniger zivilisiertes Wirtsvolk zu ihrer Entfaltung voraussetzen.« Manche hielten das für ein Zeichen von Antisemitismus, andere stellten die Frage, ob diese – und weitere Äußerungen – möglicherweise Jungs Zorn auf Freud entsprangen.

1933 begann Roy R. Grinker, der später als Analytiker in Chicago praktizierte, bei Freud eine Analyse, während der auch Jungs Verbindung zum *Zentralblatt* zur Sprache kam. Jungs umstrittene Handlungsweise kam für Freud nicht überraschend. Er erzählte Grinker von einem Traum, den er in den Monaten vor dem Bruch mit Jung gehabt hatte: Ein Gladiator war gekommen, er trug eine Schweizer Tracht und schwang ein Schwert. »Daß er [Freud] nicht sogleich die Bedeutung des Traumes erkannte«, erinnert sich Grinker, »betrachtete er als ›sehr ernsten Verstoß gegen die Einsicht‹.« Der Mann, mit dem er Jahre zuvor in seinem Arbeitszimmer zusammengetroffen war und den er wie einen Sohn geliebt hatte, sei ihm schon seit einiger Zeit fremd geworden. Nun sah es aus, als habe sich Jung ganz offen gegen ihn gewandt.

Die Nacht senkte sich herab. Langsam ging Hilda Doolittle durch die menschenleeren Straßen Wiens zum Hotel Regina zurück, aber die Hakenkreuze auf dem Bürgersteig waren noch immer deutlich zu erkennen. Es ist nicht so leicht, dachte sie, mit Kreide gemalte Totenkopfzeichen vom Gehweg zu schrubben.

1934 glich Wien einem Pulverfaß. Im Jahr zuvor hatte der österreichische Bundeskanzler Engelbert Dollfuß offiziell den Plan zur Vereinigung mit Deutschland – den »Anschluß« – zurückgewiesen. Er erklärte die nationalsozialistische Bewegung für gesetzeswidrig, worauf die Nazis in Wien Zuflucht in Terroranschlägen suchten. Dollfuß fiel einem Attentat zum Opfer. Der neue Kanzler, Kurt von Schuschnigg, hatte vielleicht die besten Absichten, aber er war machtlos gegen die Bedrohung, die von Hitler und den Nazis innerhalb und außerhalb der österreichischen Grenzen ausging.

Es war Hilda Doolittles Gewohnheit, sich nach jeder Analysestunde bei Freud in der vertrauten Umgebung ihres Hotelzimmers auszuruhen und Tagebuch zu schreiben. Eine Radierung mit Freuds Bild stand auf der Frisierkommode. In einigen Wochen würde sie Wien verlassen, doch Freud sollte die tiefe Zuneigung, die er für sie empfand, für immer bewahren. Als sie ihm zum 80. Geburtstag Orchideen schickte, bedankte er sich mit großer Liebenswürdigkeit: »Das Leben in meinem Alter ist nicht leicht, aber der Frühling ist schön und ebenso die Liebe.« Eines Tages las sie noch einmal in den

Tagebuchaufzeichnungen aus der Zeit, als sie in Wien gewesen war. Es finden sich darin bewegende Erinnerungen an die verhängnisvolle Zeit vor dem Einmarsch der Truppen Hitlers in Österreich. Eine ganze Welt – und mehr – war damit untergegangen.

# 2. Kapitel

Als Paula Fichtl am Morgen des 12. März 1938 in Freuds Wohnung aufwachte, nahm sie, wie immer, Laken und Decke vom Bett und legte beides in die Kommode. Seit zehn Jahren arbeitete sie als Haushälterin bei den Freuds; jede Nacht hatte sie auf einer Couch im Wartezimmer geschlafen, in dem Freud seine Patienten empfing. »Ich schlief sehr gut auf dieser Couch«, erzählte sie, und ihre braunen Augen funkelten. »Es war die des Professors.« Sie war damals Mitte Zwanzig. Als sie aus Salzburg kam, um in Wien Arbeit zu suchen, trug sie ein Tiroler Dirndl, das dunkle Haar zu einem kräftigen Knoten zusammengesteckt. Jetzt kannte sie die Familie Freud besser, als ein Außenstehender sie je kennenlernen würde. »Der Professor hat mich immer geneckt und Scherze gemacht. Wenn ich mit rauschenden Röcken durch die Wohnung gegangen bin, hat er mich am Ohr gefaßt oder an meinen Zöpfen gezogen; ich habe dann immer laut geschrien. Natürlich habe ich diese Neckerei nie erwidert. Dafür hatte ich viel zu großen Respekt vor ihm, ich habe ihn liebgehabt. Er war wie ein Vater zu mir.«

»Rasch, Paula – bring mir den *Abend*«, rief Freud später am selben Tag. Sie lief die Treppe hinunter und sah Trupps österreichischer SA-Männer durch die Straße ziehen. Einen Monat zuvor hatte Hitler den österreichischen Kanzler Schuschnigg zum Berghof zitiert, seinem abgelegenen Urlaubsdomizil in der Nähe von Berchtesgaden. Die Botschaft an Schuschnigg war eindeutig. Entweder erklärte sich Österreich mit der Bildung einer nationalsozialistischen »Koalitions«-Regierung einverstanden, oder deutsche Truppen würden in das Land einmarschieren. Da Schuschnigg die Vereinigung Österreichs mit Deutschland ablehnte, kündigte er eine Volksbefragung zu der Frage an, ob Österreich unabhängig bleiben solle oder nicht. Auf den Bürgersteigen und an Häuserwänden, überall tauchten Pro-Schuschnigg-Parolen auf.

Am 11. März befahl Hitler ihm, die Abstimmung aufzugeben. Schuschnigg mußte zurücktreten. »Gott erhalte Österreich«, sagte er an jenem Abend. Das Land fiel Hitler und Deutschland in die Hände. Schon am nächsten Morgen rumpelten deutsche Panzer über die österreichische Grenze.

Jetzt nahm Freud Paula den *Abend* aus der Hand. Er las die Schlagzeilen, zerknüllte die Zeitung und warf sie in die Ecke. Freuds Sohn Martin hob die zerknüllten Seiten wieder auf, während die anderen Mitglieder der Familie noch immer schweigend dasaßen. Martin Freud erkannte sofort, daß der *Abend* – eine Pro-Schuschnigg-Zeitung – über die Nachricht von Hitlers Sieg in Hochstimmung geraten war. Mehr noch: die Zeitung bezichtigte die Juden furchtbarer Verbrechen.

Am 14. März schrieb Freud in sein Tagebuch: »Hitler in Wien.« Tausende zogen tanzend und jubelnd durch die Straßen. Ausländische Reporter schrieben, in der ganzen Stadt herrsche eine ausgelassene Festtagsstimmung – und Schlimmeres geschah. Menschen kamen zusammen und sahen zu, wie ihre jüdischen Mitbürger gezwungen wurden, die Pro-Schuschnigg-Parolen mit bloßen Händen oder Zahnbürsten von den Wiener Gehsteigen und Gebäuden zu schrubben.

In den folgenden Wochen ging ein Leben zu Ende, das Freud und seiner Familie sehr viel bedeutet hatte. Man bereitete alles für die Abreise vor und traf die letzten Vorkehrungen zum Verlassen der Stadt. Seit den ersten Ehejahren war die Wohnung Sigmund und Martha Freuds Zuhause; die siebzehn Zimmer erstreckten sich über den ganzen ersten Stock des Mietshauses Berggasse 19. Freuds sechs Kinder waren stolz, daß es in ihrem Zuhause elf Schreibtische gab. Inzwischen lebte nur noch Anna, die jüngste Tochter, bei den Eltern. Auch sie hatte eine psychoanalytische Praxis eröffnet und arbeitete in ihrem Zimmer, das an das ihres Vaters grenzte, bis in den Abend. Paula erinnert sich, daß Anna viele ihrer Kleider während der Analysestunden nähte. Blusen und Kleider, Unterwäsche und Nachthemden, jedes Kleidungsstück wurde auf dieselbe Art angefertigt: an jedem lief am rechten und am linken Rand eine Ziernaht, alle hatten einen eckigen Halsausschnitt und waren am Rücken geknöpft. Jedes Knopfloch war fein säuberlich gestickt, und die Kleider waren schwarz eingefaßt.

Eines Abends setzte sich Anna, nachdem der letzte Patient gegangen war, zu Paula, weil sie sich noch ein wenig unterhalten wollte. Paula fragte: »Warum haben Sie nie geheiratet?« Anna entgegnete: »Als ich noch jung war, wollte ich heiraten, aber die Männer, die ich liebte, waren alle älter als ich und schon verheiratet.« So wie Minna, Marthas Schwester, war Anna auch unverheiratet geblieben und wohnte in der Berggasse 19. Minna Bernays hatte im Laufe der Jahre bei der Erziehung der Kinder und beim Führen des großen Haushalts mitgeholfen. Nun waren die Kinder erwachsen, es war still in ihrem Leben geworden. Die meiste Zeit verbrachte sie mit Näharbeiten im behaglich eingerichteten Wohnzimmer. Paula wunderte sich immer, warum Tante Minna sich nicht entschlossen hatte, in diesem Zimmer zu schlafen, sondern lieber in dem kleinen Zimmer, das hinter dem des Professors und seiner Frau lag.

»Ich habe es immer merkwürdig gefunden, daß Tante Minnas Schlafzimmer neben dem des Professors und seiner Frau lag. Sie mußte da hindurchgehen, um in ihr Zimmer zu gelangen. Und wenn sie nachts zur Toilette ging, mußte sie im Nachtzeug durch deren Schlafzimmer.« Sie mochte alle Mitglieder der Familie sehr gern, lediglich mit Minna fiel ihr der Umgang etwas schwer. Tante Minna war streng, erinnert sich Paula, während die Frau des Professors »ganz still und sanft war. Sie war schüchtern und tat alles für den Professor, aber sie war immer sehr ernst. Sie hat nie gescherzt und nie viel gesprochen. Der Herr Professor wollte mir immer eine Kleinigkeit schenken, fröhlich sein und scherzen. Sie war ganz anders«.

Martha Freud machte es große Freude, sich um alle Einzelheiten im Haushalt zu kümmern. Sorgfältig versah sie die gebügelte und zusammengelegte Leinenwäsche mit verschiedenfarbigen Bändern und ging zum Einkaufen auf den Markt. »Die Frau Professor hob gern alles auf – Bindfäden,

Papier und dergleichen. In der Küche hatten wir große Kartons, sie waren bis obenhin voll damit. Nichts vergeudete sie gern. Der Professor hat jeden Morgen sein gekochtes Ei Lün [der Chow-Chow der Familie] gegeben. Frau Freud hat das immer geärgert: ›Für *dich* habe ich das Ei gekocht!‹ Aber jeden Tag hat er es wieder in kleine Scheiben geschnitten und Lün gegeben. Dabei hat er immer gelacht, weil er nur ein Stückchen für sich behalten hat.«

Frau Freud tat ihr leid. »Keiner hat viel Aufhebens um sie gemacht. Es war, als ob man sie beiseite schob. Nicht einmal die Kinder haben sie sehr beachtet. Die Kinder haben den Vater geliebt, das Fräulein Freud und Tante Minna, die haben den Vater geliebt – sie alle haben ihn geliebt.« Auch Paula hatte ihn sehr gern: »Ihn habe ich immer am liebsten gemocht. Er war immer sehr freundlich zu mir.«

Freud war gebrechlich und schwerkrank, bereits seit 1929 litt er unter einer schweren Mundkrebserkrankung. Dennoch war er so ruhig und ausgeglichen, wie ihn seine Angehörigen immer gekannt hatten. Am 15. März erschienen dann vier SA-Männer vor der Wohnungstür. Paula nahm ihnen die Gewehre ab und stellte sie in den Regenschirmständer. Martha Freud bat die Männer, Platz zu nehmen. Am Ende des einstündigen Besuchs hatten die Männer dennoch die gesamte Wohnung durchwühlt, das Geld und die Pässe der Familie beschlagnahmt und aus Freuds Safe sechstausend Schilling genommen. Als sie ihrem Mann davon erzählte, erwiderte er kurz: »Das ist mehr, als ich je für einen einzelnen Besuch bekommen habe.«

Da Freud als Psychoanalytiker und Jude besonders stark der Verfolgung durch die Nazis ausgesetzt war, wurde ihm rasch Hilfe zuteil. John Cooper Wiley, der amerikanische Generalkonsul in Wien, telegraphierte dem Staatssekretär Cordell Hull nach Washington: FÜRCHTE FREUD TROTZ ALTER UND KRANKHEIT IN GEFAHR. Präsident Roosevelt intervenierte unverzüglich und beauftragte Hull, dem amerikanischen Botschafter in Berlin zu kabeln: DER

PRÄSIDENT HAT MICH ANGEWIESEN, SIE ZU ER-
SUCHEN, DIE ANGELEGENHEIT PERSÖNLICH
UND INFORMELL MIT DEN ZUSTÄNDIGEN BEAM-
TEN DER DEUTSCHEN REGIERUNG ZU BESPRE-
CHEN.

Roosevelt wandte sich auch an William C. Bullitt, den
amerikanischen Botschafter in Frankreich. Man nannte ihn
den »Champagner-Botschafter«, wegen seiner rauschenden
Privatfeste mit internationalem Publikum in der Pariser Botschaft. Auf einem solchen Fest tranken sechshundert Gäste
an einem Abend fast fünfhundert Flaschen Champagner. Mit
seinen rosa Wangen und den blauen Augen bot er eher das
Bild eines Lebemannes, doch besaß er jederzeit telephonisch
Zugang zu Roosevelt. Seine ausführlichen Berichte über die
wachsende Bedrohung, die von Deutschland ausging, hatte
großen Eindruck auf den Präsidenten gemacht, und so wurde
er bei dem Plan, Freud aus Wien herauszubringen, zu einem
wichtigen Vermittler. Bullitt bot nur zu gern seine Hilfe an,
denn in den zwanziger Jahren hatte er Freud einmal wegen
psychischer Probleme konsultiert. Gemeinsam hatten sie an
einem Buch über Woodrow Wilson geschrieben, das in den
Augen vieler aber deutlicher Bullitts als Freuds Handschrift
trug.

Ungeachtet der Anstrengungen Bullitts und anderer wurde
die Familie Freud weiter schikaniert. Am Nachmittag des
22. März standen erneut SA-Männer vor der Tür. »Ich wollte
sie wegschieben«, erinnert sich Paula. »Ich hätte immer alles
getan, um die Familie zu schützen. Dann kam der Professor
an die Tür und sagte: ›Paula, was machst du denn, laß die
Herren herein.‹ *Der* hatte keine Angst. Da hat der eine von
den Nazis zu mir gesagt: ›Bist wohl eine ganz Freche, was?
Paß nur auf, daß ich dich nicht umbringe.‹« Binnen Minuten
waren die Nazis überall in der Wohnung. Als Martha Freud
sah, daß ein SA-Mann ihre Wäschekommode nach Geld
durchwühlte, gab sie ihm zu verstehen, was sie von einem
derartigen Verhalten halte. Der SA-Mann wandte sich beschämt ab.

Die Nazis verhafteten die damals 42jährige Anna Freud und brachten sie auf die Kommandantur. Es brach Paula das Herz, als Anna, flankiert von den Nazis, in einem offenen Wagen fortgebracht wurde. »Sie war eine so zarte Person.« Freud ging stundenlang im Zimmer auf und ab und rauchte ununterbrochen. Wurde seine Tochter gefoltert? Brachte man sie in ein Konzentrationslager? Wahrscheinlich würde sie dabei umkommen. Daß Anna und ihr Bruder Martin den Arzt ihres Vaters aufgesucht hatten, weil sie mit ihrer Verhaftung rechneten, wußte er nicht. Max Schur hatte ihnen auf ihre Bitte Veronal, ein starkes barbiturathaltiges Schlafmittel, gegeben, das sie einnehmen wollten, wenn sie in Lebensgefahr gerieten.

Als Freud 1891 die Wohnung in der Berggasse 19 kaufte, war er ein junger 35jähriger Arzt, dessen Praxis sich im Aufbau befand. Siebenundvierzig Jahre später, als er auf Nachrichten von seiner Tochter wartete, gehörte er zu den berühmtesten Männern der Welt. Die bittere Ironie, die darin lag, daß sein Ruhm als Begründer der Psychoanalyse einzig dazu geführt hatte, daß seine Tochter in Lebensgefahr schwebte, wird ihm kaum entgangen sein. Nach einer Weile sagte er ruhig: »Die haben sie jetzt lange genug behalten.« Paula machte sich auf den Weg zum Gestapo-Hauptquartier: »Als ich durch das Fenster schaute, haben mich die Nazis gefragt, was ich denn da mache. ›Ich suche Fräulein Freud‹, habe ich geantwortet. ›Sie ist schon so lange fort, der Herr Professor macht sich große Sorgen.‹ Da haben die Männer gesagt, ich solle verschwinden, aber ich bin dageblieben. Ich habe ihnen geantwortet, der Herr Professor sei ein alter Mann und auf die Hilfe seiner Tochter angewiesen.« Schließlich kehrte Paula in die Wohnung in der Berggasse 19 zurück; die Familie wartete bereits in dem dunklen, etwas altmodisch eingerichteten Zimmer. Im Dämmerlicht des Vorfrühlings blühten hellfarbene, zarte Orchideen. Um sieben Uhr abends wurde Anna schließlich nach fünfstündigem Verhör wieder nach Hause gebracht.

In den folgenden Tagen bereitete die Familie Freud alles

Nötige vor, um das Land zu verlassen. Es gibt eine unverbürgte Geschichte über ein Hilfsangebot an Freud. Auf Jungs Veranlassung sei der Sohn seines Arzt-Kollegen Franz Riklin nach Wien geschickt worden. Der junge, nordisch aussehende Mann habe umgerechnet zehntausend Dollar in einer Gürteltasche nach Österreich gebracht. Anna empfing ihn an der Wohnungstür. Er richtete ihr aus, sein Vater und Jung hätten ihn geschickt: sie wollten Freud für die Ausreise nach England Geld geben. Nachdem Anna mit ihrem Vater gesprochen hatte, kam sie an die Tür und richtete ihm aus, ihr Vater habe das Angebot abgelehnt. Er habe sie umzustimmen versucht, aber da sei Freud zur Tür gekommen und habe gesagt: »Ich lehne es ab, meinen Feinden verpflichtet zu sein.« Jung erklärte einmal betrübt: »Er wollte unter keinen Umständen Hilfe von mir annehmen.«

Die getreue Freundin Prinzessin Marie Bonaparte kam nach Wien, um der Familie beizustehen. Die Prinzessin, die von Napoleon Bonapartes Bruder abstammte und mit Prinz Georg von Griechenland verheiratet war, hatte eine Analyse bei Freud gemacht. Jetzt bot sie der Psychoanalyse ihren finanziellen und seelischen Beistand an. Sie war gegen den ausdrücklichen Wunsch ihres Mannes zu Freud gefahren. Es bestand die Gefahr, daß man sie mit einer jüdischen Familie in Verbindung brachte, obgleich sie selbst nicht jüdischen Glaubens war. Marie Bonaparte, Anna und Freud machten sich an die schmerzliche Arbeit, Freuds Papiere zu sortieren, zu beschriften, zu verpacken und bei der Spedition aufzugeben. Marie Bonaparte fiel auf, daß Freud zahlreiche Papiere wegwarf. Beunruhigt, daß Dokumente von historischer Bedeutung für immer verlorengehen könnten, fischte sie die Briefe und Manuskripte, die Freud täglich aussortierte, wieder aus dem Papierkorb.

Unter den Papieren befand sich auch die Hälfte der über 350 Briefe, die sich Sigmund Freud und Carl Gustav Jung geschrieben hatten. Die Briefe in Freuds Besitz – Jungs Briefe – sind Dokumente der geistigen Odyssee, zu der die beiden genial begabten Männer aufgebrochen waren. Sie dokumentie-

ren aber auch die Geschichte einer sehr persönlichen, verwik-
kelten und geheimnisvollen Freundschaft. Seltsamerweise
hatte Freud die Briefe die ganze Zeit aufbewahrt, denn sie
spiegeln eine Verletzbarkeit und Intensität, die er nur allzu
gern vergessen hätte. Man kann sich ohne weiteres vorstellen,
daß er die Beziehung zu Jung am liebsten in toto dem Papierkorb anvertraut hätte. Ebenso verständlich ist aber auch, daß
die aufmerksame und loyale Prinzessin diese eindringlichen,
aufregenden Briefe für die Nachwelt bewahren wollte.

Geläut erklingt über den Weiden und zieht durch die Schweizer Berge, die direkt bis zum östlichen Ufer des Zürichsees
hinabreichen. Hin und wieder hört man einen einsamen
Klang, zuweilen schreckt ein streunender Hund die Kühe aus
ihrer Ruhe, Kuhglocken ertönen. In früheren Zeiten hängten
die Bauern ihren Kühen häufig Glocken mit bestimmten Tö-
nen auf der Tonleiter um den Hals, so daß man die gesellschaftliche Stellung am Klang der Glocken erkennen konnte.
Jung liebte den Klang dieser Glocken. Eines Tages, im April
1938, begab er sich von Küsnacht nach Bollingen, zu dem
Turm, den er am Seeufer inmitten der Wiesen mit weidenden
Kühen gebaut hatte. Normalerweise segelte er nach Bollingen
in seiner achtzehn Fuß langen, selbst entworfenen Jolle; es
war ein schwer zu segelndes, schnelles Boot. Dann setzte er
die Segel und fuhr vor dem Wind die zwanzig Meilen bis zum
Ende des Sees. Da er im selben Jahr aber auf einer Indienreise
erkrankt war, fuhr er jetzt im Wagen nach Bollingen, wo er
sich auf Rat seines Hausarztes Edwin Schmid durch viel körperliche Bewegung an der frischen Luft erholen wollte.

In einigen Monaten mußte er in England einen Vortrag halten. Er hatte vor, sich eine Zeitlang im abgeschiedenen Bollingen in aller Ruhe dem Schreiben zu widmen. Es waren ernste
Themen, die er in dieser Rede im Sommer 1938 ansprechen
wollte. Hitlers Machtergreifung drohte die psychoanalytische Bewegung in Deutschland zu zerschlagen. Die Nazis hatten die jüdischen Psychiater von der Mitgliedschaft in allen
ärztlichen Vereinigungen ausgeschlossen. In Berlin waren

Freuds Schriften der Bücherverbrennung zum Opfer gefallen. Einiges von dem, was Jung unternommen hatte, war umstritten gewesen, und manche Äußerung hatte man so gedeutet, daß er die Formel der Nazis von der grundsätzlichen Verschiedenheit der Rassen unterstütze. Daher wollte er nun seine Position durch die Rede, die er in Bollingen schrieb, klarstellen.

In dem eine halbe Meile von Jungs Turm entfernt gelegenen Haus wartete geduldig ein junger Schweizer, Hans Kuhn. Er sah Jungs Wagen und eilte mit einem Korb voller Brot, Milch und Fleisch zu dem Bollinger Turm, den beidseits hochragende Bäume säumten. Das graue Natursteingebäude mit dem Hof zum Zürichsee war von Jung selber errichtet worden; bereits 1922 hatte er das dazugehörige Grundstück erworben. Um den Umgang mit den Natursteinen zu erlernen, war er über den See zu einem Steinbruch gesegelt. Geduldig hatte er die schweren Steinquader zurechtgehauen, sie vom Boden gehoben und sorgfältig eingesetzt; beim Bau des ersten Abschnitts hatten einige Verwandte mitgeholfen. »Der alte Jung unten am See, der wußte genau, wie man die Steine anfaßt«, meinte noch Jahre später der Sohn eines der Steinmetze.

Jung trug oft eine abgetragene Drillichhose, die in Schnürstiefeln steckte, Strümpfe voller Löcher, eine alte blaue Schürze und eine Lederjacke. Auch im Alter von dreiundsechzig Jahren war er noch eine kräftige und imposante Erscheinung. Der unordentlich und etwas schmuddelig gekleidete Jung war aus Bollingen nicht wegzudenken. Die Geschäftsleute aus Schmerikon, dem Dorf, zu dem Jung hinübersegelte, um sich mit dem Nötigsten zu versorgen, nannten ihn »Herr Professor«. Aber das war auch das einzige Zugeständnis an seine gehobene gesellschaftliche Stellung. Nicht selten stieg er mit dem Hotelbesitzer und Weinhändler Franz Kuster in den Weinkeller, jeder ausgerüstet mit einer Kerze und einem Weinglas. Anschließend saßen sie mehrere Stunden auf der Treppe und machten eine Weinprobe. Ab und zu rief Jung begeistert: »Der hier ist aber wirklich *chaibe* [verdammt] gut!«

Herr Kuster widersprach dann zurückhaltend: »Aber Herr Professor, man sagt doch von einem Wein nicht, er sei *chaibe*!« Jung war zerknirscht. »Da haben Sie recht..., er ist ein Geschenk der Natur.«

Anschließend segelte Jung mit seinen geliebten Weinen nach Bollingen zurück. Waren Freunde oder Verwandte im Haus, setzte er sich auf einen Kinderstuhl vor den urigen Kamin und gab aufgebracht, manchmal auch verzweifelt seine Anweisungen für die Vorbereitungen zum Abendessen. Niemand entkam seiner Aufmerksamkeit, auch nicht Toni Wolff, die einmal bei ihm in Behandlung gewesen war und die er nun innig liebte. Eines Abends beauftragte er sie, in den Garten zu gehen und etwas Schnittlauch für die Suppe zu holen. Toni kam mit einer recht großen Menge zurück, die eine ganze Schüssel gefüllt hätte. Jung war fassungslos über ein derart deutliches Beispiel der mutmaßlichen Unfähigkeit seiner Küchenhilfe und neckte Toni auf so derbe und bestimmte Art, daß sie in Tränen ausbrach. Tags darauf ging Jungs Sohn, Franz, mit ihr aus dem Haus, wo sie gemeinsam den Schnittlauch im Garten verstreuten. Ihre Stimmung hellte sich wieder auf, da sie irrtümlich glaubte, der Schnittlauch werde Wurzeln schlagen und wieder anwachsen. Bald darauf kaufte Franz einige neue Schnittlauchsetzlinge und pflanzte sie ein, als ihn keiner sah.

Trotz der etwas unkundigen Hilfe aß man in Bollingen sehr gut. Jung half bei allem. Er mischte den Knoblauch mit Öl und Essig, goß das Ganze in einen großen Holzlöffel und rührte den Wein zum Pfannenfleisch, das er am liebsten mit viel Knorpeln und Fett aß. Mageres Kalb- oder Hühnerfleisch waren nicht nach seinem Geschmack. »Das ist doch kein Fleisch!« Einmal, während eines Essens, bei dem reichlich Wein getrunken wurde und sich alle lobend über das wohlschmeckende Fleisch äußerten, antwortete er vergnügt, es handele sich um Kuheuter, und forderte die Gäste auf, sie sollten nachnehmen.

Aber 1938 war Jung bei seinem Besuch in Bollingen auf sich gestellt. Er grub die Erde im Garten am See um, düngte den Boden und setzte Kartoffeln. Auf Anraten seines Arztes schrubbte er sich täglich mit einer harten Bürste. Mittags ruhte er sich im sonnendurchfluteten Innenhof aus, außerdem unternahm er ausgedehnte Spaziergänge in die Berge. Das Leben in Bollingen beruhte auf dem befriedigenden Gefühl, das schwere körperliche Arbeit vermitteln kann, aber es gab auch stille Tage, an denen kaum etwas zu tun war. Überall hatte Jung seine alchimistischen Geheimzeichen eingraviert – in die Außenwände des Turms, auf die kleinen, von den Bäumen halb verdeckten Säulen und auf die Grenzsteine. Die kurzen Zitate und symbolischen Figuren sollten »diesen beunruhigenden Dingen Festigkeit und Dauerhaftigkeit verleihen«.

Es war Jungs Gewohnheit, sich unweit des Turms neben die kleinen Wasserläufe zu setzen, die den Hang hinabrannen, und sie mit einem Spaten auszuheben und zu verbreitern. Sein schöpferisches Leben war eine Verbindung mit den kleinen Bächen eingegangen, und so saß er häufig mehrere Stunden hintereinander an diesem Platz, an dem er einige der Ideen entwickelt hatte, die seine Psychologie von der Sigmund Freuds unterschieden. Viele Ideen hatten sich nach der Trennung von Freud und dem Ringen ergeben, diesen Bruch zu verstehen. Die Begriffe »Introvertiertheit« und »Extravertiertheit« definieren zwei Wahrnehmungen der Realität: Laut Jung war Freud ein extravertierter, er selbst ein introvertierter Typus. Der eine Typ verließ sich auf eine äußere, der andere auf eine innere Wirklichkeit. Mit Bedauern hatte Jung den Schluß daraus gezogen, daß es den beiden Typen – also auch ihm und Freud – auf tragische Weise an gegenseitigem Verständnis mangele.

Während der unruhigen Jahre nach der Trennung von Freud kam Jung zu der Überzeugung, daß sich nicht alles in seinen eigenen Träumen und Phantasien durch Freuds Theorien erklären ließ. Damit geriet er in Widerspruch zu Freuds Auffassung, wonach der einzige Inhalt des eigenen Traumlebens frühe Kindheitserfahrungen seien. Jung war davon überzeugt, daß es mehr darin zu erkennen gab. Seine großen

Träume schienen ihm aus instinktiven Verhaltensweisen geformt und daher Freudschen Erklärungen nicht zugänglich. Also erweiterte er Freuds Konzept des Unbewußten, so daß es etwas einschloß, was er das kollektive Unbewußte nannte: »Ich nenne dieses Unbewußte kollektiv, weil es... nicht individuelle, d. h. mehr oder weniger einmalige Inhalte hat, sondern allgemeine und gleichmäßig verteilte.«

In den folgenden Jahren setzte Jung seine Forschungen in den Bereichen fort, in denen seiner Ansicht nach die Schwachpunkte der Freudschen Theorie lagen. Als er die psychologischen Motive für das Aufkommen des Nationalsozialismus in Deutschland zu begreifen suchte, kam er zum Schluß, daß die Psychoanalyse Freuds mit ihrer Betonung der Sexualität und der frühen Kindheitserfahrungen das Verhalten des deutschen Volkes nicht hinreichend erklären könne. »Wo war die unerhörte Spannung und Wucht, als es noch keinen Nationalsozialismus gab?« fragte er und schloß daraus, beides habe tief verborgen im kollektiven Unbewußten der Deutschen gelegen, und zwar »in jenem tiefen Grunde, der alles andere ist als der Kehrichtkübel unerfüllbarer Kinderwünsche und unerledigter Familienressentiments«. Trotz aller theoretischer Differenzen hatte er immer noch eine hohe Meinung von Freud. Jahre später erinnert sich Jungs Freund Laurens van der Post: »Die Erinnerung an den Respekt vor Freud und die Liebe zu ihm flammte während der vielen Jahre dieser Kontroverse immer wieder auf und gab ihm die nötige Ruhe.«

Bei schönem Wetter schrieb Jung im Freien, an einem einfachen Holztisch im Hof, direkt am See. Wollte er ungestört bleiben, zog er zur Warnung der Freunde eine gelbe Flagge auf dem Dach des Turms auf. Da die »Ärztliche Gesellschaft« in diesem Jahr in Oxford zusammenkam, verfaßte er den Vortrag auf englisch: Englisch hielt er für präziser als seine Muttersprache. Er schrieb langsam, mit äußerster Konzentration und änderte kaum ein Wort. Aber er machte sich darauf gefaßt, daß man ihn mißverstehen würde: »Das geschriebene Wort«, erklärte er einem Freund, »ist etwas verflucht

Vertracktes, man weiß nie genau, wie man es lesen soll. Die primitive Sprache erfordert, wie Sie wissen, viel Gestikulieren. Daher können sich die Menschen nachts nicht unterhalten, und deshalb zünden sie ein Feuer an, weil der Klang allein nicht reicht. Wenn Sie also eine meiner Arbeiten in besserem Licht sehen wollen, so sollten Sie zunächst ein Feuer entzünden, damit Sie erkennen können, wo ich ernst bin und wo ich lächle.«

1938 waren die Meinungen geteilt über Jung. Noch immer haftete der zerbrochenen Freundschaft der beiden herausragenden Gestalten der Psychoanalyse – dem Nichtjuden und Juden – etwas Rätselhaftes an, das auch nach einem Vierteljahrhundert des Schweigens nicht verschwunden war. Was Jungs Handlungsweise in den vorangegangenen Jahren betraf, so kann man nur vermuten, welche Bedeutung diese – falsch oder auch nur falsch verstanden – in jenem Frühling des Jahres 1938 für Freud in Wien hatte, während Hitler mit unbarmherziger Gewalt nicht nur Freuds Familie, sondern auch ein ganzes Volk zu vernichten drohte.

# 3. Kapitel

Es war nicht leicht für die Familie Freud, Wien und Österreich zu verlassen. Manchmal schien es, als ob alle Versuche zum Scheitern verurteilt wären. »Wäre es nicht besser«, fragte Anna ihren Vater einmal, »wenn wir uns selbst umbrächten?« – »Warum?« erwiderte er. »Weil sie es von uns erwarten?« Ernest Jones, Freuds Kollege und Freund in London, hatte schon sein weitgespanntes Netz einflußreicher Freunde und guter Verbindungen, unter ihnen der Lordsiegelbewahrer und der Innenminister, geknüpft. Als er vier Tage nach dem *Anschluß* nach Wien flog, war bereits ein Telegramm aus London bei dem britischen Botschafter in Wien eingetroffen: DR. JONES IST UM DAS SCHICKSAL DR. FREUDS BESORGT. ER WENDET SICH MIT DER BITTE UM RAT AN SIE UND WÄRE AUSSERORDENTLICH DANKBAR, WENN DER LORDSIEGELBEWAHRER (LORD PRIVY SEAL) ETWAS FÜR IHN TUN KÖNNTE.

Nach wochenlangen Verhandlungen erhielt Freud schließlich die Ausreisegenehmigung; sie kam gerade rechtzeitig. Freuds Sohn Martin, der Leiter des *Verlags*, der Aufsätze und Bücher über freudianische Psychologie publizierte, hatte man aus Wien ausgewiesen. Freud, der täglich in die Stadt gehen durfte, behauptete, das jahrelange Bergsteigen komme ihm nun besonders zugute, da die Juden keine Fahrstühle mehr benutzen dürften und daher Treppen steigen müßten. Seit Wochen hatte er seine Wohnung nicht mehr verlassen. Da Gerüchte umliefen, daß es bereits zu Folterungen gekommen sei, bedeutete jedes Klopfen an der Wohnungstür Gefahr und möglichen Tod. Um die Ausreisepapiere abzuholen, war Anna zum Gestapo-Hauptquartier gegangen. Sie kehrte mit der Nachricht zurück, alle Juden, die diese Erlaubnis bekommen wollten, hätten sich täglich bei der Polizei zu melden. Freud blieb hart: »Du mußt es natürlich ablehnen, Anna, einem so demütigenden Befehl Folge zu leisten.«

Schließlich waren alle notwendigen Vorbereitungen abgeschlossen. Am 5. Mai war Minna Freud nach London vorausgefahren; Martin Freud sollte am 14. Mai abreisen und sich ihr anschließen. Mathilde, Freuds älteste Tochter, sollte mit ihrem Mann am 24. Mai nachkommen. Ernst, Freuds jüngster Sohn, war schon in London, um alles Nötige zu veranlassen, und wollte nun nach Paris weiterfahren. Oliver, der zweitälteste Sohn, hielt sich bereits in Frankreich auf. (Sophie, die zweitjüngste Tochter, war 1920 in Hamburg gestorben.) Nachdem Freud seine Familie in Sicherheit wußte, gestattete er sich eine letzte Geste der Herausforderung. Die Gestapo brachte ihm ein Schriftstück und forderte ihn auf, seine Unterschrift darunterzusetzen. In dem Schriftstück hieß es unter anderem, er sei anständig behandelt worden. Freud unterschrieb, fügte aber im Stil einer Werbeanzeige hinzu: »Ich kann die Gestapo jedermann aufs beste empfehlen.« Die darin liegende Ironie, fand Martin Freud, war den SA-Soldaten entgangen, »allerdings waren die Männer etwas unsicher, als sie das Schriftstück untereinander herumreichten«. Der heikelste Augenblick kam, als Freud von seinen vier Schwestern Abschied nehmen mußte, sie sollten in Wien bleiben. Er war tief betrübt, aber er hatte sie mit genügend Geld versorgt, daß sie auf keine Annehmlichkeiten verzichten mußten. Daß alle vier Schwestern in Konzentrationslagern ums Leben kommen würden, wußte der von ihnen angebetete Bruder zu dem Zeitpunkt noch nicht.

Am 4. Juni 1938 hatte die Familie Freud alle Vorbereitungen zum Verlassen ihrer Heimat getroffen. Ein Mitglied der amerikanischen Botschaft kam in die Wohnung und begleitete die Familie nach Paris. Dort würde man in Sicherheit sein. Jahre später schrieb ein Zeitzeuge: »Als ich [diesen US-Beamten] kurz nach dem Zweiten Weltkrieg wiedertraf…, erzählte er mir von der Reise und beschrieb mir nachdrücklich seine persönliche Abneigung gegen Freud, seine Freunde und Verwandten: Juden und Psychoanalyse.« Am Hauptbahnhof bestieg die Familie Freud zusammen mit Paula Fichtl den Orient-Expreß nach Paris. Am 5. Juni, um drei Uhr morgens, überquerten sie bei Straßburg die französische Grenze. »Nach der Rheinbrücke waren wir frei«, schrieb Freud. Am nächsten Morgen sprach er mit Paula, die still neben ihm am Frühstückstisch saß, kein Wort.

In Paris wurde die Familie von William Bullitt, Freuds Sohn Ernst, dem Neffen Harry Freud und Marie Bonaparte vom Bahnhof abgeholt. Freud, der einen grünen Filzhut und einen Mantel trug, hakte sich bei der Prinzessin unter, doch den von ihr mitgebrachten Krankenstuhl lehnte er ab. Seinen Stock hatte er bei sich, benutzte ihn aber nicht. Gepflegt und lächelnd ging Bullitt, er trug eine weiße Blume im Knopfloch und Handschuhe, mit Freud den Bahnsteig entlang. Nachdem sich Freud zwölf Stunden in Marie Bonapartes Haus ausgeruht hatte, schied er »stolz und reich unter dem Schutz der Athene«, denn die Prinzessin hatte die von Freud und Hilda Doolittle so sehr geliebte Statuette aus Wien herausgeschmuggelt. Am Abend setzten die Freuds mit der Fähre über den Ärmelkanal und fuhren auf direktem Weg nach London. Die Sicherheitsvorkehrungen verboten es, daß Martin Freud seinen Vater unmittelbar am Zug in Empfang nahm. Lediglich Ernest Jones stand zur Begrüßung auf dem Bahnsteig; die Reporter und Gratulanten warteten schon am anderen Ende des Victoria-Bahnhofs. »Es ist gut, hier im schönen England zu sein«, erklärte Freud.

Der junge Chow-Chow Lün hatte ebenfalls die Reise nach England mitgemacht. Die Hündin mußte sechs Monate im Tierheim Kevin Quinn in Quarantäne bleiben. »Wer wissen will, was sich hier abspielt«, schrieb ein Reporter, »kann sich ein gutes Bild durch einen Besuch in den Tierheimen machen. Vor zwei Jahren kam es zu einem Ansturm von Hunden aus Spanien, dann folgten deutsche Hunde in Scharen, und nun treffen hier fast täglich österreichische Hunde ein.« Zu den wenigen Ausflügen, die Freuds Gesundheit während der folgenden Monate erlaubte, zählten seine wiederholten Besuche bei Lün.

Freud war von der Lage seines vorübergehenden neuen Zuhauses in der Elsworthy Road 39 begeistert. Hinter dem

Haus lag ein von Bäumen begrenzter Garten, der bis zum Primrose Hill führte, kurz dahinter begann der leicht hügelige Regent Park. Aber es gab auch Anlaß zum Traurigsein. Minna, die an einer Lungenentzündung erkrankt war und deshalb auf ihrem Zimmer im ersten Stock bleiben mußte, durfte er wegen seines schlechten Gesundheitszustands nicht besuchen. »Der Herzschmerz wechselt ab mit deutlicher Depression«, gab er zu.

Die Freuds waren herzlich aufgenommen worden. Gerührt schrieb Freud: »Wir schwimmen in Blumen.« Hilda Doolittle hatte einen Gardenienstock geschickt. Sie lebte nun ebenfalls in England und besuchte Freud kurz nach seiner Ankunft: »Der Professor saß an seinem Tisch, genauso wie in Wien, umgeben von seinen um ihn aufgereihten Göttern.« Als sie ihm sagte, wie glücklich sie darüber sei, daß es ihm gelungen war, die Statuetten aus Österreich herauszubringen, antwortete er: »Ich brachte sie nicht mit... Die Prinzessin hielt sie in Paris für mich bereit, ich sollte mich dort zu Hause fühlen.« Der Kummer wegen der Zurückgebliebenen, schrieb Freud, hat »einen tiefen Schatten auf unser Glück« geworfen. Im Laufe des Sommers 1938 kamen ihm Gerüchte zu Ohren, daß man seinen Schwestern den Zugang zu dem Geld verwehre, das er für sie zurückgelassen hatte. Er machte sich große Sorgen. Da er kaum etwas über die Lebensbedingungen in Wien wußte, ließ er die Diamanten, die seiner verstorbenen Tochter Sophie gehörten, aus Wien zu einer Bank in Zürich schicken, wo sie in Sicherheit sein würden. Als er erfuhr, daß seine Schwestern bei der Polizei gewesen waren, um sich anzumelden, fragte er Anna besorgt: »Was anmelden? Welche neue Bosheit bereitet sich da vor?«

Im Juli 1938 traf Jung in Oxford ein; er wollte die Rede halten, die er im Frühjahr in Bollingen geschrieben hatte. Am ersten Abend nahm er an einem Empfang Ihrer Majestät im Christ Church College teil, »Frack und Orden vorgeschrieben«. Die jüngste Geschichte der *Allgemeinen Ärztlichen Gesellschaft für Psychotherapie* war ein Mikrokosmos dessen, was in

Deutschland und bald überall in Europa geschehen sollte. Was sich innerhalb des Verbandes abspielte, spiegelte im kleinen den Aufstieg der Nazis an die Macht wider, die Ausbreitung des Antisemitismus und das moralische Dilemma der Zusammenarbeit mit dem Feind. Jung behauptete, den Vorsitz der Gesellschaft deswegen übernommen zu haben, weil seine Neutralität als Schweizer Staatsbürger es ihm erlaube, seinen jüdischen Kollegen auf eine Weise zu helfen, wie es keinem Deutschen möglich wäre. Schon 1934 hatte sich die vorherige, überwiegend deutsche Organisation unter Jungs Leitung offiziell zu einer überstaatlichen, aus verschiedenen nationalen Gesellschaften bestehenden Dachorganisation gewandelt. Die nazifizierte Deutsche Gesellschaft war eine unter mehreren anderen nationalen Gruppen geworden. Zu Jungs ersten offiziellen Amtshandlungen 1934 gehörte, den aus dem deutschen Verband ausgeschlossenen deutsch-jüdischen Ärzten den Beitritt als individuelle Mitglieder der neu gegründeten Internationalen Gesellschaft zu ermöglichen.

Jungs Kollege C. A. Meier erinnert sich, Jung sei bei einem der Treffen der Internationalen Gesellschaft gebeten worden, Hitler in einer psychiatrischen Frage zu beraten. Er entsinnt sich, daß M. H. Göring anläßlich einer großen Militärparade in Berlin ein Treffen zwischen Hitler und Jung arrangiert hatte. Jung und Meier trafen, wie geplant, in Berlin ein. Am Vorabend der Parade nahm die Gestapo, wie sich Meier erinnert, eine gründliche Durchsuchung des gemeinsamen Zimmers vor. Tags darauf war Jung fasziniert, als er plötzlich Hitler sah, der nur wenige Meter von ihm entfernt die Parade abnahm. »Hitler machte auf mich den Eindruck einer Art Vogelscheuche, eines Automaten mit einer Maske, eines Maschinenmenschen.« Und er fügte hinzu: »In der Nähe Hitlers hat man Angst. Man weiß, daß man mit dem Mann nie ins Gespräch kommen wird; denn da ist niemand.« Meier war nie sicher, ob es nun Jung oder Hitler gewesen war, der im letzten Augenblick die Konsultation ablehnte. Jedenfalls kam sie nicht zustande.

Im Oktober kommentierte Jung einmal nebenbei, welche

Therapie bei jemandem wie Hitler angebracht sei. »Es ist äußerst schwierig, mit dieser Art Phänomen umzugehen. Es ist überaus gefährlich… Also, wenn ich einen Patienten behandle, der unter dem Befehl einer höheren Macht handelt, einer Macht in ihm, wie etwa der inneren Stimme Hitlers, dann wage ich es nicht, ihm zu sagen, dieser inneren Stimme den Gehorsam zu verweigern. Er würde es nicht tun, selbst wenn ich ihn dazu aufforderte. Er würde sogar mit noch größerer Entschlossenheit handeln als in dem Fall, wenn ich ihn nicht dazu aufforderte. Ich kann nur versuchen, indem ich diese Stimme *deute*, den Patienten dazu zu bringen, sich auf eine Weise zu verhalten, die ihm und der Gesellschaft weniger Schaden zufügt als in dem Fall, wenn er der Stimme auf Anhieb ohne Deutung gehorchte.«

Jung hatte Hitler zwar nie in Behandlung, doch machte er einen Vorschlag, wie Hitler zu heilen wäre. Im Oktober 1938 erklärte er gegenüber einem amerikanischen Zeitungskorrespondenten: »Ich würde sagen, ihn nach Osten ziehen lassen. Seine Aufmerksamkeit vom Westen ablenken, oder vielmehr, ihn ermutigen, sie weiter abgelenkt zu halten… Das ist die einzig logische *Kur* für Hitler… Es hat sich noch niemand in Rußland verbissen, der es nicht bereut hätte… Bis dahin müßten wir sicher sein, und mit wir meine ich die gesamte westliche Zivilisation… Wie man Ihre demokratische USA schützen kann? Natürlich muß man sie schützen, sonst gehen wir alle unter.«

Als Jung am 30. Juli 1938 im Balliol College vor der Gesellschaft sprach, war sein umstrittenes Vorgehen eine verbürgte Tatsache. Mittlerweile gab M. H. Göring zusammen mit ihm das *Zentralblatt* heraus. Jung hatte erklärt, es gebe Unterschiede zwischen der germanischen und der jüdischen Psyche, womit er den Nationalsozialisten einen guten Dienst erwies. Er hatte die Psychoanalyse Freuds zu einer Zeit kritisiert, als sie besonders verwundbar war. Aber nun hielt er vor der Internationalen Gesellschaft eine Rede im Geist des Kompromisses. Er forderte die Mitglieder auf, sich auf jene Wahrheiten zu besinnen, die jeder psychologischen Schule, ob sie nun an Jung oder Freud ausgerichtet war, gemeinsam seien. Es sei ein Fehler, erklärte Jung seinen Zuhörern, wenn durch divergierende Lehren die Tatsache verdunkelt werde, daß jeder Psychotherapeut ein und dasselbe Ziel verfolge, ein Ziel, das ihn mit seinem Kollegen verbindet. Alle Meinungsverschiedenheiten verschwanden, als Jung sein zentrales Anliegen zu erkennen gab: »Heutzutage sollten wir ernsthaft überlegen und uns bemühen, alle Gutgewillten in unserem Beruf zusammenzubringen, um den Bedürfnissen und Anforderungen der Zeit zu entsprechen.«

Man darf bezweifeln, ob sich Jung an jenem Julimorgen 1938 in England deutlich genug äußerte. Am Ende seiner Rede vor den Amerikanern, Nazideutschen, Briten, Schweizern und Skandinaviern mußten manche – wie auch die Nachgeborenen – daran denken, was Jung jetzt und in den voraufgehenden Jahren nicht gesagt hatte. Einige Monate später bezeichnete Jung Hitler als einen gefährlichen Politiker und erklärte, man müsse die westliche Zivilisation um jeden Preis erhalten. Doch an jenem warmen Sommertag in Oxford schwieg seine Stimme menschlicher Empörung. Daß er damals geschwiegen hatte, sollte zu anderen, kälteren Zeiten nicht vergessen sein. Immerhin hatte er ein Zeichen gesetzt, das er zum Ende der Vormittagssitzung wiederholte. Er sagte, er wolle Sigmund Freud ehren, den Mann, den er liebe und noch immer bewundere. Einige Tage vorher hatte er Dr. E. A. Bennet zu Freud geschickt. Bennet sollte Freud fragen, ob er bereit wäre, ein Telegramm von Jung und der Ärztlichen Gesellschaft in Empfang zu nehmen. Nun veranlaßte Jung, das Telegramm abzuschicken. DER ZEHNTE INTERNATIONALE MEDIZINISCHE KONGRESS FÜR PSYCHOTHERAPIE, DER IN OXFORD TAGT, ENTSENDET IHNEN HERZLICHSTE GRÜSSE, lautete der Text. WIR ERKENNEN UNSERE VERPFLICHTUNG IHNEN GEGENÜBER FÜR IHREN GLÄNZENDEN BEITRAG ZUR MEDIZINISCHEN WISSENSCHAFTLICHEN PSYCHOLOGIE AN UND WÜNSCHEN IHNEN GE-

SUNDHEIT, GLÜCK UND FRIEDEN IN DER NEUEN ENGLISCHEN UMGEBUNG. Als Stunden später der Kongreß erneut zusammenkam, erkundigte sich Jung nach dem Telegramm. Der Kongreß-Sekretär mußte gestehen, daß er vergessen hatte, es abzuschicken. Jung bekam einen Wutanfall. Die anwesenden Freunde sagten, sie hätten ihn noch nie zorniger erlebt. Er ordnete an, das Telegramm auf der Stelle aufzugeben. Der Text war alles andere als spontan formuliert worden, und das gleiche trifft auf Freuds Antwort zu. An seine Tochter Anna schrieb er: »Der Oxforder P.therapeutische Kongreß, den Jung präsidiert, hat mir das obligate Begrüßungstelegramm geschickt, das ich mit einer von Dr. Bennet vorbereiteten kühlen Antwort erwidert habe.«

Ein Jahr später war Freud nicht mehr am Leben. Das hohe Alter und der lange Kampf mit der Krebserkrankung trugen nur wenig dazu bei, den Schock zu mildern. Voll Trauer schrieb Anna: »Es ist wirklich nicht so, daß wir schon seit langem wußten, er würde sterben. Er war zwar sehr krank, aber er war ja doch schon viele Male sehr krank gewesen.« Der tägliche Umgang mit dem Vater fehlte ihr: »Es ist viel schwieriger, ohne seinen Beistand die Dinge im rechten Licht zu sehen.«

Im Zweiten Weltkrieg begann Anna Freud, kleine Granatsplitter zu sammeln. Im Flur stand ein Eimer, er war fast »dreißig Zentimeter hoch voll von den scharfkantigen, unregelmäßig geformten Bruchstücken der Granatsplitter und Bomben«. Sie hatte sie vom Dach heruntergeholt oder vom Rasen aufgelesen. Neben der Haustür stand zum Löschen etwaiger Brandbomben ein mit Sand gefüllter Eimer bereit. Auch Hilda Doolittle lebte während des Krieges in England. Im Laufe der Monate und Jahre war sie von ihren Ausflügen in die Welt der Séancen und des Spiritismus mit reicher Ausbeute zurückgekehrt. Nun hoffte sie, ihren Beitrag zur Beendigung des Krieges leisten zu können. Sie habe erfahren, wo die Bomben niedergehen würden; habe Botschaften von Fliegern und von einem Wikingerschiff empfangen. Immer mehr verlor sie ihren ohnehin nur schwachen Halt in der Wirklichkeit. Nach einem Nervenzusammenbruch im Jahre 1946 brachte man sie in ein Schweizer Sanatorium, das nur einige Schritte entfernt von Carl Gustav Jungs Wohnhaus am Ufer des Zürichsees lag.

Die letzten fünfzehn Jahre ihres Lebens verbrachte H. D. überwiegend in dieser Nervenklinik in Küsnacht. Zwar erlangte sie ihre schöpferischen Kräfte wieder und schrieb ein liebevolles Buch über Sigmund Freud. Doch sie gesundete nie mehr in dem Maße, daß sie einen längeren Zeitraum ohne die humanen Beschränkungen des Lebens in einer Nervenklinik sein konnte. Sie war glücklich in diesen eher düsteren, aber elegant und mit antikem Mobiliar und Kachelöfen ausgestatteten Gebäuden. Auf dem Klinikgelände gab es weite Grünflächen, auf denen sich schmale Wege zwischen hohen Bäumen schlängelten. Auf dem Rasen spielten die Patienten Tennis und Krocket, oder sie saßen auf der Terrasse zum See, abends aß man gemeinsam mit Dr. Theodor Brunner an einem langen, weißgedeckten Tisch. Schon seit dreißig Jahren saßen hier Züricher Bankiers, europäische Adlige, Ärzte, die sich fortbilden wollten, und Familienangehörige einträchtig mit Dr. Brunner und seinen Patienten bei Tisch.

Ab und zu kam auch Carl Gustav Jung zu Besuch. Inzwischen hatte er sein Haus in Küsnacht mit Blick auf den See gebaut. Terrassen führten zum Bootshaus hinunter, auf dem Wasser zogen Schwäne ihre Kreise. Manchmal überwies er Patienten in Brunners Klinik, die dann in Begleitung einer Schwester zur Analysestunde mit ihm im ersten Stock seines Turms die Straße hinuntergingen. Mitunter holte sich Brunner Rat bei Jung wegen einer seiner eigenen Patienten. Jung, ein brillanter, eigenständiger Mann, dem die starke Ausstrahlung eines geborenen Heilers eignete, war in ganz Küsnacht bekannt. Als Hilda Doolittle 1946 nach Küsnacht kam, arbeitete er immer noch als Analytiker; er war jetzt ein bedeutender Denker, dessen Anschauungen über die menschliche Psyche durchdrungen waren von der Sprache der Alchimie und der sich der Welt des Mystizismus geöffnet hatte. Was man sich über Jung erzählte, hatte die Eigenschaft von Legenden angenommen. Den Kern der Erzählungen bildete seine Freundschaft mit Freud und deren eigentümliches und dramatisches Ende. Man erzählte sich, Jung sei nach dem Bruch dem Wahnsinn nahe gewesen, nur die wenigsten wußten allerdings, welche Umstände zu der Trennung geführt hatten. Jung sprach nur höchst ungern über die vergangenen Zeiten mit Freud, aber noch Jahre später spürten die Menschen in seiner Umgebung, wie sehr er unter dem Bruch litt. »Ja, der Schmerz war riesig«, berichtete Jungs Kollege C. A. Meier. An Freud erinnerte er sich immer noch sehr deutlich, »auch noch der hochbetagte Jung«.

»Kam das Gespräch auf Freud«, berichtet der Schweizer Erzieher Karl Schmid, »rührte man an etwas sehr Lebendiges; so blieb es immer für ihn… [Es] war noch immer lebendig.«

Hilda Doolittle blieb eine Anhängerin der Freudschen Psychoanalyse und unterzog sich jeden Tag einer strengen Selbstanalyse. Dennoch blieben ihre literarischen Arbeiten von Religiösem und Okkultem geprägt. Zwar kannte sie ihren Nachbarn Carl Gustav Jung kaum, doch ihr Psychiater Dr. Erich Heydt führte ihr Interesse am Mystizismus zum Teil auf Jungs Einfluß zurück. Auf ihrer rastlosen Suche war sie in die Welt Freuds und auch Jungs hineingezogen worden; sie war durch die grauen Straßen Wiens gegangen und hatte Sigmund Freud besucht. Nun fand sie Trost, wenn sie – nur einen Steinwurf von Carl Gustav Jungs Wohnung entfernt – auf einer der vielen Grünflächen in Küsnacht spazierenging. Sie war vertraut mit dem Wetter beider Orte, kannte das feuchte, kühle Wien und den Wind, der über den Zürichsee blies. Mehr noch: Sie kannte das innere Terrain von Freud und Jung. Wie die beiden Männer hatte auch sie das geistige und kulturelle Leben Europas in sich aufgenommen und fühlte sich zu ihren jeweiligen Interessensgebieten stark hingezogen, ja, sie verkörperte gleichsam die zwischen ihnen herrschenden Konflikte. Hilda Doolittle begriff die große Bedeutung von Freuds Festhalten am rationalen Denken und teilte zugleich Jungs Interesse am Okkulten. Sie kannte die trockene, bändigende Kraft der Vernunft, aber auch die Freude, die darin lag, sich diesem Einfluß zu entziehen. »Hier habe ich den Schlüssel des Alchimisten«, hatte sie geschrieben. »Er schließt die geheimen Türen auf... das Lebenselixier, der Stein des Weisen gehört einem, wenn man die sterile Logik und die belanglose Vernunft aufgibt.«

Von ihrem Zimmer in der Nervenklinik blickte Hilda Doolittle direkt auf den See, an der einen Wand hing eine Photographie Freuds. An einem Tisch am Fenster schrieb sie das Buch zu Ende, das Ernest Jones, der Biograph Freuds, »die entzückendste und kostbarste Würdigung von Freuds Persönlichkeit, die je geschrieben werden dürfte« nannte. Dann und wann sah sie – wenn sie wollte – Jung in seinem kleinen zweimastigen Segelboot, dessen rote Segel nicht zu übersehen waren, wie er sich auf die weite Fahrt nach Bollingen machte. Vielleicht hätte Freud gesagt, es sei Zufall, daß Hilda Doolittle schließlich in unmittelbarer Nähe von C. G. Jung lebte. Jung hätte es wohl Schicksal genannt, daß es sie nach Küsnacht, ans Ufer des von ihm so geliebten Sees, verschlagen hatte.

An einem kalten Tag, an dem es stark schneite, viele Jahre nach dem Tod Jungs, steht sein Sohn, Franz Jung, schweigend in der Bibliothek in Küsnacht. Seit der Zeit, als sein Vater noch hier arbeitete, hat sich das lange schmale Zimmer kaum verändert: dieselben grauen Wände und Regale mit den alten Bänden mit Lederrücken, die hohen Fenster und die kleinen Balkone mit Blick auf den Zürichsee. Am Nachmittag und an den vorangegangenen Tagen hatten wir ausführlich über die Beziehung zwischen Jung und Freud gesprochen. Franz Jung zeigte auf den »Geheimtresor« in der Wand des Arbeitszimmers, in dem sein Vater vor vielen Jahren Freuds Briefe aufbewahrt hatte. Mit großer Wärme erzählte er mir, wie der Briefwechsel zwischen seinem Vater und Freud schließlich zusammengeführt worden war. 1938 waren Jungs Briefe an Freud in der

Obhut Marie Bonapartes gleichzeitig mit Freud nach London gelangt. Ende 1969 beschlossen Freuds Sohn Ernst und Franz Jung, den Briefwechsel zu veröffentlichen. Franz Jung war nach London geflogen, wo ihn der schwer erkrankte Ernst Freud empfing. Die Söhne fanden sich auf Anhieb sympathisch. »Er war Architekt, wie ich«, erzählte Franz Jung, »daher gab es etwas Verbindendes zwischen uns. Jahre zuvor hatte Vater Freuds Briefe in eine mit einem Baumwolltuch umwickelte Mappe gelegt und in großen Lettern ›FREUDS BRIEFE‹ daraufgeschrieben. Als ich die Briefe mitbrachte, war Ernst Freud gerührt. Sie waren ihm das Wichtigste auf der Welt, und meines Wissens hat er lange genug gelebt, um sie sichten zu können.«

Es begann zu dämmern. Langsam gingen die Lichter in den Häusern auf der gegenüberliegenden Seeseite an, in der Bibliothek wurde es dämmerig, sie war voller Erinnerungen. Auf einem Tisch lagen Photos von Zeltausflügen der Familie Jung. In langen weißen Kleidern Franz' Mutter und seine Schwestern, die zuschauen, wie sein Vater und er mit kleinen Steinen Dörfer bauen. Straßenkarten, daneben ein Tablett mit Teegeschirr. Franz war in seine Kindheit zurückgekehrt – in die Jahre, ehe aus dem Geheimnis, das Freud und Jung umgab, eine Legende geworden war; er hatte sich soviel wie möglich ins Gedächtnis zurückgerufen. Er legte einen Holzscheit in den Kachelofen und blieb stehen, während er schweigend über den See blickte, auf dem er, zuerst mit seinem Vater und später mit den eigenen vier Söhnen, sein Leben lang gesegelt war. Dann drehte er sich um und sagte: »Mein Vater hätte es nie zugegeben, aber in den vielen Jahren ist er vermutlich nie über die Trennung von Freud hinweggekommen.«

# Teil II
# Erinnerungen

# 4. Kapitel

Im Sommer wirken die bayrischen Berge hinter Salzburg weich und grün, wie auf einer Bleistiftzeichnung, die breiten Täler erglänzen im strahlenden Sonnenschein. 1899 verbrachte Sigmund Freud mit seiner Familie einige Monate auf dem Land und schrieb an seinem Buch, dem er später den Titel *Die Traumdeutung* gab. Darin schildert er als erster auf systematische Weise, daß Träume eine Bedeutung haben. Die Träume, auf die er sich am stärksten stützte, waren seine eigenen. Damit er seine Traumtheorie belegen konnte, hatte er sich Begebenheiten aus seiner Kindheit und Jugend und seine verborgenen Ängste und Wünsche ins Gedächtnis zurückgerufen. Zwar gab er zu: »Man hat eine begreifliche Scheu, soviel Intimes aus seinem Seelenleben preiszugeben«, aber er wußte keinen Ausweg aus diesem Dilemma. 1899 war er 43 Jahre alt, und deshalb finden sich auf den Seiten, die er nun schrieb, viele Ereignisse und Träume aus seinem bisherigen Leben bis zu jenem Sommer. Die Selbstenthüllung wider Willen ging so weit, daß man das Buch später einmal mit großem Recht seine heimliche Autobiographie nannte.

Freud war in Wien mit dem Buch nicht gut vorangekommen. Im Juli 1899 hatte er seiner Frau geschrieben: »Es geht mir sehr schwer damit; mehr als zwei Stunden täglich gelingen nicht, ohne daß ich Freund Marsala zur Hilfe rufe.« Freud trank sonst kaum Alkohol, diesmal zählte Martha Freud jedoch, ehe sie nach Bayern vorausfuhr, nach, wie viele Flaschen Wein noch im Haus waren. Als er endlich in Riemerlehen eintraf, einem großen, an einem Hang direkt außerhalb von Berchtesgaden gelegenen Bauernhof, ging es ihm wieder besser. Dort begnügte er sich damit, morgens und abends mit den Kindern Spaziergänge zu unternehmen, und frönte seiner großen Leidenschaft, dem Pilzesammeln, das – wie sich der Älteste erinnert – ebenso großartig und aufregend war wie eine Großwildjagd und bei dem der Vater immer das größte

Exemplar fand, es in seinen alten Filzhut legte und dann die jungen Pilzsucher mit seiner Silberpfeife zu sich rief, damit sie seinen Fund bewunderten.

Im Mittelpunkt von Freuds Leben stand im Sommer 1899 jedoch das »Traumbuch«, wie er es selber nannte. Er hatte die Manuskriptseiten mit den einzelnen Kapiteln auf einem Tisch im großen Zimmer im Erdgeschoß des Bauernhauses ausgebreitet und blickte aus dem Fenster auf seine geliebten Berge. »Meine von Dir so wenig anerkannten alten und dreckigen Götter«, schrieb er seinem Freund Wilhelm Fließ über die antiken Statuen, die er zu sammeln begonnen hatte, »beteiligen sich als Manuskriptbeschwerer an der Arbeit.« Hier, in Riemerlehen, in der Nähe seiner umhertollenden Kinder (»Die Fratzen machen auf der Wiese ein Höllenspektakel«, beschwerte er sich liebevoll), schrieb Freud darüber, wieviel jeder Mensch seiner Kindheit schuldet. »Das tiefste und ewige Wesen der Menschheit..., das sind jene Regungen des Seelenlebens, die in der später prähistorisch gewordenen Kinderzeit wurzeln.« In seinen Träumen und Erinnerungen kamen die Seiten seines Charakters zum Vorschein, die ihn in die Freundschaft mit Carl Gustav Jung hineingezogen hatten, aber auch die Aspekte, die zum tragischen Scheitern der Freundschaft beitrugen. Er schrieb: »Nun muß ich aber den Leser bitten, für eine ganze Weile meine Interessen zu den seinigen zu machen und sich mit mir in die kleinsten Einzelheiten meines Lebens zu versenken.«

Freuds Geburtsort war Freiberg, ein kleines Städtchen in Mähren, das später Teil der Tschechoslowakei werden sollte. Er wurde am 6. Mai 1856 geboren, als Sohn des 41jährigen Jakob Freud und Jakobs dritter Frau, der 21jährigen Amalie. Jakob hatte zwei erwachsene Söhne, von denen einer in der Nähe wohnte, aber Sigmund war Amalies erstes Kind. Zeitlebens hielt Freud an der Überzeugung fest: »Wenn man der unbestrittene Liebling der Mutter gewesen ist, so behält man fürs Leben jenes Eroberergefühl, jene Zuversicht des Erfolges, die nicht selten wirklich den Erfolg nach sich zieht.« Aufgrund der vorhergehenden Ehen Jakob Freuds waren die Familienverhältnisse etwas verwickelt. Freuds erster Spielkamerad war der ein Jahr ältere Neffe John; es war keine problemlose Freundschaft, da die beiden ständig konkurrierten, wer der Stärkere sei. Sie waren die ältesten Söhne in ihren Familien, und keiner wollte sich dem anderen unterordnen. Bei ihren Spielen ging es rauh zu. Freud war kleiner und jünger, gab aber nie auf. »Warum schlägst du John?« fragte ihn der Vater einmal, als sie sich besonders heftig gestritten hatten. Wie alle streitsüchtigen kleinen Jungen war auch Freud von der Rechtmäßigkeit seiner Selbstschutzmaßnahmen überzeugt und erwiderte: »Ich habe ihn ge(sch)lagt, weil er mich ge(sch)lagt hat!«

Sigi – wie er in der Familie genannt wurde – raufte mit John, dennoch hatte er ihn gern. Dieser Wechsel zwischen Liebe und Haß kennzeichnete in späteren Jahren auch seine Beziehungen zu anderen Freunden. An mehreren Stellen bezieht sich Freud in seinem Traumbuch auf seine Erlebnisse mit John: »Ein intimer Freund und ein gehaßter Feind waren mir immer notwendige Erfordernisse meines Gefühlslebens; ich wußte beide mir immer von neuem zu verschaffen, und nicht selten stellte sich das Kindheitsideal so weit her, daß Freund und Feind in dieselbe Person zusammenfielen, natürlich nicht mehr gleichzeitig oder in wiederholter Abwechslung, wie es in den ersten Kinderjahren der Fall gewesen sein mag.«

Freud war knapp zwei Jahre alt, als sein jüngerer Bruder Julius starb. Später erkannte er, daß er eifersüchtig auf das Baby war und daß ihn seit Julius' Tod heftige Schuldgefühle plagten. Sigmund war drei, als Jakob Freud und seine Familie Freiberg verließen, erst nach Leipzig und von dort 1860 nach Wien übersiedelten. Das Großstadtleben gefiel Freud gar nicht. Er vermißte die Freiheit auf dem Land und die Heldenspiele mit John. Inzwischen war das Haus aber voller Schwestern, und mit großer Autorität übernahm er die Rolle des älteren Bruders. Er war ein wohlerzogener Junge und konnte sich nur an wenige Trotzhandlungen erinnern. Zu einer kam

es, als er sieben, acht Jahre alt war und – wenig schicklich –
im Beisein der Eltern in deren Schlafzimmer in eine Bettfla-
sche aus Glas urinierte. Nie wieder sollte er die Schelte des
Vaters vergessen: Aus dem Buben wird nichts werden. Freud
betrachtete diese Worte als bedeutsamen Anreiz für seine
späteren Leistungen: Siehst du, ich bin doch etwas geworden.
Im Alter von sieben Jahren hatte er erste geistige Anregungen
unter der behutsamen Anleitung seines Vaters erhalten. Als er
zwei Jahre später als Neunjähriger eingeschult wurde, stellte
sich heraus, daß Jakob Freud seinen Sohn gut vorbereitet
hatte. Acht Jahre lang war Freud im Sperlgymnasium der beste Schüler und saß daher auf der ersten Bank. Der Neid und
die Ablehnung, die er von den hinter ihm Sitzenden spürte,
blieben ihm noch Jahre in deutlicher Erinnerung. Daß er in
der Schule unbestreitbar die führende Stellung einnahm, bestätigte den Entschluß der Mutter, ihn ihren anderen Kindern
vorzuziehen. Bis ans Ende ihres langen Lebens und fast bis
zum Ende seines Lebens nannte sie ihn *mein goldener Sigi*.

Freud reagierte in diesen frühen Jahren mit der typischen
Art eines Schuljungen auf das immer komplizierter werdende
Leben in seiner Umgebung. Seine jugendlichen Vorstellungen
von einem echten Helden – die er zum Teil aus den tapferen
Kämpfen mit John gewonnen hatte – spielte er in endlosen
Schlachten mit Spielzeugsoldaten aus Holz durch. Stundenlang stellte er genauestens Napoleons Feldzüge nach. Am besten gefiel ihm Napoleons Marschall André Masséna, weil er
ihn für einen Juden hielt, der an seinem eigenen Geburtstag
ein Jahrhundert zuvor geboren wurde. In der Beziehung des
kleinen Jungen zum Vater gab es kaum Störungen. Als Freud
zwölf Jahre alt war, hatte ihn sein Vater jedoch einmal enttäuscht. Jakob Freud berichtete ihm von einem Vorfall, als
ein Nichtjude auf ihn zutrat, ihm die neue Pelzmütze vom
Kopf schlug, daß sie in den Dreck fiel, und ausrief: Jud, herunter vom Trottoir! Der junge Sigmund fragte: »›Und was
hast du getan?‹« Worauf der Vater gelassen antwortete: »Ich
bin auf den Fahrweg gegangen und habe die Mütze aufgehoben.« Ebendies hatte Freud nicht hören wollen. In seinen

Büchern und bei seinen Spielen lebte er unter lauter Helden, die er dann in den Gesichtern der Freunde suchte. Er wollte, daß sich der Vater wie ein Held verhielt.

Die Geschichte endete allerdings nicht mit einer schlichten Enttäuschung. Denn mindestens ebenso stark wie Freuds Bedürfnis, einen Helden zu finden, war sein Wunsch, ihn zu entthronen. Im Alter von vierzehn Jahren führte er mit dem fünfzehnjährigen Neffen John, der bei den Freuds in Wien zu Besuch war, ein eindrucksvolles ›Drama‹ auf. Vor gleichaltrigen Freunden spielten sie Szenen aus Gedichten Schillers nach, mit Sigmund in der Rolle des Brutus und John in der des Cäsar. Noch Jahre später bemühte sich Freud zu verstehen, was ihn so stark mit John verband und weshalb zwischen ihnen, neben den feindseligen Gefühlen, eine so große Zuneigung bestanden hatte. »Wo findet sich nur eine ähnliche Synthese«, überlegte er und suchte Rat bei seinen Büchern, »ein solches Nebeneinanderstellen zweier entgegengesetzter Reaktionen gegen dieselbe Person...?« Schließlich fand er die Antwort, und zwar »an einer einzigen Stelle«, in Brutus' berühmten Sätzen in Shakespeares *Julius Caesar*: »Weil Cäsar mich liebte, wein' ich um ihn; weil er glücklich war, freue ich mich; weil er tapfer war, ehr' ich ihn, aber weil er herrschsüchtig war, erschlug ich ihn.«

Während seiner Vorbereitungen für die Abschlußprüfungen im Sperlgymnasium trank Freud schwarzen Kaffee und aß Weintrauben. Er gab zu, daß sein freundlicher Lehrer großen Anteil an seinem glänzenden Abschneiden in der mündlichen Geschichtsprüfung hatte, der »nicht übersehen hatte, daß auf dem Prüfungszettel, den ich ihm zurückgab, die mittlere von drei Fragen mit dem Fingernagel durchgestrichen war, zur Mahnung, daß er auf dieser Frage nicht bestehen solle«. (Freuds wiederkehrende Träume über Schulprüfungen drehten sich immer um das Fach Geschichte.) Schließlich machte er das beste Abitur in seiner Klasse.

Im Herbst 1873 schrieb sich Freud an der Wiener Universität ins Fach Medizin ein und belegte in den folgenden Jahren die Pflichtkurse in Anatomie, Physik, Chemie, Biologie und

Zoologie. Den Vater verwirrte die Berufswahl. »Als kleiner Junge sagte der Professor immer, daß er Arzt werden will«, erinnert sich Freuds Schwester Anna. »Aber mein Vater hat ihn gefragt, wie er das machen wolle, da er doch eine so empfindsame Natur sei, daß er es nicht einmal mitansehen könne, wenn einem von uns Kindern ein Splitter aus der Hand gezogen wurde und dabei ein wenig Blut austrat.« Freud lebte während seiner Universitätszeit weiter bei den Eltern. Als die Familie eine größere Wohnung bezog, bekam er als einziger ein eigenes Zimmer. Das sogenannte »Kabinett« war lang und schmal geschnitten und so groß, daß ein Bett, ein Schreibtisch, einige Stühle und Regale mit einer wachsenden Zahl von Büchern Platz darin fanden.

Freuds Stellung im Elternhaus als das älteste von sieben Kindern wurde das Vorbild für sein Leben als Familienoberhaupt in der Berggasse 19. Er war immer der Liebling gewesen. Jetzt, als knapp Zwanzigjähriger, besaß er sein eigenes Zimmer und die einzige Lampe in der Wohnung, während die übrigen Familienmitglieder mit Kerzenbeleuchtung vorlieb nehmen mußten. Das Abendessen nahm er auf seinem Zimmer ein, damit er beim Lernen nicht unterbrochen wurde. Beim Lernen summte er Wiener Volkslieder, wenngleich nicht sehr melodisch, doch es störte ihn in seiner Konzentration, wenn seine Schwestern Klavier spielten. Die Klavierstunden durften nicht mehr fortgesetzt werden, und das Klavier wurde aus der Wohnung geschafft. Trotz seiner scheinbaren Arroganz war Sigmund dennoch ein treuer Bruder. Des öfteren geriet die Familie in finanzielle Bedrängnis, und dann machte er sich Sorgen, daß die Schwestern möglicherweise zu sehr abmagerten. Als er einmal auf Einladung eines Freundes auswärts aß, fiel es ihm schwer, einen Braten zu essen und gleichzeitig zu wissen, daß seine Schwestern zu Hause saßen und Hunger hatten.

Sigmund Freud war der Inbegriff des älteren Bruders – selbstbewußt, hochbegabt und ein wenig ehrfurchtgebietend. Er war schlank und hatte eine gute Figur, als Erwachsener war er einen Meter zweiundsiebzig groß. Sein Haar war dunkelbraun, fast schwarz. Zwar bürstete er es nach hinten, doch immer wieder fiel ihm ein dicker Haarschopf in die Stirn. Die Gesichtszüge waren stark ausgeprägt, am auffälligsten waren aber die Augen – dunkel, manchmal lebhaft, dann wieder in sich gekehrt; in ihnen spiegelte sich gerade soviel, wie er zu enthüllen gedachte, kaum einmal mehr. Freud war ein außerordentlich leidenschaftlicher Mensch und sollte es immer bleiben, aber schon in dieser Zeit verfügte er über vollkommene Selbstbeherrschung; wenn seine Miene doch einmal Gefühle zeigte, dann auf flüchtige Weise.

In Freuds Jugend regierte Kaiser Franz Joseph über ein Reich, das sich überlebt hatte. Dennoch erlebte Wien eine Art kultureller Renaissance. Entstanden aus einer großen Verehrung für die Vergangenheit, bildete sich allmählich das Denken und Fühlen der Moderne heraus. Gustav Klimt und Oskar Kokoschka malten ihre unverwechselbaren, visionären Gemälde. Ludwig Wittgenstein, ein reicher Wiener Bürger, der auf sein Vermögen verzichtete, um ein reines Leben führen zu können, sollte später als der schwierigste Philosoph des zwanzigsten Jahrhunderts gelten. In Wien komponierten und dirigierten Richard Strauss und Gustav Mahler. Die Oper war etwas Besonderes – wer einen preiswerten Platz ergattern wollte, mußte sich einen halben Tag für eine Karte anstellen. Herbert Graf, der eines Tages als Freuds berühmtester Fall, der »kleine Hans«, Berühmtheit erlangte, erinnert sich an seinen Vater Max Graf, dessen Leben sich in einem im damaligen Wien durchaus üblichen Nebeneinander der Kulturen abspielte: »Auf dem überfüllten Trittbrett der Straßenbahn fuhr er zum sonntäglichen Fußballspiel auf der Hohen Warte, eine Hand auf dem Geländer, die andere auf dem Buch, das er am meisten liebte, ein zerfleddertes, mit Anmerkungen übersätes Exemplar von Kants *Kritik der reinen Vernunft.*«

Das Leben in Wien mit Eltern, die ihn bewunderten, und mit jüngeren Schwestern, die ihn verehrten, mit seinem jüngeren Bruder, Medizinstudent mit frühen, deutlich sichtbaren Erfolgen, ausgestattet mit großer, allgemein anerkannter Intelligenz – dem an der Wende zum Mannesalter stehenden Freud stand die Zukunft offen. Im Mai 1875 feierte er seinen 19. Geburtstag. Im Juli desselben Jahres kam in einem kleinen Dorf in der Schweiz Carl Gustav Jung zur Welt.

In Carl Gustav Jungs frühesten Erinnerungen tauchen das helle Laubwerk und der blaue Himmel über dem Schweizer Ort Laufen auf. Viele Jahre später erinnert er sich, wie er an einem Sommertag in seinem Kinderwagen liegt. »Ich sehe die Sonne durch die Blätter und Blüten der Bäume glitzern. Alles ist höchst wunderbar, farbig und herrlich.« Jung schrieb dies nur mit größtem Widerstreben und im hohen Alter. Er hatte über seine Kindheit und seine Jugend geschwiegen und auch den Angehörigen gegenüber nur selten darüber gesprochen. Sogar als er schließlich mit 83 Jahren seine Autobiographie begann, zögerte er noch. Er hatte eine starke gefühlsmäßige Abneigung gegen das Aufbewahren von Erinnerungen. Wie Freud anerkannte auch er, daß der Charakter eines Menschen in hohem Maße von seinen frühen Kindheitserlebnissen geformt wird. »Ich habe dieses Material mein Leben lang gehütet und nie an die Welt kommen lassen wollen; denn wenn daran etwas passiert, ist man noch mehr getroffen als bei anderen Büchern.«

Aber am Ende ersparte sich Jung doch kaum etwas. Ein gut Teil seiner Autobiographie, *Erinnerungen, Träume, Gedanken*, schrieb er in seinem Turm bei Bollingen. Der Achtzigjährige saß auf der Terrasse und erinnerte sich an den kleinen Jungen, der in einem kleinen Schweizer Dorf aufgewachsen war. Oft saß Jung derart reglos und stumm in der Sonne, daß – wie sich ein Freund erinnert – Vögel herbeigeflogen kamen und an seinem weißen Bart zupften, um ein paar Haare zur Ausstattung ihrer Nester zu bekommen. Der alte Mann war wie ein Stück Natur, und deshalb hatten sie keine Angst. Zuweilen bereitete ihm das, was er sich in Erinnerung rief, großen seelischen Schmerz. Seit der Kindheit suchten ihn immer wieder Gefühle der Angst und der Einsamkeit heim. Als er schließlich Freud kennenlernte, hatte er noch keinerlei

Übung im Schließen von Freundschaften. Die einsame Kindheit hatte tiefe Wunden hinterlassen.

Jungs Vater hatte eine Position als Pfarrer in der Reformierten Kirche Zwinglis. Von Paul Jungs Pfarrhof unweit von Laufen bot sich ein grandioser Blick auf den dreißig Meter in die Tiefe hinabbrausenden Rheinfall. Für jedes kleine Kind ist das ein schwindelerregender Anblick, und er bildete den realen Hintergrund der frühesten Erinnerungen Jungs. Einmal, so erinnert sich Jung, hatte eine sehr schöne junge Frau mit blondem Haar und blauen Augen ihn auf einen Spaziergang am unteren Teil des Rheinfalls durch die in der Herbstsonne golden glänzenden Kastanien mitgenommen. Die Frau, deren Bild als junges Mädchen er sein ganzes Leben in sich tragen sollte, war Berta Rauschenbach. Eines Tages wurde sie seine Schwiegermutter. Seine frühen Erinnerungen, eingeschlossen in Wärme und Sonnenlicht, blieben stets lebendig in ihm; aber auch andere, düstere Vorstellungen drängten sich ihm auf. »Immer hörte man das dumpfe Tosen des Rheinfalls«, erinnert er sich, »und darum herum lag eine Gefahrenzone.« So betrat der kleine Carl Gustav einmal die über den Wasserfall führende Brücke und schob das Bein unter das Geländer. Nur die schnelle Reaktion des Kindermädchens verhinderte, daß der kleine Junge in den Fluß tief unten stürzte. Dieser Vorfall verweise, so glaubte Jung später, auf »einen unbewußten Selbstmorddrang beziehungsweise auf einen fatalen Widerstand gegen das Leben in dieser Welt«.
Mitunter fühlte sich Carl Gustav zu Hause sehr unglücklich. Obgleich er keine Gründe dafür nennen konnte, spürte er doch: »Dunkle Andeutungen über Schwierigkeiten in der Ehe der Eltern umschwebten mich.« 1878 mußte sich seine Mutter mehrere Monate zur Behandlung in ein Baseler Krankenhaus begeben. Später sollte Jung daraus den Schluß ziehen, daß die Erkrankung mit Eheschwierigkeiten in Verbindung stand. Der damals Dreijährige litt überaus stark unter der Abwesenheit der Mutter. »Seit jener Zeit«, schrieb Jung, »war ich immer mißtrauisch, sobald das Wort ›Liebe‹ fiel.

Das Gefühl, das sich mir mit dem ›Weiblichen‹ verband, war lange Zeit: natürliche Unzuverlässigkeit.« In dieser Zeit der Trennung erkrankte der Sohn. Er wurde von einem heftigen Hautausschlag geplagt, des öfteren hatte er Fieber, und nachts fand er häufig keinen Schlaf. Dann trug ihn sein Vater auf dem Arm, ging auf und ab und sang alte Studentenlieder. »*Alles schweige, jeder neige…*« Noch viele Jahre später schrieb Jung: »Ich erinnere mich heut noch an die Stimme meines Vaters, der in der Stille der Nacht über mir sang.« Ungefähr in diese Zeit fällt auch der erste Traum, an den sich Jung erinnern kann und der ihn zeitlebens nicht mehr losließ. Er träumte, er stehe auf einer ihm bekannten Wiese. Dort entdeckte er ein Loch im Boden, durch das eine Steintreppe zu einem Torweg führte, der mit einem Stoff wie aus grünem Brokat ausgeschlagen war. Hinter dem Weg lag ein rechteckiger Raum mit Steinwänden und mit einem roten Teppich. Dieser führte bis zu einem goldenen Thron, von dem – wie Jung zunächst meinte – ein Baumstamm fast bis zur Decke reichte. Er bekam einen großen Schreck, als ihm aufging, daß der Baumstamm aus Haut und nacktem Fleisch bestand. »…nur ganz oben auf dem Scheitel befand sich ein einziges Auge, das unbewegt nach oben blickte.« Der Junge verharrte wie gelähmt, überzeugt, gleich werde der Baumstamm wie ein riesiger Wurm auf ihn zukriechen, aber da rief seine Mutter im Traum: »Ja, schau ihn dir nur an. Das ist der Menschenfresser!« In panischer Angst und schweißüberströmt wachte der kleine Junge auf. Immer wieder suchte ihn dieser Traum heim. Das seltsame Geschöpf war ein unterirdischer Gott, dessen war er sicher.

1879 – Jung war vier Jahre alt – hatte der Vater die Stelle des protestantischen Kaplans der Friedmatter psychiatrischen Klinik übernommen, und die Familie siedelte nach Klein-Hüningen über, einem kleinen Dorf am Rhein in der Nähe von Basel. Die häusliche Situation bereitete ihm noch immer Schwierigkeiten. »Es ging allerhand vor, Ängstliches und Unverständliches. Meine Eltern schliefen getrennt.« Und weiter schreibt er – was zeigt, daß er seiner Mutter noch immer mißtraute: »Ich schlief im Zimmer des Vaters.« Carl Gustav hatte, was er später »Pseudo-Krupp« nannte, und litt unter heftigen Erstickungsanfällen. »Ein psychogenes Moment scheint mir dabei die entscheidende Rolle gespielt zu haben«, schrieb Jung später, »die geistige Atmosphäre hatte angefangen, irrespirabel zu werden.« Dem kleinen Jungen blieb keine andere Wahl, als sich weiter in sich selbst zurückzuziehen. Er war verzweifelt und fühlte sich unbehaglich in der Nähe seiner Eltern und der bedrückenden häuslichen Umgebung. Er verbrachte immer mehr Zeit im Freien, wobei es ihn störte, wenn ihm jemand bei seinen einsamen Spielen zusah. Stundenlang baute er Häuser und Türme aus Ziegelsteinen und freute sich, wenn er sie durch ein vorgetäuschtes Erdbeben zum Einstürzen brachte.

1881 wurde Jung eingeschult. Seine Schulkameraden waren die Söhne und Töchter der Bauern und Fischer aus dem Dorf. Aber auch jetzt vermochte er sein Fremdheitsgefühl nicht abzuschütteln: Er fand, daß sich die anderen Kinder beim Spielen anders verhielten als er. Ihn interessierten ganz andere Dinge, und in seiner kindlichen Verwirrung versuchte er jenen Teil von sich zu erhalten, der – wie er genau wußte – für seine Identität von entscheidender Bedeutung war. Zu diesen rituellen Kindheitsspielen gehörte auch das Bedürfnis, andere Menschen, die vielleicht sein schwaches Ich-Gefühl verletzen könnten, auf Distanz zu halten. Auf einem Hang in der Nähe des Jungschen Hauses ragte ein Felsen aus dem Erdreich, zu dem er immer wieder zurückkehrte und auf dem er viele Stunden saß und ein imaginäres – und unwidersprüchliches – Spiel spielte. Schule und Familie hatten Jung einer angemessenen Definition seiner selbst beraubt: »Ich sitze auf diesem Stein«, schrieb er, »ich bin oben und er ist unten.« Er stattete den Stein mit solchen Kräften aus, daß er ihm antworten konnte: »Ich liege hier, auf diesem Hang, und er sitzt auf mir.« Nach einiger Zeit verwischte sich der Unterschied zwischen äußerer und innerer Realität. »Bin ich der, der auf dem Stein sitzt«, fragte sich der Junge, »oder bin ich der Stein, auf dem *er* sitzt?« Schließlich stand er auf und überlegte, was denn eigentlich richtig sei: eine unheimliche, faszinierende Frage, auf die er aber keine Antwort wußte.

Der Junge Carl Gustav wollte sein sehr verletzlich auf die Umwelt reagierendes Selbst schützen. Er mußte sichere Beweise dafür erlangen, daß sein inneres Selbst unberührbar und geschützt sei. Eines Tages nahm er den gelben Malkasten aus Holz, den er immer bei sich hatte; er schob den Deckel auf, schnitzte an dessen einem Ende ein Männchen und malte dazu mit Tinte einen schwarzen Gehrock, einen Zylinder und glänzende schwarze Stiefel. Danach sägte er die kleine Figur aus und legte sie zusammen mit einem kleinen Stein, den er ebenfalls angemalt hatte, zurück in den Malkasten. Er schob den Deckel an seinen Platz und versteckte den Kasten hinten auf einem Dachbalken des Bodens. Nach kurzer Zeit ging es dem Jungen besser, und »das quälende Gefühl der Entzweiung mit mir selber war behoben«. Aus dieser Geste leitet sich Jungs Vorstellung des »Anderen«, eines »anderen« Selbst her – von diesem Männchen mit einem schwarzen Stein, das er außer Reichweite auf dem Dachboden des Hauses aus dem 18. Jahrhundert verstaut hatte. Und während Jung mit aller Kraft sein inneres Selbst zu verstehen suchte, bemühte sich Freud in denselben Jahren, einen Platz in der Welt der Liebe und der Arbeit zu finden.

1882 war Freud ein junger Arzt, der noch bei den Eltern lebte, Studentenunterricht gab und naturwissenschaftlich-medizinische Forschungen betrieb. Im gleichen Jahr lernte er seine spätere Frau kennen, Martha Bernays. Ebenfalls 1882 erzählte ihm der befreundete Arzt Josef Breuer, er habe die Symptome einer seiner Patientinnen auf eine völlig neue Weise behandelt. Die Folgen dieser Begebenheiten sollten für Freuds ganzes späteres Leben bestimmend werden.

Die erste Begegnung mit der Liebe kam für Freud überraschend. Meistens ging er, wenn er nach Hause kam, nach einer kurzen Begrüßung der Eltern sofort in sein Zimmer. Aber eines Tages im Frühjahr des Jahres 1882 sah er plötzlich ein hübsches junges Mädchen, das gutgelaunt mit seinen

Schwestern am Eßtisch saß und einen Apfel schälte. Diesmal setzte er sich dazu. Martha Bernays war fünf Jahre jünger als Freud; sie stammte aus einer angesehenen jüdischen Familie, die aus Hamburg nach Wien übergesiedelt war. In der Liebe zu der damals 21jährigen Martha erlebte Freud eine Reihe seelischer Erschütterungen, die ihn völlig unvorbereitet trafen.

Wehmütig gestand er, daß er sich bisher noch für keine Frau interessiert habe und für dieses Versäumnis nun teuer bezahlen müsse. Jeden Tag schickte er Martha eine Rose. Als er sie am Tag der Verlobung und am folgenden besuchte, sagte er, er habe ihr bei diesen beiden Anlässen mehr Küsse gegeben als seinen Schwestern in den 26 Jahren seines Lebens. Einmal schrieb er über die Art Frau, die ihm gefiel, und diese Beschreibung paßt auch sehr gut auf Martha: »Ein robustes Weibchen, das im Notfalle den Mann und den Dienstboten eigenhändig zur Tür hinauswerfen kann, war nie mein Ideal, soviel sich für den hohen Wert der vollen Gesundheit beim Weibe sagen läßt. Ich schwärme nur für etwas Zartes, an dem ich zu pflegen und zu schonen habe.«

Martha Bernays war schlank und hatte eine blasse Haut, weswegen er sich immer wieder Sorgen um ihre Gesundheit machte: »Wirklich bin ich ganz ohne Fassung, wenn mich etwas über Dich beunruhigt«, schrieb er einmal, als er fürchtete, sie sei krank. »Ich habe gleich alle Schätzung verloren, zuzeiten befällt mich ohne dies eine schreckliche Angst, Du könntest mir krank werden... Ich bin so wild, daß ich nicht weiter viel schreiben kann.« Als er tags darauf erfuhr, sie erfreue sich wieder bester Gesundheit, bekannte er verlegen: »Ich war wohl ganz im Irrtum mit Deinem vermuteten Kranksein? Ich war doch sehr närrisch?... Man ist doch sehr närrisch, wenn man verliebt ist.« Da Marthas Familie nach Hamburg zurückgezogen war, verbrachten sie von der vierjährigen Verlobungszeit drei Jahre getrennt. Er schrieb ihr mindestens einmal, oft zweimal, manchmal sogar dreimal am Tag, und es waren keine kurzen Briefe. Ein Dutzend eng beschriebener Bögen waren nichts Besonderes, ein Brief war einundzwanzig Seiten lang. Während Freud um sie warb, schrieb er ihr insgesamt über 900 Briefe. Die langen Monate und Jahre ihrer Verlobungszeit forderten allerdings ihren Tribut. Ernst schrieb er: »Ich bin wie eine Uhr, die lange nicht repariert worden, staubig in allen Fugen«.

In seinen Briefen an Martha tauchte oft der Name Josef Breuer auf. Freud hatte den vierzehn Jahre älteren Mann während der Studienzeit kennengelernt. Breuer war ein namhafter Arzt, der sich aber auch sehr für Musik, bildende Kunst und Literatur interessierte. Er war ein bekannter, wohlhabender Wiener Bürger und wurde von denen, die ihn kannten, als »der anspruchsloseste Mensch, den man sich denken kann« geschildert. Er hatte eine vielversprechende wissenschaftliche Laufbahn eingeschlagen, sie jedoch wieder aufgegeben. Seine Stellung als Privatdozent kündigte er, weil er fand, er dürfe nicht zuviel Zeit von seinen Patienten getrennt verbringen. Vor allem eine Patientin hatte sein Interesse geweckt. Während sich die Freundschaft der beiden Männer vertiefte, sprach Breuer immer öfter von der Lebensgeschichte der Frau. Freud war fasziniert.

Bertha Pappenheim wurde 1859 als Tochter wohlhabender jüdischer Eltern geboren. Als sie ihren kränklichen Vater im Sommer 1880 pflegte, hatte sie zahlreiche nervöse Symptome entwickelt, die sich nach seinem Tod noch verstärkten. Zwar wurde der angesehene Psychiatrie-Professor Richard von Krafft-Ebing zur Behandlung hinzugezogen, aber Breuer war es, der ihr zuhörte, wenn sie von ihren Beschwerden erzählte. In den Jahren vor der Jahrhundertwende glaubte man, daß die seltsamen Klagen und das merkwürdige Verhalten der Geisteskranken physiologische Ursachen hätten und auf eine falsche Behandlung bei der Geburt, auf Erbfehler und tragische Unfälle zurückzuführen seien, kurzum: auf Schädigungen, die keine Aussicht auf Besserung boten. Allerorten waren die Arztpraxen voll mit Patienten und Patientinnen wie Bertha, deren körperliche Beschwerden häufig täglich, mitunter stündlich wechselten. Nichts half der verängstigten frischvermählten jungen Frau oder dem jungen Mädchen, das unter Schlaflosigkeit litt, dem Mann mit dem anhaltenden nervösen Tic oder dem Jungen, der ohnmächtig wurde. Es gab keine Heilmethode für ihre zahllosen Probleme, sondern nur die lindernde Wirkung heißer Bäder, Ruhe und – seltener – Elektrostimulation. Im Fall von Bertha Pappenheim entschloß sich Breuer zu einer anderen Behandlungsart. Eines Tages versetzte er sie in Hypnose und hörte genau zu, worüber sie klagte. Es war die Aufzählung eines höchst verblüffenden, scheinbar willkürlichen Chaos. Zuweilen breitete sich in ihren Gedanken eine tiefe Düsternis aus, dann wieder konnte sie ihre Beine nicht mehr bewegen. Ihr Blick ging eigentümlich hin und her, und dann war ihr, als würde sie erblinden und taub werden. Schlimmer noch: eine tiefsitzende Angst hatte sie ergriffen, zwei Personen – eine davon ein böser Mensch – würden in ihrem Körper hausen. Derlei berichtete sie Breuer täglich unter Hypnose und auf englisch. Aufgrund ihrer höchst verwickelten seelischen Probleme hatte sie jegliche Erinnerung an die deutsche Sprache verloren.

Eines Tages beklagte sich Bertha, sie habe Durst, könne aber nichts trinken. Die Liste ihrer Symptome war bereits lang, doch nun kam ein besonders exzentrisches Verhalten hinzu. Sie aß von nun an nur noch Obst. »Anna O.«, wie Breuer sie nannte, »räsonierte einmal in der Hypnose über ihre englische Gesellschafterin, die sie nicht liebte, und erzählte dann mit allen Zeichen des Abscheus, wie sie auf deren Zimmer gekommen sei, und da deren kleiner Hund, das ekelhafte Tier, aus einem Glase getrunken habe... Nachdem sie ihrem steckengebliebenen Ärger noch energisch Ausdruck gegeben, verlangte sie zu trinken, trank ohne Hemmung eine große Menge Wasser und erwachte aus der Hypnose mit dem Glas an den Lippen. Die Störung war damit für immer verschwunden.«

Indem Breuer jede Beschwerde ernst genommen und langsam, Vorfall für Vorfall, bis zum ersten Erscheinen zurückverfolgt hatte, »war das Symptom«, wie er schrieb »damit für immer behoben«. Offenbar konnte man dieses Verfahren auch mit Erfolg auf das Problem anwenden, daß sich Bertha in zwei Personen gespalten fühlte. Auch dieses Symptom ließ sich mildern, wenn man hinter die jüngsten Erinnerungen zurückging – hinter die Zeit der aus der Jugend stammenden seelischen Erschütterungen, über den Schonraum der Kindheit hinweg, bis zu dem längst vergessenen Augenblick, den sie nun gemeinsam mit Breuer wiedererinnerte. Breuers Bericht machte großen Eindruck auf Freud. Daß sich auch Jung – wie Bertha – darum bemühte, aus der Empfindung, in zwei Personen gespalten zu sein, klug zu werden, konnte er nicht wissen. In der Geschichte der Bertha Pappenheim – Anna O. – fand Freud seine Bestimmung. Nun wollte er unbedingt mehr darüber erfahren, alles noch einmal hören und gemeinsam mit Breuer das Rätsel lösen, weshalb es Bertha so sehr geholfen hatte, ihr Denken dadurch zu reinigen, daß sie ihre fast vergessenen Erinnerungen zur Sprache brachte. Sie selber nannte es »chimney sweeping« [Kaminkehren], ihre »talking cure« [Redekur]. Breuer bezeichnete es als ihre Katharsis.

Im Januar 1884 nahm Freud seine Arbeit in der Abteilung für Nervenkrankheiten im Wiener Allgemeinen Krankenhaus auf. Nachdem er dort eine Woche gearbeitet hatte, schrieb er: »Ich habe heute endlich meine Krankengeschichten in Ordnung gebracht und einen Nervenfall studieren können, also der Beginn einer neuen Ära!« Die Behandlung nervöser Erkrankungen war damals noch kein bedeutendes Fachgebiet in Wien. Ausgestattet mit einem Reisestipendium, ging er am 11. Oktober 1885 nach Paris, um bei dem Neurologen Jean Martin Charcot zu studieren, der in einer Heilanstalt, der Salpêtrière, geisteskranke Patientinnen behandelte. Charcot ging es darum, sich ein klares Bild über die Krankheit zu verschaffen und hinter dem Schmutz, der Erniedrigung und der willkürlichen Gewalt den Patienten zu erkennen, der vor ihm stand. Freud sagte über ihn: »Er pflegte sich die Dinge, die er nicht kannte, immer von neuem anzusehen, Tag für Tag den Eindruck zu verstärken, bis ihm dann plötzlich das Verständnis derselben aufging.«

Freud fiel auf, daß die »deutsche« Methode, körperliche

Erkrankungen auf physiologische Ursachen zurückzuführen, in Frankreich keine Anwendung fand. Er sah, wie Charcot Patienten behandelte, die seit Jahren an physischen Schmerzen, an Tics und Lähmungen litten und die durch die Kraft seiner Suggestion unter Hypnose von ihrem Leiden geheilt wurden, sah, wie der betreffende Muskel nicht mehr weiterzuckte und der Patient wieder normal gehen konnte. Es war also möglich, die Auswirkungen des Seelenlebens auf das körperliche Befinden zu demonstrieren. Charcot hatte ihm gezeigt, daß zahlreiche körperliche Erkrankungen durchaus eine psychologische Ursache haben konnten, und dies ließ ihn an Bertha Pappenheims »talking cure« denken.

1886, viereinhalb Monate später, kehrte Freud nach Wien zurück und nahm seine Arbeit im Allgemeinen Krankenhaus sofort wieder auf. Wie es damals Brauch war, trug er bei der Visite einen Seidenzylinder und weiße Handschuhe. Im selben Jahr eröffnete er seine Praxis und behandelte die ersten Privatpatienten. Daß er nicht nur auf Marthas Charme, sondern auch auf den anderer Frauen reagierte, wurde ihm klar, als er einmal einen amerikanischen Arzt wegen eines Nervenleidens behandelte und darum bat, die Ehefrau sehen zu dürfen. Wie sich herausstellte, war sie eine schöne und interessante Frau. »Unheimlich war mir«, schrieb er Martha, nachdem er ihr die beiden Besuche der Frau geschildert hatte, »daß während der beiden Male, da sie bei mir war, Dein Bild, das sich sonst nie rührt, vom Schreibtisch herunterfiel. Ich mag solche Andeutungen nicht, und wenn es einer Warnung bedurft hätte – es hat aber keiner bedurft!«

Noch im selben Jahr heiratete er Martha. »Aber lange wollte ich nicht mehr ohne Dich sein«, schrieb er. »Ich kann ja viel Sorge und Arbeit ertragen, aber schon lange nicht mehr allein.« Das Leben, das sie gemeinsam führten, mag recht normal, ja eintönig erscheinen. Unter der konformen Oberfläche, den weißen Handschuhen und dem Zylinder, der bürgerlichen Karriere, der Ehe und bald auch seiner Familie empfand sich Freud allerdings alles andere als gewöhnlich.

# 5. Kapitel

1891 besuchte Anton Tschechow Wien zum erstenmal. Zu der Zeit war er 31 Jahre alt und noch nicht der berühmte Schriftsteller, der er später werden würde. Er war vier Jahre jünger als Freud: ein junger russischer Arzt, aufgewachsen am Asowschen Meer. In Rußland nannte man seinen Heimatort Taganrog die »taube« Stadt. Nur noch wenige Schiffe liefen den Hafen an, im Frühjahr stand der Schlamm auf den Straßen, die verfallenen und baufälligen Häuser spiegelten die Trägheit des Lebens in der Provinz. Die Größe der Wiener Mietshäuser erstaunte ihn, »alle Häuser 6- und 7stöckig, und die Geschäfte – das sind keine Geschäfte, sondern einfach etwas Schwindelerregendes, ein Traum! In den Fenstern allein Milliarden von Krawatten!« In Wien gewann der junge Tschechow auch die Überzeugung, daß Architektur eine wirkliche Kunstform sei. Die Kirchen kamen ihm vor, »als seien es Spitzenklöppeleien«. Von zweien hieß es: »Das sind keine Bauwerke, sondern Teegebäck.« Er mochte die hübschen kleinen Droschken und fand die Frauen sehr modisch gekleidet und auffallend schön. Was sie wohl über ihn dachten, fragte er sich, wenn sie »meine Mütze und die grauen Haare« sehen. Nur der heimische Wodka fehlte ihm.

Freud äußerte sich nie mit derselben Begeisterung wie Anton Tschechow über Wien, doch im Jahre 1886 sah es in seinem Leben etwas besser aus. Er hatte Martha Bernays geheiratet, mit der er eine warmherzige und fruchtbare Ehe führte. Die Kinder kamen in rascher Folge zur Welt und wurden von den Eheleuten voll Stolz in die Familie aufgenommen. Mathilde, das erste Kind, wurde 1887 geboren, Martin – so benannt nach Charcot – zwei Jahre später. 1891 wurde Oliver geboren, dann Ernst (1892), schließlich Sophie (1893) und Anna (1895).

Ebenfalls in den achtziger Jahren begann Freuds Freundschaft mit dem jungen Berliner Arzt Wilhelm Fließ. Fließ war mit Josef Breuer befreundet, der ihm anläßlich einer seiner Besuche in Wien empfohlen hatte, die Vorlesungen des brillanten Neurologen Sigmund Freud zu hören. Erst kurz zuvor hatte Fließ in Berlin eine Praxis als Hals-, Nasen- und Ohrenarzt eröffnet, befaßte sich aber weiterhin mit wissenschaftlichen Untersuchungen. Er behauptete, daß den biologischen Grundlagen der Sexualität eine Schlüsselrolle im Verhalten des Menschen zukomme, und vertrat die Auffassung, jeder Mensch sei im Grunde bisexuell. Später sollte Freud ihm hierin zustimmen. Darüber hinaus vertrat Fließ die Auffassung, die Nase beeinflusse als Körperorgan den übrigen Körper. Eine Zeitlang hat Freud offenbar Fließ' Anschauungen geteilt. Wer in den achtziger Jahren des vorigen Jahrhunderts an die Bisexualität der Geschlechter und an die grundlegende Bedeutung der Nase für die Gesundheit des einzelnen glaubte, der stellte die Grenzen der Akzeptabilität in der Wissenschaft auf eine harte Probe. Aber Fließ' Periodenlehre – d. h. seine Überzeugung, alle Vorfälle im menschlichen Leben verliefen in vorherbestimmbaren, numerischen Intervallen – überstieg doch weit den Horizont der damals herrschenden wissenschaftlichen Lehrmeinung. Freud versuchte, Fließ' sonderbarer Version der Prädestinationslehre die Treue zu halten; er jonglierte pflichtschuldig mit Zahlen und Daten, damit die Ereignisse auch zu dem Zeitpunkt eintraten, da sie eintreten sollten. Eine Zeitlang glaubte Freud aufgrund seiner eigenen, ihm aber selber unbehaglichen Neigung zum Aberglauben an Fließ' Theorie, allerdings nie mit ganzem Herzen. Fließ war ein überaus gebildeter Mann und ein engagierter Forscher. Mochte Freud auch gegen einige Fließsche Ideen Einwände haben, so hegte er doch von Anfang an große Bewunderung für ihn. In der folgenden Freundschaft weihte er Fließ in tiefreichende persönliche Angelegenheiten ein und besprach mit ihm die psychologischen Themen, die dann in seinem geistigen Leben eine Hauptrolle spielen sollten.

Freud war sich seiner Freundschaft zu Fließ sicher, führte eine glückliche Ehe, und die ersten Kinder waren geboren. Dennoch wurde er das Gefühl nicht los, daß er sich stark von anderen Menschen unterschied. »Ich glaube, es ist ein schweres Unglück für mich, daß mir die Natur nicht jenes unbestimmte Etwas gegeben hat, was die Menschen anzieht«, hatte er einmal Martha gestanden. »Denke ich an mein Leben zurück, so hat mir kaum mehr als das gefehlt, um mir die Existenz rosig zu machen. Meine Freunde habe ich so langsam erworben, ... und jedesmal, wenn ich mit wem zusammenkomme, merke ich, daß der Neue ... zunächst veranlaßt wird, mich zu unterschätzen. Das ist eine Sache des Blicks oder der Gefühlsbindung oder sonst ein Naturgeheimnis, von dem man aber schwer betroffen wird.« Diese Gefühle plagten ihn. Er sah in sich eine stärkere Leidenschaft am Werke – wenn sie auch keinen Ausdruck fand – als bei anderen Menschen. »Mir war oft so«, erklärte er Martha, »als hätte ich den ganzen Trotz und die ganze Leidenschaft unserer Ahnen, als sie ihren Tempel verteidigten, geerbt, als könnte ich für einen großen Moment mit Freude mein Leben hinwerfen. Und dabei war ich immer so ohnmächtig und konnte die glühenden Leidenschaften nicht einmal durch ein Wort oder ein Gedicht zum Ausdruck bringen. So habe ich mich immer unterdrückt, und das glaube ich mir nun anzusehen.« Freud beherrschte seine Leidenschaften noch viele Jahre, bis er seine Bestimmung – die Psychoanalyse – gefunden hatte: in sich selbst, im Dunkel seiner Beziehungen zu den Menschen, die er im Kindesalter geliebt hatte.

Nicht nur Freud beunruhigte ein Gefühl, daß andere Menschen ihn vielleicht merkwürdig fänden. Der im Jahre 1886 elf Jahre alte Jung kannte ähnliche Sorgen: »Meine ›Besonderung‹«, erinnert er sich, »begann mir allmählich ein unliebsames, ja etwas unheimliches Gefühl zu verursachen, daß ich widerwärtige, mir unbekannte Eigenschaften besitzen müsse, welche Lehrer und Kameraden von mir abstießen.« Seine Einsamkeit barg Geheimnisse, die er sich als Kind noch nicht einzugestehen und die er als Erwachsener anderen nur schwer mitzuteilen vermochte. »Ich hätte gern davon mit jemandem gesprochen«, schrieb er, »aber ich fand nirgends einen Anknüpfungspunkt – im Gegenteil, ich fühlte im anderen ein Befremden, ein Mißtrauen, ein Fürchten, mir entgegenzutreten, das mich der Sprache beraubte.«

Im Alter von sieben Jahren mußte Carl Gustav Jung mehrere Kilometer am grünbewachsenen Rheinufer zur Schule gehen. Die Hügel des Schwarzwalds lagen gegenüber, vor ihm ragten die schlanken Türme und das strahlend helle Dach des aus rotem Sandstein erbauten Münsters in den Himmel. Basel besaß eine große Vergangenheit. Während der Renaissance war die von Erasmus, Paracelsus und dem Maler Max Holbein geprägte Stadt das Zentrum des europäischen Humanismus gewesen. Nach einiger Zeit verlor sie jedoch rasch wieder ihre kulturelle Bedeutung. Im 18. Jahrhundert hatte Jungs Großvater, Carl Gustav Jung d. Ä., eine bedeutende Rolle bei Basels Aufstieg zur kulturellen Blüte gespielt: Er verhalf der Universitätsklinik wieder zu ihrem ehemaligen Glanz und wurde zum Rektor der Universität ernannt. 1886 war Basel noch so klein, daß jeder jeden kannte, die Familie Jung genoß großes Ansehen, und doch fühlte sich Carl Gustav nicht wohl in der Schule. Zum erstenmal machte er die Erfahrung, wie frei das Leben der Reichen war, er lernte Jungen kennen, die in großen Elternhäusern wohnten und, anders als er, elegante, gut sitzende Kleidung trugen. Da er über einen Meter achtzig groß war, trug er oft Hemden mit zu kurzen Ärmeln. Beschämt erkannte er plötzlich, daß er, der Sohn eines armen Pfarrers, anders als die anderen Jungen war. Dieses Gefühl beherrschte ihn auch, als er einmal mit seinen Eltern und seiner neun Jahre jüngeren Schwester in Schaffhausen zu Besuch bei Freunden der Familie war. Berta Rauschenbach, die Frau mit dem blonden Haar, die Jahre zuvor gemeinsam mit ihm am Rhein spazierengegangen war, hatte inzwischen zwei Kinder. Vor ihrem Haus in Schaffhausen fuhren von temperamentvollen Pferden gezogene Kutschen vor, Diener in grüner Livree öffneten den Schlag: in allem zeigte sich Jung ein Leben, das sich sehr von dem seinen unterschied. Die ältere Tochter, Emma, kam ihm wie eine Märchenprinzessin vor, und er spürte, wie sich die Kluft zwischen ihm und den anderen verbreitete.

Als Jung zwölf Jahre alt war, geriet er in eine noch schlimmere Lage. An einem sonnigen Tag ging er einmal nach der Schule über den Vorplatz des Baseler Münsters und dachte: »Die Welt ist schön und die Kirche ist schön, und Gott hat das alles geschaffen und sitzt darüber, weit oben im blauen Himmel, auf einem goldenen Thron und –.« Er blieb stehen, da ihn ein panischer Schrecken ergriffen hatte, und wollte den Gedanken nicht zu Ende denken. Auf dem Nachhauseweg wies er die Gedanken immer wieder von sich; er wollte gar nicht wissen, was ihn vielleicht als nächstes erwartete. Unter Qualen und auf sich allein gestellt, versuchte er darüber nachzudenken, was Gott von ihm wünsche. Da fiel ihm die Geschichte von Adam und Eva ein, die Gott ja auch geschaffen hatte. Adam und Eva waren vollkommene Wesen, und doch hatten sie gesündigt. »Wieso war das möglich?« fragte er sich. »Sie hätten es gar nicht tun können, wenn Gott die Möglichkeit nicht in sie gelegt hätte... *Es war also die Absicht Gottes, daß sie sündigen mußten.*« War es die Absicht Gottes, daß auch er sündigen und das Undenkbare denken sollte? Das Bild von Gott auf seinem goldenen Thron hoch oberhalb der Welt erschien von neuem. Entschlossen dachte er den Gedanken zu Ende: *Gott* hatte das Baseler Münster mit einem riesigen Kothaufen beschmutzt, der das Dach durchschlagen und die Mauern zum Einsturz gebracht hatte. Seltsamerweise empfand Jung sogleich die Gnade Gottes, und gleichzeitig, daß sein Vater, der Pfarrer, nie dieses Wunder göttlicher Gnade erlebt habe, »die alles heilt und alles verständlich macht«.

Dieses verborgene Bild Gottes stand Jung auch vor Augen, als er einmal voll schmerzlicher Enttäuschung hörte, wie sich der Vater mit einem Verwandten über religiöse Fragen unterhielt. Was sie sagten, barg keinerlei moralisches Dilemma, das doch – wie er nun wußte – jeder richtigen religiösen Erfahrung zugrunde lag. »Ja, ja, das ist ganz schön«, sagte er sich. »Aber wie verhält es sich mit dem Geheimnis?... Ihr wißt nicht, daß Gott will, daß ich... das Verfluchte denke, um seine Gnade zu erleben.« Allmählich glaubte der kleine Junge, daß er Gott auf eine Weise kannte, die dem Vater ver-

wehrt war, und das stimmte ihn traurig. Der ehrfurchtgebie-
tende und strenge Gott war aber nicht der Gott seines Vaters
und seiner Onkel, die ebenfalls Pfarrer waren. Jungs Gott
fand sich im Alten Testament, den aber seine Verwandten
für »antiquiert« und »jüdisch« hielten. Jungs Gott – der
Gott der Tradition Freuds – war, wie der kleine Junge feststellte, »längst überholt durch die christliche Botschaft der
Liebe und Güte Gottes.«

In der Schule fühlte sich Jung nach wie vor als Fremder,
doch allmählich erzielte er bessere Noten. Anders als Freud
wollte Jung aber nie Klassenbester werden, er hielt sich lieber im Hintergrund und empfand Mitleid für die Jungen, die
schlechtere Noten bekamen. Da jedoch alle seine Bemühungen, nicht aufzufallen, fehlschlugen, begegneten ihm die
Mitschüler zunehmend mit Mißtrauen. Einmal wurde er für
eine Strafe zum Lehrer zitiert, der ihm den Vorwurf machte,
er habe gemogelt. Jung war nicht imstande, eine einleuch-
tende Antwort auf seine Schwierigkeiten zu geben, bis ihn
eines Tages auf dem Vorplatz des Münsters ein Klassenka-
merad aus Spaß schubste. Jung stürzte hin, schlug sich den
Kopf am Kantstein auf und wurde ohnmächtig. Sein erster
Gedanke war: »Jetzt mußt du nicht mehr in die Schule gehen.«

Carl Gustav erlitt nun so oft heftige Schwindelanfälle, daß
er dem Unterricht fernbleiben durfte. Eines Tages – er hatte
seit einem halben Jahr nicht mehr die Schule besucht – bekam sein Vater überraschend Besuch. »Und wie geht es denn
deinem Sohn?« hörte Jung den Mann fragen. »Ach, das ist
eine leidige Geschichte«, erwiderte der Vater. »Die Ärzte
wissen nicht, was mit ihm los ist... Es wäre schrecklich,
wenn er unheilbar sein sollte. Ich habe mein bißchen Vermögen verloren, und was soll dann mit ihm geschehen, wenn er
sein Leben nicht verdienen kann?« Carl Gustav reagierte sofort: er würde sich selbst von den Ohnmachtsanfällen be-
freien. Leise ging er ins väterliche Arbeitszimmer und fing
sofort an, Latein zu lernen. Er wurde wieder ohnmächtig
und dann noch einmal, als er das Buch zur Hand nahm. Er

arbeitete eine Stunde und erlitt einen dritten Anfall. Aber er lernte weiter. »Ich fühlte mich auf einmal besser als alle die Monate zuvor. Die Anfälle wiederholten sich in der Tat nicht mehr... Daran habe ich gelernt, was eine Neurose ist.«

In denselben Jahren versuchte Freud Stücke eines Puzzles zusammenzufügen, die nicht recht zueinander passen wollten. Doch die Teile, die er bereits hatte, waren provozierend genug. Er war aus der Salpêtrière mit dem Gefühl nach Wien zurückgekehrt, daß bestimmte Geisteszustände auch körperliche Auswirkungen haben konnten. Zudem hatte er gehört, wie Charcot einmal eine merkwürdige und anspielungsreiche Bemerkung über eine Patientin fallenließ: »Aber in solchen Fällen handelt es sich immer um eine Frage der Genitalien... immer, immer, immer.« Dies ließ Freud an eine Bemerkung denken, die Breuer mehrere Jahre zuvor einmal gemacht hatte, als er über Neurosen sprach. »Das sind immer *Geheimnisse des Alkovens.*«

Freud behandelte weiter Privatpatienten und verwandte dabei die altbekannten Methoden – Massage und Elektrostimulation. Mit der kathartischen Methode Breuers experimentierte er erstmals 1899, als er die Behandlung der Patientin, Frau Emmy von N., wieder aufnahm. Er bat seine Patientin unter Hypnose, sie möge sich erinnern, wann die Symptome zum erstenmal bei ihr aufgetaucht seien. Nachdem ihr das gelungen war, ließen auch ihre Symptome nach. Nach einer Reihe solcher Fälle war Freud überzeugt, daß die Ursache zahlreicher hysterischer Erkrankungen psychologischer Natur sei. Eine Besserung ließ sich deshalb einzig mit Hilfe der Psyche erreichen. Wäre es möglich, den Geist auf der Suche nach Vergangenem zu beteiligen, so würde man dort einen starken Verbündeten finden. Und könnte man Intellekt, Gefühl, Willen und die assoziativen Gedächtnisspuren in dieses Unterfangen mit einbeziehen, würde man vielleicht einige Erfolge erzielen. 1888 hatte ihm Charcot geschrieben: »Seien Sie beruhigt, die Hysterie wird ihren Weg gehen; eines Tages wird sie in vollem Glanz erstrahlen und den bedeutenden Platz einnehmen, der ihr gebührt.« Es war, als habe Charcot recht behalten.

Ermutigt durch diese Bestätigung der kathartischen Methode Breuers, bemühte sich Freud, Unterstützung für die Veröffentlichung ihrer Forschungsergebnisse zu erhalten. Allerdings spürte er bei Breuer ein gewisses Widerstreben, das – wie er meinte – daher rührte, daß sich die stark von Breuer abhängige Bertha Pappenheim zu ihm hingezogen fühlte, ja ihn liebte. Breuer, den dies verwirrte und der sich wahrscheinlich seinerseits von der schönen Frau, die so große seelische Not litt, angezogen fühlte, weihte Freud nur zögernd in diesen Umstand ein. Er wollte nicht einmal daran erinnert werden. Vielleicht hätte es ihn beruhigt, wenn Freud ihm erzählt hätte, daß auch ihm eine Patientin, in einer stummen Liebeserklärung, die Arme um den Hals geworfen hatte. Vielleicht hätte ihn auch Freuds Versprechen erleichtert, daß er die sexuelle Bedeutung dieser Fälle nicht in der Öffentlichkeit ausbreiten werde. 1893 veröffentlichten Breuer und Freud jedenfalls gemeinsam eine Arbeit, in der sie die Behauptung aufstellten: »Der Hysterische leidet größtenteils an Reminiszenzen.« Die Patienten waren eben nicht besessen. Weder waren ihre Leiden die Folge funktioneller Unterleibsbeschwerden, noch rührten sie von genetischen Schäden her noch von traumatischen Erlebnissen, die sie vergessen hatten. Die Patienten litten an verborgenen Erinnerungen, und wenn sie diese Erinnerungen zutage förderten – so Breuer und Freud –, würden sie wieder gesunden. Das war zwar längst nicht die ganze Wahrheit, wie Freud wußte, aber ein Anfang war damit gemacht. Zwei Jahre später (1895) veröffentlichten sie dann ihre Arbeiten in den *Studien über Hysterie*. Darin stellen Breuer und Freud, stark verfremdet und mit Pseudonymen versehen, fünf Patienten vor, in deren verworrenes, unglückliches Leben die Behandlungstechnik der geistig-seelischen Analyse etwas Ordnung gebracht und ihr Leiden gemildert hatte. Im Schlußkapitel schrieb Freud, »daß viel damit gewonnen ist, wenn es uns gelingt, ihr [der Patienten] hysterisches Elend in gemeines Unglück zu verwandeln«.

Nach den langen, schweren Jahren voller Entdeckungen häufte Freud im folgenden Jahrzehnt in rascher Folge Erkenntnis auf Erkenntnis und verband seine Theorien mit dem, was ihm die Patienten erzählten. Dieses Selbstvertrauen entstammte seiner genialen Begabung, die mit leidenschaftlichem und unablässigem Arbeiten einherging. Die Freundschaft mit ihm muß mitunter recht entmutigend gewesen sein. Im Oktober 1885 schrieb er Fließ: »Nun höre weiter. In einer fleißigen Nacht der verflossenen Woche... haben sich plötzlich die Schranken gehoben, die Hüllen gesenkt, und man konnte durchschauen vom Neurosendetail bis zu den Bedingungen des Bewußtseins. Es schien alles ineinanderzugreifen, das Räderwerk paßte zusammen, man bekam den Eindruck, das Ding sei jetzt wirklich eine Maschine und werde nächstens auch von selber gehen.« Und mit leiser Ehrfurcht schrieb Breuer, selbst ein glänzender Theoretiker und hoch geachtet innerhalb der Ärzteschaft, einem Freund: »Freud ist in vollstem Schwunge seines Intellekts; ich schaue ihm schon nach wie die Henne dem Falken.«

In den neunziger Jahren, als Jung zum Jugendlichen heranwuchs, linderten äußere Einflüsse nach und nach das Leid und die Isolation, die er während der Kindheit empfunden hatte. Einmal sagte seine Mutter zu ihm, die bisweilen ein gutes Gespür für die tiefsten Bedürfnisse des Sohnes hatte: »Du mußt einmal den *Faust* von Goethe lesen.« Im *Faust* fand der Fünfzehnjährige die Bestätigung seiner eigenen Erlebnisse mit der dunklen Seite Gottes, über die andere offenbar nicht mit ihm sprechen wollten. Jung sollte zeit seines Lebens derartige Zeichen sammeln. Der Philosoph Arthur Schopenhauer sanktionierte, wie zuvor Goethe, die ihm bekannte Welt, in der Leid und Schmerz wirklich und immer anwesend waren und stets Teil der Conditio humana blieben.

Allmählich begann Jung sich zu verändern, möglicherweise aufgrund dieser Bestätigung seiner geheimen Erfahrungen. Er las fast ununterbrochen und wahllos. Sein Vater machte sich große Sorgen. »Der Bub interessiert sich für alles

Mögliche. Aber er weiß nicht, was er will.« Da es kaum echte Gemeinsamkeiten zwischen Vater und Sohn gab, war Jungs engster Vertrauter am Ende seiner Schulzeit ein Fünfzigjähriger Freund der Familie. Jung bedeutete es sehr viel, einen Menschen zu kennen, den er bewunderte und dem er vertrauen konnte. Doch eines Tages kam es zu einer homosexuellen Annäherung. Erschrocken und angewidert beendete Jung die Freundschaft. Er allein wußte um die Folgen, die eine unliebsame sexuelle Geste auf einen schüchternen Heranwachsenden hatte, der erst anfing, sich anderen Menschen anzuvertrauen. Eines Tages sprach er dennoch über dieses Erlebnis, und zwar mit Freud, aber bis dahin sollten noch viele Jahre vergehen.

In der Zeit der späten Kindheit seines Sohns litt Paul Jung unter einer Vielzahl körperlicher Beschwerden. Am Ende kam Jung der Verdacht, daß sie psychosomatischer Natur seien. Im Sommer 1895, als Jung das Studium an der Baseler Universität aufnahm, verschlechterte sich der Gesundheitszustand des Vaters. Einige Monate später, im Januar 1896, kam Jung eines Tages von den Vorlesungen an der Universität nach Hause und fand seinen Vater im Koma vor. Jung erinnert sich: »Er röchelte, und ich sah, daß er in der Agonie war. Ich stand an seinem Bett, gebannt. Ich hatte noch nie einen Menschen sterben sehen. Plötzlich hörte er auf zu atmen. Ich wartete auf den nächsten Atemzug. Er kam nicht.« Einige Tage später machte seine Mutter eine Bemerkung, die ihm durch und durch ging: »Er ist zur Zeit für dich gestorben.«

In den Jahren nach dem Tod des Vaters wuchs Jung allmählich ins Leben hinein. Er war groß und schlank, hatte hellbraunes Haar und leuchtend braune Augen, die manchen in der Erinnerung als blau erschienen. Jung war ein gutaussehender, impulsiver junger Mann. Er verließ sich immer auf seine Gefühle, und diese Selbstsicherheit verlieh seiner Persönlichkeit etwas Bestimmtes und Entschlossenes. Im ersten Jahr an der Universität trat er in die Zofingia ein, eine schweizerische Studentenverbindung, zu deren Präsident er gewählt wurde. Er erhielt den Beinamen »die Walze«, weil er zu allen

Themen, von denen manche ihn bis an sein Lebensende beschäftigen würden, eine feste Meinung besaß. Er debattierte über Schopenhauer und Kant und beschäftigte sich mit dem Problem des Bösen, wobei er die Überzeugung vertrat, daß man sich der Seele, auch wenn sie immaterieller und transzendenter Natur sei, auf wissenschaftlichem Wege nähern könne.

Seine erste Rede vor dem Studentenclub hielt Jung im November 1896, sie trug den Titel: »Über die Grenzen der Naturwissenschaften.« Darin stellte er die Forderung nach Untersuchung hypnotischer und spiritualistischer Phänomene auf, da man seiner Meinung nach dort der Seele auf die Spur kommen und sie untersuchen könne. Die von ihm vorgeschlagene Vorgehensweise verband zwei scheinbar einander widersprechende Interessen: die Forderung nach wissenschaftlicher Strenge mit dem herzenstiefen Wunsch, das Unsagbare zu erforschen. Vorerst war Jung bei dieser Suche noch auf sich allein gestellt; nur wenige Menschen begriffen, was ihm vorschwebte, und noch weniger glaubten daran, daß sich sein Vorhaben verwirklichen ließ. Schließlich war die Seele nicht die Domäne der Wissenschaft, sondern die der Religion und der Literatur.

Fortan interessierte sich Jung für alles, worin sich ihm die Welt der Geister zeigte. Auch seine Mutter hatte diese Neigung. Eines Tages im Jahre 1898, als sie im Wohnzimmer strickte und er im Nachbarzimmer lernte, zerbarst plötzlich der runde Eßtisch, ein lautes Knacken war zu hören. Mutter und Sohn waren sprachlos. Zwei Wochen später erzählte man ihm, es habe nochmals einen ohrenbetäubenden Knall gegeben, der wohl aus der Kommode im selben Zimmer gekommen sei. Jung zog die Schublade auf. Voll Entsetzen stellte er fest, daß die Klinge des Brotmessers an mehreren Stellen Sprünge aufwies, obgleich das Messer einige Stunden zuvor noch benutzt worden war. Zwar lag das Messer wie immer im rechteckigen Brotkorb, doch der »Griff« lag »in der einen Ecke des viereckigen Korbes, und in jeder der drei anderen Ecken lag je ein Stück der Klinge«. Durch physische

Einwirkungen ließ sich das Geschehen jedenfalls nicht erklären. Das zerbrochene Messer bewies ihm, daß sich nicht alle Vorfälle, so unerklärbar sie auch sein mochten, auf materielle Ursachen zurückführen ließen.

Jung schien den unterschiedlichsten Einflüssen gegenüber offen zu sein – nur einen Einfluß mied er. Begierig hatte er Diskussionen über Nietzsche verfolgt, der in seiner Kindheit als Professor an der Baseler Universität griechische Sprache und Literatur unterrichtet hatte. Als Jung Nietzsches *Also sprach Zarathustra* las, hatte er jedoch das Gefühl, als begegne er einem Teil seines Selbst. Diese Erkenntnis ließ ihn nie mehr los. Jung hielt Zarathustra für morbide und fürchtete, daß er ihm auf tiefsitzende und hartnäckige Art gleiche. »Diese Möglichkeit versetzte mich in einen Schrecken, den ich lange Zeit nicht wahrhaben wollte, der mich aber trotzdem in Atem hielt und sich immer wieder zu ungelegner Zeit meldete und mich zum Nachdenken über mich selber zwang... Unter meinen Freunden und Bekannten wußte ich nur zwei, die sich offen zu Nietzsche bekannten, beide homosexuell. Der eine endete mit Selbstmord, der andere verkam als unverstandenes Genie.« Die ganze Kindheit und Jugend hindurch hatte Jung das Gefühl, anders zu fühlen und anders zu sein als andere. Nun, im Alter von 23 Jahren, wollte er endlich so sein wie die anderen. Indem er sich von Nietzsche abwandte, trennte er sich auch von dem Teil seines Selbst, den er im Spiegel Zarathustras erblickt hatte. Fast zwanzig Jahre später, während der großen, mit dem Bruch mit Freud verbundenen Wirrungen und Leiden setzte er sich zwar mit diesem von ihm selbst unterdrückten Teil auseinander und gewann ihn allmählich zurück. Vorerst aber setzte er seinen Weg unbeirrt fort.

Auch Freud weigerte sich, Nietzsche zu lesen. Später schrieb er einmal: »So habe ich ja auch das Studium von Nietzsche von mir gewiesen, obwohl – nein, weil es klar war, dass bei ihm Einsichten sehr aehnlich den psychoanalytischen zu finden sein werden.« Der Ödipus-Mythos durchzieht das gesamte Werk Nietzsches. Laius, dem König von Theben,

wird vom Orakel geweissagt, der eigene Sohn werde ihn töten. Als seiner Frau Jocaste ein Junge – Ödipus – geboren
wird, befiehlt Laius, den Jungen zu töten, der jedoch von
einem Schäfer gerettet wird. Durch das Orakel erfährt Ödipus als junger Mann, daß er den Vater töten und die Mutter
heiraten wird. Er ist zutiefst beunruhigt von dieser Prophezei-
ung und flieht. Auf seiner Reise gerät er mit einem Mann in
Streit und tötet ihn, ohne zu wissen, daß es sich um Laius
handelt, seinen leiblichen Vater. Daraufhin wird ihm ein Rätsel gestellt, das er löst: Er wird zum König von Theben gekürt
und heiratet die verwitwete Königin Jocaste, ohne sie als
seine Mutter zu erkennen. Freuds gesamtes Werk steht unter
dem Einfluß dieses Mythos. Mehr noch: Freud fand die Bedeutung des Mythos in seinen eigenen Erinnerungen und
Träumen wieder. Daß er mit der Lektüre Nietzsche zögerte,
ließ einen späteren Beobachter an die kreativen Verhaltensweisen zweier anderer Männer denken: Lenin hörte auf,
Schach zu spielen, weil ihn das Spiel zu stark fasziniert und
von der angestrebten Revolution abgelenkt hatte; und Gustav Mahler verscheuchte die Vögel vor seinem Haus, wenn
er komponieren wollte. Nietzsche übte zwar eine große Faszination auf Freud und Jung aus, vergleichbar dem Schach-
spiel, aber er stellte auch eine Bedrohung dar, wie der unver-
gleiche schöne Gesang der Vögel.

Jung hatte Nietzsche aus seinem Gedächtnis gestrichen
und setzte nun alles daran, wie die anderen zu werden, doch
seine Ängste verfolgten ihn weiter. Er verkehrte im »Brio«,
dem Studentenlokal am südlichen Rheinufer, trank Bier und
unterhielt sich bis tief in die Nacht mit seinen Kommilitonen.
Da er den langen Nachhauseweg durch den Wald nicht allein
machen wollte, überredete er einmal einen von ihnen, ihn
nach Hause zu begleiten. Nachdem sie wohlbehalten vor dem
Elternhaus eingetroffen waren, bot er seinem Begleiter an, er
könne auf dem Rückweg zum Schutz seinen Revolver mit-
nehmen. Jungs Freund Albert Oeri wußte nie ganz genau, ob
die Waffe nun geladen gewesen war oder nicht, und so lehnte
er das Angebot gerne ab. Jahre später fragte sich ein Freund,

der sich Jungs Ängste in Erinnerung rief, ob Jung als junger Mann möglicherweise stark unter Visionen und Angstvorstellungen gelitten habe.

1900 bereitete sich Jung auf sein Staatsexamen vor. Nach dem Studium wollte er nach München ziehen und sich auf das Fachgebiet Innere Medizin spezialisieren. Das Fach interessierte ihn so sehr, daß er sein Psychiatrielehrbuch wieder fortlegte. Die Pflege von Geisteskranken, diesen Menschen, die zeitlebens durch eine physiologische Schädigung geistig-seelisch gestört blieben, abnorm veranlagt und unheilbar krank waren – das erschien ihm allenfalls würdelos. Warum man sich mit Verrückten einschließen lassen und in ihre vernunftlose Welt eintreten sollte, ging ihm über den Verstand. Eines Abends jedoch nahm er Krafft-Ebings *Lehrbuch der Psychiatrie* zur Hand; kaum hatte er einige Absätze gelesen, als sich seine Vorstellung von der Zukunft grundlegend änderte. Jung schrieb: »Da befiel mich plötzlich ein starkes Herzklopfen. Ich mußte aufstehen und Atem schöpfen.« Er hatte in dem Buch eine Art von Bestätigung gefunden. Krafft-Ebing vertrat nämlich die Auffassung, daß jedes Lehrbuch unvermeidlich den Stempel des Charakters seines Autors trüge. »Also ist das Lehrbuch«, überlegte er, »zum Teil auch das subjektive Bekenntnis des Autors, der mit seinem Präjudiz, mit der Ganzheit seines So-Seins, hinter der Objektivität seiner Erfahrung steht und auf die ›Krankheit der Person‹ mit der Ganzheit seiner eigenen Persönlichkeit antwortet.« Seit der Kindheit waren Jung die eigenen Anschauungen sehr wichtig. Daß sie sich auf die komplexe Persönlichkeit des Menschen anwenden ließen, war eine Versuchung, der er nicht widerstehen konnte. Unmittelbar darauf bewarb er sich um eine Stelle in der Nervenheilanstalt Burghölzli in Zürich.

Während der neunziger Jahre, als sich Jung von dem Teil seines Selbst, der ihm Schwierigkeiten bereitete, abwandte, war auch Freud gezwungen, sich mit den eigenen Konflikten auseinanderzusetzen. Das einfache Familienleben, der freimütige Gedankenaustausch mit Wilhelm Fließ und der klare, elegante Stil seiner Schriften strafen seinen inneren Aufruhr Lügen. Nicht selten mußte Freud depressive Verstimmungen bekämpfen, und ständig plagten ihn migräneartige Kopfschmerzen. Außerdem zog er sich allmählich, angeblich ausgelöst durch Breuers Zögern hinsichtlich der sexuellen Ätiologie hysterischer Erkrankungen, von dem Mann zurück, der ihm soviel gegeben und bedeutet hatte. Mag sein, daß Breuer zögerte, aber er besaß auch Mut: »Ich bekenne, daß es nicht nach meinem Geschmack ist, mich in Theorie und Praxis in Sexuelles zu stürzen«, meinte er einmal. »Aber was haben mein Geschmack und mein Gefühl für das, was sich ziemt und was sich nicht ziemt, mit der Frage zu tun, was wahr ist?«

Nichts, was Breuer getan oder nicht getan hatte, bietet eine Erklärung dafür, daß Freud ihm zunehmend feindseliger begegnete. Als Breuer ihn einmal Jahre später auf einem Spaziergang zufällig traf und freundlich die Arme ausstreckte, um den ehemaligen Freund zu umarmen, wies ihn Freud schroff ab. Er tat so, als habe er ihn nicht gesehen, wandte den Blick ab und ging wortlos weiter. Zwar erzählte Freud, der von Natur aus nicht zu Selbstzweifeln neigte, Fließ von seinen Schwierigkeiten mit Breuer, doch konnte er kein eigenes Verschulden darin erkennen. Daß sich in der ruhigen, festen Freundschaft zu Fließ schon bald gegenseitige Vorwürfe und verletzter Stolz ausbreiten würden, wußte er noch nicht.

Freuds Probleme verstärkten sich noch, als im Jahr 1896 sein Vater starb. Der Tod Jakob Freuds löste im Sohn kein Gefühl der Befreiung aus, so wie der Tod von Paul Jung im Jahr zuvor Jung befreit hatte. Warum ihn der Tod des Vaters noch immer so stark beunruhigte, war Freud unklar. In den darauffolgenden Monaten gab es Tage, an denen er nicht mehr arbeiten konnte und die er mit Schachspielen oder über seiner Sammlung alter Landkarten zubrachte. Er hatte sich zurückgezogen, verfiel in Lethargie, alles war ihm gleichgültig. Mitunter entglitt ihm mehrere Stunden lang jede Kontrolle über seine Gedanken, und Ängste und Sorgen überfielen ihn; es waren »komische Zustände, die dem Bewußtsein nicht faßbar sind, Dämmergedanken, Schleierzweifel, kaum hie und da ein Lichtstrahl«, schrieb er Fließ. Nur unter den größten Schwierigkeiten bewältige er den täglichen Umgang mit den Patienten und der Familie. Langsam breite sich in ihm Verzweiflung aus.

Die Freundschaft zu Fließ wurde von dieser seelischen Not in Mitleidenschaft gezogen. Einmal gestand ihm Freud verstört: »Was in mir vorgegangen ist, weiß ich noch immer nicht; irgend etwas aus den tiefsten Tiefen meiner eigenen Neurose hat sich einem Fortschritt im Verständnis der Neurosen entgegengestellt, und Du warst irgendwie mit hineingezogen.« Seit fast zehn Jahren verband ihn eine enge Freundschaft mit Fließ, es beunruhigte ihn daher, als er erkannte, daß der Freundschaft eine neurotische Störung zugrunde lag. Widerhall fand seine innere Gespaltenheit, die der Tod Jakob Freuds hervorgerufen und den die Beziehung zu Fließ noch verstärkt hatte, im Gesundheitszustand von Freuds Patienten. Schließlich mußte sich Freud, wie seine Patienten, mit den frühesten Kindheitserinnerungen auseinandersetzen. Er näherte sich seinem Unbewußten, indem er seine Träume analysierte, und entwickelte die theoretischen Gedanken, die später seine herausragende Stellung innerhalb der Psychoanalyse begründeten. Einstweilen dienten ihm diese Ideen dazu, Ordnung in sein verworrenes Leben zu bringen und das Überleben zu sichern.

Unter der Oberfläche der respektvollen Liebe zum Vater, entdeckte Freud feindselige Gefühle gegenüber dem Mann, der seine Mutter sexuell besessen hatte. Es blieb nichts übrig, als anzuerkennen, daß das Kind die Mutter sexuell begehrte. Das war unvorstellbar, unfein, erniedrigend; aber in seinen Träumen tauchten diese Bilder immer wieder auf – das ganze Spektrum kindlichen Begehrens, verbotener, inzestuöser Wünsche und einer triebhaften, verborgenen Sexualität. Er schrieb: »Manches traurige Lebensgeheimnis geht hier auf seine ersten Wurzeln, mancher Stolz und Vorzug wird seiner bescheidenen Herkunft inne. Alles, was ich als Dritter bei den Patienten miterlebt, finde ich hier wieder, die Tage, an denen ich gedrückt herumschleiche, weil ich nichts vom Traum, von der Phantasie, von der Stimmung des Tages verstanden...«

Während der Monate anhaltender Selbstanalyse drängte sich Freud immer stärker die Frage auf, ob er nicht nur der eigenen Geschichte, sondern auch der der ganzen Menschheit auf die Spur gekommen sei. Schließlich kam er zu dem Schluß, daß sein Leben von universeller Bedeutung sei, dargestellt mit der Klarheit der griechischen Tragödie. »Von der intellektuellen Schönheit der Arbeit«, bekannte er Fließ »kann ich Dir eine Vorstellung nicht verschaffen.« Durch diese Fortschritte ermutigt, begann er schließlich mit der Niederschrift seines Traumbuchs. Noch Jahre später sagte er über den Tod seines Vaters: »Er wälzte meine Seele um.« Er erlebte nicht mehr so heftige Gefühlsschwankungen zwischen Hochstimmung und Niedergeschlagenheit wie einst. Nach eigenem Bekunden war er gefestigter, weniger verletzlich und empfindlich. Er hatte das Gefühl, die Abhängigkeit von Fließ überwunden zu haben, und glaubte, seine Beziehung zu anderen Männern werde nun endlich ausgeglichener.

Freud beendete die *Traumdeutung* im September 1899, in Riemerlehen, dem Bauernhof in Bayern. Er war bester Laune. Mittels der Selbstanalyse und durch die analytische Arbeit mit den Patienten war ihm klargeworden, daß Träume etwas bedeuteten: sie waren der Deutung zugänglich, und mit ihrer Hilfe ließen sich die neurotischen Konflikte entwirren. Im November desselben Jahres erschien dann das Traumbuch mit den zahlreichen Passagen, die soviel von Freuds Charakter enthüllen und in denen seine ganz persönlichen Schwierigkeiten erkennbar wurden. Jung las die *Traumdeutung* etwa ein Jahr nach dem Erscheinen. Das Buch gewährte ihm einen kurzen Einblick in das Leben des Mannes, den er später lieben und verehren sollte. Hätte er gewollt, so hätte Jung erkennen können, daß Freuds Beziehungen zu Männern bisweilen unsicher und vielschichtiger Natur waren. »Weil Cäsar mich liebte, wein' ich um ihn, ... weil er tapfer war, ehr' ich ihn, aber weil er herrschsüchtig war, erschlug ich ihn«,

hatte er in Erinnerung an seinen Neffen John in dem Traumbuch zitiert. Als Jung diese Zeilen las, wußte er noch nicht,
daß auch er einmal in ein solch dramatisches Geschehen hineingezogen werden würde. Am Rand seines Exemplars finden sich aber überall Fragezeichen, da er die betreffenden
Stellen nicht ganz verstanden hatte.

# 6. Kapitel

Von der Nervenheilanstalt Burghölzli, in der Jung im Dezember 1900 seine Arbeit aufnahm, hat man keinen direkten Blick auf den tief unten im Tal liegenden, strahlend blauen Zürichsee. Man fürchtete, ein freier Blick auf das Wasser könnte die Insassen zum Selbstmord verleiten, und daher lag der mächtige weiße Gebäudetrakt auf einer Anhöhe und erstreckte sich im schiefen Winkel vom See fort.

In dieser gutgemeinten Geste kam die um die Jahrhundertwende wachsende Sorge um das Wohl der Kranken zum Ausdruck. Man wollte ihnen helfen, doch die mangelhaften medizinischen Kenntnisse machten die meisten Heilungsversuche wieder zunichte. Über Jahre hatten sich die Patienten des Burghölzli und seine Ärzte nicht verständigen können. In dem Krankenhaus arbeiteten Psychiater aus Deutschland, die das Schweizerdeutsch der Patienten nicht verstanden. Die Ärzte sprachen Hochdeutsch, doch nicht nur die Sprache trennte sie von ihren Schutzbefohlenen. Wie in allen Dörfern im deutschsprachigen Teil der Schweiz, war auch das Leben der Bauern aus Zollikon, Erbenbach und Küsnacht durchdrungen vom einheimischen Glauben und einem Dialekt, den ein Außenstehender nicht verstehen konnte. Dies war in jener Zeit auch gar nicht erwünscht. Die Gedanken und Phantasien der Patienten spielten bei der Behandlung keine Rolle, und deshalb achteten die Ärzte kaum auf den Inhalt des Gesagten.

Die Bauern lebten sehr zurückgezogen, ihre Söhne waren aufgrund der sozialen Unterschiede gezwungen, das Leben der Väter fortzuführen. Um 1870 war jedoch Bewegung in das Verhalten der sozialen Schichten gekommen. Große Teile der Dorfbevölkerung und der Bauern verlangten Rechte, unter anderem die Zulassung zur Züricher Universität. Zu den ersten, die aus ihrem Heimatdorf eine Universitätserziehung erhalten sollten, gehörte Paul Eugen Bleuler, dessen Vater in Zollikon einen Bauernhof besaß. In Bleuler verbanden sich auf seltene Weise Ehrgeiz und Menschlichkeit. Schon seit der Gymnasialzeit hegte er den Wunsch, als Psychiater zurückzukehren und seinen Landsleuten zu helfen. Anders als die deutschen Ärzte sprach er ein weiches und melodisches Schwyzerdeutsch. Überdies kannte er sich gut aus in den phantastisch anmutenden Erzählungen der Bauern und den dunkleren Strömungen ihrer Ängste.

Um das Jahr 1900 übernahm Bleuler die Leitung der Nervenheilanstalt Burghölzli. Bestimmt von einem tiefen menschlichen Mitgefühl, entwickelte er die Einstellungen, die der ganzen Ärzteschaft, darunter Carl Gustav Jung, zahlreiche Anregungen gaben. Vor seinem Eintritt ins Burghölzli hatte Bleuler ein großes, heruntergekommenes Krankenhaus bei Rheinau geleitet. Dort hatte er, trotz der unterschiedlichen Bedürfnisse der Patienten und Mitarbeiter, eine Atmosphäre geschaffen, die eher der innerhalb einer Familie als der in einem Krankenhaus glich. Da er zu jener Zeit Junggeselle war, wohnte der eine oder andere Patient mit ihm in seiner Wohnung.

Bleuler hörte genau zu, wenn die Patienten ihm etwas erzählten, und zwar zu einer Zeit, als andere Ärzte dies noch strikt ablehnten. Er gehörte zu den ersten, die Freuds Theorien ernsthaft in Erwägung zogen. 1896, als er noch in Rheinau tätig war, hatte er das Buch *Studien über Hysterie* von Breuer und Freud rezensiert und geschrieben: »Die Tatsache, daß das Buch ein vollkommen neues Licht auf das Wirken der Psyche wirft, macht es zu einem der bedeutsamsten Erweiterungen der letzten Jahre auf dem Feld der Psychologie des Normalen und des Pathologischen.« Als er ans Burghölzli kam – ein fortschrittlicheres und bedeutenderes Krankenhaus als das in Rheinau –, brachte er diese Ansicht seinen jungen Ärzten mit großem Nachdruck nahe.

Während seiner Tätigkeit als ärztlicher Direktor am Burghölzli war Bleuler verheiratet und hatte kleine Kinder. Es mißfiel ihm, daß ihn die administrativen und familiären Verpflichtungen zunehmend von seinen Patienten fernhielten. Fünf-, sechsmal am Tag verließ er sein Büro und besuchte seine Patienten. Wer ihn ausfindig machen wollte, sah daher meistens zunächst auf den Krankenstationen nach. Zumal einer Patientin hätte Bleuler gern geholfen; aber auch der Umstand, daß sie beide Schwyzerdeutsch sprachen, war keine große Hilfe gewesen. Den Ärzten erzählte er oft von dieser Frau, weil er beweisen wollte, daß man selbst bei Fällen schwerster Katatonie zu den Patienten durchdringen konnte. Als er die Frau eines Tages in einem Zustand stummer Erregung antraf, kam er zu dem Schluß, daß es ihr vielleicht helfen würde, wenn sie in ein anderes Krankenzimmer umzog und dort eine Zeitlang blieb. Da es ihm aber widerstrebte, sie unter Gewaltanwendung dorthin bringen zu lassen, versuchte er statt dessen, sie mit Worten zu überzeugen. Ohne sich von ihrer Unansprechbarkeit stören zu lassen, sprach er weiter mit ihr, und nach mehreren Stunden verließ sie schließlich mit ihm das Zimmer. Das führte er als Beispiel dafür an, daß sich ihr katatonischer Zustand aufheben ließ. Was die jungen Ärzte aber vor allem wahrnahmen, war das Mitgefühl, das in Bleulers langem Gespräch mit der Patientin zum Ausdruck gekommen war. Ein junger Arzt meinte, bei der geistesgestörten Frau habe es sich um Bleulers Schwester gehandelt – vermutlich deswegen, weil sie mit Bleuler und seiner Familie in seiner Wohnung im Burghölzli lebte. Sie war die ganze Zeit rastlos in Bewegung und ging langsam auf und ab, und da sie nie ein Wort sprach, krabbelten die Kinder auf ihr herum, als wäre sie ein Möbelstück.

Als zu Beginn des Jahres 1900 *Die Traumdeutung* erschien, reagierte Freud enttäuscht: »Verständnis ist spärlich, Lob nur wie Almosen, es ist den meisten offenbar unsympathisch, von einer Ahnung des Bedeutungsvollen an ihm habe ich noch keine Spur gesehen.« Auch nach sechs Jahren waren erst 350 Exemplare verkauft; acht Jahre vergingen, bis die gesamte Auflage verkauft war. Nach der Veröffentlichung kam es Freud manchmal vor, als mache man sich lustig über ihn. »Wenn man in jenen Tagen Freuds Namen in einer Versammlung von Wienern erwähnte«, erinnert sich ein Freund, »begann jeder zu lachen, als hätte man einen Witz gemacht. Freud war der komische Kerl, der ein Buch über Träume geschrieben hatte und sich für einen Traumdeuter hielt. Es galt als geschmacklos, Freuds Namen in Gegenwart von Damen zu nennen. Sie erröteten, wenn sein Name erwähnt wurde. Die weniger Empfindlichen sprachen über Freud mit einem Lachen, so als erzählten sie einen schmutzigen Witz...« Bezüglich Martha Freud schrieb Freuds Kollege Hanns Sachs später: »Nach dem allgemeinen Urteil der Freunde und Bekannten war die arme Frau zu bedauern, deren Gatte aus einem tüchtigen Wissenschaftler ein wunderlicher und einigermaßen aufreizender Kauz geworden war.«

Freud hatte verstanden. »Ich weiß, was ich mache, ist der Mehrzahl widerwärtig.« Er hatte auch Anlaß zu solchen Äußerungen gegeben, und einmal meinte er: »Sollen einen die Krähen nicht umkreisen, darf man nicht der Wetterhahn am Turm sein.« Aber obgleich man über das Buch spottete und es sich nur schlecht verkaufte und er sich eingestand, daß es nur wenig besprochen wurde, hatte es doch Aufmerksamkeit erregt. Es waren auch nicht ausschließlich negative Kritiken gewesen.

Daß Freud Jude war, machte ihm das Leben nicht leichter. Schilderungen von Wien um die Jahrhundertwende lesen sich wie Seiten aus einem historischen Roman: das geregelte Leben der Familien, die gemeinsam zu Mittag essen; die tägliche Sachertorte und Kaffee mit Freunden im jeweiligen Lieblings-Café, wo Wiener Walzer gespielt wird; von Pferden gezogene Droschken und überall der matte Schein der Gaslaternen. Unter diesem reizvollen Äußeren verbarg sich allerdings eine ganz andere Wirklichkeit. Nach einem Vierteljahrhundert, in dem zwischen Juden und Nichtjuden Toleranz herrschte, hatte sich in Wien zusehends ein heftiger Antisemitismus entwickelt. An einem Abend im Jahr 1899 kam es im Publikum der Wiener Staatsoper zu einem derart heftigen Ausbruch antisemitischer Gefühle, daß der Dirigent Gustav Mahler innehalten, den Kopf in die Hände legen und warten mußte, bis es im Saal wieder ruhig geworden war und er mit dem dritten Akt der Oper *Die Meistersinger* fortfahren konnte. Jahre zuvor hatte Karl Lueger empfohlen, man solle alle Juden auf Schiffe verfrachten und auf den Meeresgrund schicken. Inzwischen war er Bürgermeister und wurde der *schöne Karl* genannt. Um seine Wiederwahl zu sichern, hatte er sich geschickt der antisemitischen Stimmung bedient, und mehr als einmal hatte ihm Kaiser Franz Joseph wegen seiner fanatischen Politik mit der Entfernung aus dem Amt gedroht. Als Lueger schließlich gewählt worden war, meinte er nur: »*I' bestimm, wer a Jud' ist.*« Zwar berief er Juden und Nichtjuden in sein Kabinett, doch sein Amt hatte er dadurch erlangt, daß er den damals herrschenden antisemitischen Gefühlen zum Ausdruck verholfen hatte. Inzwischen war eine weiße Nelke, wie Freud wußte, das Symbol für Antisemitismus. Es tauchten immer mehr weiße Nelken auf.

Anfang Juni des Jahres 1900 war Freud klar, daß sich die Freundschaft mit Wilhelm Fließ verändert hatte. Seine Gefühle gegenüber Fließ waren mit Sicherheit von Ambivalenz gekennzeichnet. Schon einmal hatte sich diese unbewußte Feindseligkeit bemerkbar gemacht, als sich Fließ in München aufhielt und erkrankte und er zu ihm fahren wollte, um sich mit ihm zu treffen. Freuds »Traumgedanken«, weit davon entfernt, Sorge um den erkrankten Freund zu zeigen, verschafften ihm Einblick in die Welt seiner Kindheit und die unbezähmbare Selbstsucht des jungen Eroberers. Solche Gedanken seien ihm, wie er in seinem Traumbuch zugab, gekommen »im Moment, da ich fürchte, meinen Freund nicht mehr unter den Lebenden anzutreffen, wenn ich zu ihm reise, läßt nur die weitere Entwicklung zu, daß ich mich freue, wieder jemanden zu überleben, daß nicht ich gestorben bin, sondern er, daß ich den Platz behaupte wie damals in der phantasierten Kinderszene.«

Auch in der Zurückweisung von Fließ' Vorschlag, sich zu Ostern 1900 zu treffen, kam Freuds ambivalente Haltung zum Ausdruck: »Es hat noch kein Halbjahr gegeben, in welchem ich mich ständig und so innig nach Zusammenleben mit Dir und [den] Deinigen gesehnt habe, wie das eben abgelaufene. Du weißt, es war eine tiefgehende innerliche Krise, Du würdest sehen, wie alt ich in ihr geworden bin. Es hat mich darum mächtig gepackt, als ich hörte, du schlügest ein Wiedersehen in diesen Ostertagen vor. Wenn man nicht verstünde, Widersprüche feiner aufzulösen, müßte man es unbegreiflich finden, daß ich nicht eilig dem Vorschlage zustimme. In Wirklichkeit ist es wahrscheinlicher, daß ich Dir ausweichen werde. Nicht nur mein fast kindliches Lechzen nach dem Frühling und nach schönerer Natur... Es sind noch andere, innere Gründe vom Aggregatzustand der Imponderabilien, die mir aber schwer wiegen (aus dem Naturreiche des Schigans, wirst Du vielleicht sagen).« Freud hielt sich zu Ostern 1900 fern von Fließ auf. Etwas geheimnisvoll schrieb er Fließ: »Im Sommer oder Herbst, nicht später, werde ich Dich sehen, sprechen und Dir dann auch alle Rätsel des Grafen Oerindur aufklären.« Dies war eine Anspielung auf ein in Wien weit verbreitetes Sprichwort aus einem Theaterstück. »Erkläret mir, Graf Oerindur, den Zwiespalt der Natur.« Der Zwiespalt von Graf Oerindur – wie der Freuds – bestand darin, daß er anderen gegenüber zugleich Liebe und Haß empfand.

Mehrere Monate später trafen sich Freud und Fließ in der Nähe von Innsbruck, wo es zwischen ihnen über die beherrschenden Fragen ihres geistigen Lebens – Bisexualität, Psychoanalyse und Periodizität – zu einem erbitterten Streit kam. Möglicherweise unterzog Freud bei diesem Treffen Fließ' Ansichten über die Vorherbestimmtheit aller Ereignisse im menschlichen Leben und dessen ausgeklügeltes Zahlensystem einer psychoanalytischen Deutung: Daß Wilhelm seinen Vater sterben sah und zugleich wußte, daß man ihn hätte retten können, habe ihn den Arztberuf ergreifen lassen. Dann aber hatte der »plötzliche Tod seiner einzigen Schwester, 2 J. später, am zweiten Tage einer Pneunomie, für den er Ärzte nicht verantwortlich machen konnte,... ihm die fatalistische Theorie von den vorherbestimmten Todesdaten – wie zum Troste – eingegeben«. Mit dieser Deutung entzog er Fließ' Theorie jede theoretische Grundlage und führte sie statt dessen auf das zurück, was er als Fließ' Neurose ansah. »Dieses Stück Analyse«, schloß Freud, »ihm unerwünscht, war der innere Anlaß zu dem von ihm in so pathologischer (paranoischer) Weise ins Werk gesetzten Bruch.« Nach dem Treffen im August 1900 führten sie ihren Briefwechsel zwar fort, jedoch ohne die frühere Herzlichkeit. Freud reagierte mit großem Schmerz auf den Verlust; betrübt schrieb er Fließ im darauffolgenden Jahr: »Mir hat, wie Du ja weißt, nie das Weib im Leben den Kameraden, den Freund ersetzt.«

Als Carl Gustav Jung an einem kalten Tag im Dezember 1900 zum erstenmal das Burghölzli betrat, empfing ihn sein neuer Chef, Eugen Bleuler, persönlich. Mit der für ihn charakteristischen Bescheidenheit trug Bleuler dem neuen Arzt die Koffer und zeigte ihm das recht bescheidene Zimmer. Schon bald hatte sich Jung im Burghölzli eingelebt. Sein Freund Albert Oeri erschrak allerdings bei seinem ersten Besuch auf den Krankenstationen. Während sich Jung jovial zwischen den Patienten bewegte, sah er sich das Ganze mit großem Staunen an. Im Jahr 1900 wurden das ungelenke Schlurfen, die höchst ungewöhnlichen Laute, die unordentliche Kleidung und die zusammenhanglose Ausdrucksweise geisteskranker Patienten weder durch Medikamente noch mit anderen Methoden behandelt. Oeri war bestürzt. Als einmal ein stämmiger Patient Jung drohte, er werde ihn mit einem Faustschlag niederstrecken, lachte Jung. Warum schlugen ihn die Patienten nicht? fragte ihn Oeri. »Weil sie wissen, daß ich zurückschlage«, erwiderte Jung, dem es gefiel, wie lebhaft es auf den Stationen zuging. In den ersten Jahren, die er im Burghölzli arbeitete, organisierte er Tanzabende und alljährlich einen Kostümball, auf dem Ärzte und Patienten einträchtig miteinander tanzten und die phantasievolle Kostümierung der Patienten dem Ganzen einen besonders festlichen Anstrich verlieh.

Obgleich er auf den Festen mit den Patienten scherzte und tanzte, setzte Jung doch alles daran, sie zu verstehen und sich ernsthaft mit ihnen auseinanderzusetzen. Bleulers Beispiel und der eigenen Neigung folgend, hörte er den Berichten der Patienten mit großer Geduld zu, oftmals mehrere Stunden hintereinander. Als ihm der amerikanische Psychiater John Rosen eine sechzehnstündige Sitzung mit einem Patienten schilderte, die sehr strapaziös gewesen war, antwortete er lachend: »Ach, ich war auch einmal so!« Nach den abendlichen Visiten trafen sich die Ärzte zum gemeinsamen Abendessen. Es gab weder Wein noch andere alkoholische Getränke, da Bleuler großen Wert darauf legte, den Schwestern und dem Pflegepersonal mit gutem Beispiel voranzugehen. Wie die übrige Ärzteschaft, richtete sich auch Jung nicht nur innerhalb, sondern auch außerhalb des Burghölzli nach Bleulers Wunsch. Erst neun Jahre später trank Jung wieder einen Tropfen Alkohol: als ihn Freud dazu drängte und er dem Gelübde, abstinent zu bleiben, abschwor und ein Glas Wein mittrank.

Nach dem Abendessen zogen sich die Ärzte zum Schreiben der Krankenberichte auf ihre Zimmer zurück. Zu einer Zeit, da andere Ärzte nur Sätze wie: »Der Patient spricht kein Wort« oder »Man kann den Patienten nicht verstehen«, notierten, waren Jungs Berichte sorgfältig und sehr detailliert. Da die diensthabenden Ärzte keine Sekretärinnen hatten, mußte Jung die Berichte selbst tippen und konnte sich oft erst spätabends den eigenen Studien widmen. Doch den größten Teil seiner freien Stunden im Burghölzli verbrachte er mit Lesen. Nichts, was er bis dahin erlebt hatte, vermittelte ihm jedoch ein hinreichendes Verständnis für das Leiden, das ihm täglich bei den Patienten begegnete. Darum las er während seines ersten halben Jahres am Burghölzli sämtliche fünfzig Bände der *Allgemeinen Zeitschrift für Psychiatrie*, denn er wollte »wissen, wie der menschliche Geist auf den Anblick seiner eigenen Zerstörung reagiert«.

Einige Jahre darauf, als Jung auf diese ersten, sehr verworrenen Monate zurückblickte, empfahl er, man solle ganz anders beginnen. Dem jungen Psychiater »wäre zu raten, lieber die exakte Wissenschaft an den Nagel zu hängen, den Gelehrtenrock auszuziehen, der Studierstube Valet zu sagen und mit menschlichem Herzen durch die Welt zu wandern, durch die

Schrecken der Gefängnisse, Irrenhäuser und Spitäler, durch trübe Vorstadtkneipen, Bordelle und Spielhöllen, durch die Salons der eleganten Gesellschaft, die Börsen, die sozialistischen Meetings, die Kirchen, die Revivals und Ekstasen der Sekten zu gehen, Liebe und Haß, Leidenschaft in jeder Form am eigenen Leibe zu erleben, und er käme zurück mit reicherem Wissen beladen, als ihm fußdicke Lehrbücher je gegeben hätten, und er wird seinen Kranken ein Arzt sein können, ein wirklicher Kenner der menschlichen Seele«. Doch in jener Zeit besaß er noch keine großen Kenntnisse über diese Krankheiten, was ihn einigermaßen ärgerte. Die erste Begegnung mit Sigmund Freuds Schriften hatte keinen Nachhall in ihm gefunden. Zwar hatte er unmittelbar nach dem Eintritt ins Burghölzli dessen *Traumdeutung* gelesen, aber er hatte keine Anregungen darin gefunden. Selbst als Eugen Bleuler ihn drängte, einen Vortrag über Freuds Aufsatz *Über den Traum* zu halten, stieß dieser kurze Abriß von Freuds größerem Werk bei Jung auf kein besonderes Interesse.

Als Jung gegen Ende des Jahres 1900 ans Burghölzli kam, kannte er kaum einen Menschen. Deshalb nahm ihn eine Freundin der Familie, die bei Zürich wohnte, unter ihre Fittiche. Sie lud ihn zu Festspielwochen nach Winterthur ein, wo er das Mädchen wiedersah, mit dem er schon als kleiner Junge gespielt und das er immer für eine Märchenprinzessin gehalten hatte. Inzwischen war Emma Rauschenbach 18 Jahre alt, groß und schlank, mit klaren, stetig blickenden Augen und dunkelbraunem Haar, das sie, zu Zöpfen geflochten, hochgesteckt hatte. Sie war zu einer sehr hübschen jungen Frau herangewachsen. Einige Monate darauf lud ihre Mutter Jung zu einem Dorffest ein. Und dort, auf der Burg Munot, tanzte er mit Emma in dem turmbewehrten Burghof hoch über Schaffhausen Walzer – in einer Umgebung, die eines Märchens würdig gewesen wäre.

Jung hatte sich verliebt. Er war ganz begeistert von diesem Wissen. Emma hatte ihn völlig aus der Fassung gebracht. Gemeinsam unternahmen sie Ausflüge in die aufregende Welt des Geistes. Er drängte sie, seine Lieblingsphilosophen zu lesen, schilderte ihr die eigentümlichen neuen psychiatrischen Theorien und gestand ihr, was ihn im Innersten bewegte und was ihn ängstigte; seine ganzen schöpferischen Energien waren entfesselt. Emma, die eine behütete Jugend verbracht und keine richtige Schulbildung genossen hatte, reagierte schüchtern und zurückhaltend. Einem Menschen wie Carl Gustav war sie noch nie begegnet. Jungs Gedankenflüge, seine Erzählungen über die Patienten im Burghölzli und seine ungestüme Liebe stürzten sie in große Verwirrung. Dennoch gelang es ihm immer wieder, ihre Zuneigung zu gewinnen. Er schrieb ihr lange Briefe und Gedichte, brachte ihr häufig Bücher mit, um mit ihr darüber zu sprechen; er brachte seine selbstgemalten, kleinformatigen Bilder mit, manchmal als Geschenk für sie, manchmal für die Mutter. So gewährte Berta Rauschenbach, die ihn bereits als Jungen kannte, dem stolzen jungen Mann, der ihr seine Bilder schenkte und Emma so sehr liebte, ihr Wohlwollen.

Doch als Jung im August 1901 nach einem Besuch in Schaffhausen seinen ganzen Mut zusammennahm und brieflich um Emmas Hand bat, zögerte sie und schrieb zurück, Emma sei bereits einem jungen Mann aus Schaffhausen versprochen. Jung suchte Zuflucht bei seinem Tagebuch und schrieb sich leidenschaftlich allen Kummer vom Herzen. Das nächste Mal notierte er erst zehn Jahre später wieder etwas darin, im Jahre 1913, unmittelbar nach seinem Bruch mit Freud.

Jung hat sich immer ein wenig dafür geschämt, daß er so empfindlich auf Emmas Zurückweisung reagiert hatte. Jahre später konnte sein Sohn Franz das gut verstehen: »Sehen Sie, Vater hätte nie ein zweites Mal um ihre Hand angehalten. Er war vernichtet. Er war arm und nicht vom selben gesellschaftlichen Stand wie Emma, und deshalb meinte er, er hätte keine Chancen bei ihr.« Einige Monate später dann griff Frau Rauschenbach vermittelnd ein; sie bat Jung, sich mit ihr in einem Restaurant in Zürich zu treffen, und versicherte ihm, daß Emma in Wahrheit gar keinem anderen versprochen sei. »Meine Mutter war damals sehr schüchtern und introvertiert«, sagt Franz Jung. »Sie hatte Angst, den ersten Schritt zu tun und ja zu sagen.« Frau Rauschenbach lud Jung erneut nach Schaffhausen ein und ließ ihn mit der Familienkutsche vom Bahnhof abholen. Mit feinem rotem Pinselstrich aufgetragene Linien zierten die elegante, dunkelgrüne Kutsche; in ihr fuhr Jung nun die Anhöhe zum Ölberg hinauf, zum Anwesen der Rauschenbachs. Das Geburtshaus Emmas bot einen weiten Blick über das von bewaldeten Hügeln umgebene Rheintal, das jetzt in der Oktobersonne strahlte. Jung wird es kaum aufgefallen sein. Nochmals stellte er Emma die Frage, ob sie ihn heiraten wolle, und diesmal gab sie ihm das Jawort. Sie war bereit, mit ihm im Burghölzli zu wohnen, das sich so sehr von der privilegierten, ruhigen und pastoralen Welt des Elternhauses in Ölberg unterschied.

Schon bald stieg Jung innerhalb der Hierarchie am Burghölzli auf. Er wurde nicht nur unter Eugen Bleuler Klinikdirektor, sondern man übertrug ihm auch die Leitung der Poliklinik, und kurz darauf erhielt er eine Dozentur für Psychiatrie an der Universität Zürich. Mit welch großem Engagement er am Burghölzli arbeitete, wurde Emma klar, als er an Grippe erkrankte und sie ihn im Bett zu halten versuchte. »Das Burghölzli ist viel wichtiger als diese Brut zweitklassiger Bakterien«, verkündete er und begab sich zu den ein Stockwerk tiefer gelegenen Krankenstationen.

Es war an einem späten Abend im Jahre 1904, als Eugen Bleuler an der Wohnungstür der Jungs im Burghölzli anklopfte: Unten warte der Medizinstudent Franz Riklin: er sei soeben aus Deutschland eingetroffen. Bleuler hatte sich trotz der späten Stunde zum Züricher Hauptbahnhof aufgemacht und sich Riklin vorgestellt. Auf der Rückfahrt in der Droschke hatten sie sich über die Arbeit unterhalten, die Riklin im Krankenhaus erwarten würde, und Bleuler hatte begeistert über seinen Klinikdirektor Carl Gustav Jung gesprochen. Als die drei Männer kurz darauf zusammensaßen, berichtete der damals 26jährige Riklin als erstes von seinen medizinischen Studien in Deutschland – vor allem über ein wissenschaftliches Experiment, bei dem man dem Patienten ein Wort – z. B. Engel –, vorlegte und ihn dann aufforderte, eine Gedankenassoziation herzustellen, indem er einen anderen Ausdruck benutzte. Bleuler und Jung überlegten, ob sich dieses Experiment zur Erhellung der oftmals verwirrenden Gedanken ihrer Patienten verwenden lasse. Über die Möglichkeiten, die darin lagen, gerieten die Männer in solch gehobene Stimmung, daß sie sich bis in die frühen Morgenstunden unterhielten.

Jung ging sofort daran, mit dem Wortassoziationstest zu experimentieren. Gemeinsam mit Bleuler und Riklin erarbeitete er die Methodik, dann begannen die Experimente. Dabei fiel ihm auf, daß die Patienten mitunter Fehler machten: Sie versprachen sich oder verfingen sich in Widersprüchen, zögerten unangemessen lang oder gaben Antworten, die in keinen Zusammenhang mit dem betreffenden Wort standen. Langsam verstärkte sich Jungs Interesse, wobei ihn aber weniger die »richtigen« Antworten der Patienten, sondern die anderen, die »falschen« interessierten, die oftmals von intensiveren Gefühlen begleitet wurden. Er hatte nochmals Freuds *Traumdeutung* gelesen; nun imponierte ihm das Buch doch. Er begann sich zu fragen, ob die »falschen« Antworten seiner Patienten ein und derselben Quelle entsprangen wie ihre Träume – aus unbewußten geistigen Prozessen. Im Laufe seiner Arbeit bestätigten Jungs Arbeiten vor allem Freuds Überzeugung, daß im Zentrum eines Konflikts, den Jung als »Komplex« bezeichnete, Störungen im Bereich der Sexualität lägen. Bald konnten Jung und Riklin sagen: »Eine überwältigende Zahl der von uns aufgedeckten Komplexe... ist erotischer Natur. Angesichts der großen Rolle, die Liebe und Sexualität im menschlichen Leben spielen, ist dies nicht überraschend.« Zwar war er bereit zuzugeben, daß bei den meisten Komplexen die Sexualität eine entscheidende Rolle spielte, aber er bezweifelte, daß dies in allen Fällen zutraf.

Bei der Sammlung des Materials für seinen Aufsatz »Über das Verhalten der Reaktionszeit beim Assoziationsexperiment« bediente sich Jung der Hilfe einer seiner Patientinnen, einer jungen Russin, die 1904 zur Behandlung ins Burghölzli gekommen war. Sabina Spielrein konnte keinem Menschen ins Gesicht sehen, sie hielt den Kopf gesenkt und streckte voll Ekel die Zunge heraus, wenn jemand sie anzufassen versuchte. Sie war eine der ersten, die Jung mit Freuds Methoden behandelt hatte. Nun ging es Sabina so gut, daß sie Jung bei der Arbeit helfen konnte; sie lief in ihrer schlichten Kleidung im Krankenhaus umher, das dunkle Haar zu einem langen Zopf geflochten, der ihr bis auf den Rücken reichte. Sabina war zwar erst neunzehn Jahre alt, doch machte sie großen Eindruck auf Jung. Sie erinnert sich, daß er ihr sagte: »Solche Köpfe bewegen die Wissenschaft. Sie müssen Psychiater werden.« Nach einigen Jahren kam es in der herzlichen Beziehung zwischen Spielrein und Jung unversehens zu Mißverständnissen und leidenschaftlichen Beschuldigungen, deren Einzelheiten in den Briefen der beiden an Sigmund Freud schmerzlichen Ausdruck fanden. Nach einer Reihe von Jahren brachte Sabina, die zur Zeit des erbitterten Streits zwischen Jung und Freud mit beiden in brieflichem Kontakt stand, ihre große Bestürzung über die Zerstörung der Freundschaft der Männer zum Ausdruck. Jetzt aber, im Jahre 1904, als Sabina über die Krankenstationen ging und eng mit Carl Gustav Jung zusammenarbeitete, stimmte noch alles zwischen ihnen.

Die ihm eigene, manchmal geradezu unheimliche Beobachtungsgabe, die ertragreiche Arbeit am Wortassoziationsexperiment und die neuen Einsichten, die er aus Freuds Schriften bezogen hatte – das alles nahm die schöpferische Kraft des ehrgeizigen Jung ganz in Anspruch. Niemand am Burghölzli bezweifelte, daß dem gutaussehenden jungen Arzt eine große Karriere bevorstand. Aber 1904 war er noch ein Unbekannter. In Wien und anderswo war es Eugen Bleulers Name und nicht der Jungs, der in Medizinerkreisen große Anerkennung genoß.

Im Frühling schmücken in Wien Bäume mit zartgrünem Laub die breiten Straßen, überall in den Parks stehen die Blumen in

Blüte, übermütige Kinder laufen ohne Jacken umher. Wie immer hatte Freud auch 1904 großes Vergnügen am kurzen Spaziergang auf der gepflasterten Ringstraße, auf den er seine Kinder mitnahm und auf dem er beim Tabakhändler seinen täglichen Bedarf an zwanzig Zigarren kaufte. Eines Tages, Ende April, hatte er besonders großen Anlaß zur Freude. Im selben Monat hatte er nämlich erfahren, daß sich ein bedeutender Psychiater über sein Werk bemerkenswert wohlwollend geäußert hatte. Eugen Bleuler, Direktor der Nervenheilanstalt Burghölzli in der Schweiz, hatte in einer Besprechung geschrieben: »Freud hat uns in seinen Hysterie- und Traumstudien ein Stück – wenn auch nicht das ganze – einer neuen Welt gezeigt. Unser Bewußtsein sieht nur die Puppen auf seinem Theater; in der Freudschen Welt werden viele der Schnüre gezogen, die diese Puppen bewegen.«

Freud machte keinen Hehl aus seiner Freude. Am 26. April 1904 schrieb er Wilhelm Fließ, zum erstenmal seit über einem Jahr: »Eine geradezu verblüffende Anerkennung meines Standpunktes fand ich unlängst in einer Buchkritik der Münchener Medizinischen Wochenschrift von seiten eines offiziellen Psychiaters, Bleuler in Zürich. Denke Dir: ein o.ö. Professor der Psychiatrie und meine bisher mit Abscheu genannten +++ Studien über Hysterie und Traum.« Die Kreuze, die sich normalerweise an den Türen der kleinen Bauernhäuser fanden, wo sie das Böse abwehren sollten, hatte Freud eingefügt, um sich über die üblichen argwöhnischen Reaktionen auf seine Schriften lustig zu machen. Er hoffte, Fließ werde den Weg zu ihm zurückfinden, wenn schon nicht als Freund, dann wenigstens, um sich ihm und der Psychoanalyse anzuschließen, die auf einmal zu großen Hoffnungen Anlaß gab. Es kam dann alles ganz anders.

Einige Monate später, im Juli 1904, machte die Familie Freud an einem bayrischen See in den Bergen Ferien, deren steile Hänge direkt bis an das kalte, blaugrüne Wasser hinabführen. Die Kinder liebten den Königsee und ihr Urlaubsdomizil, die »Villa Sonnenfels«, über alles. Sie ruderten auf dem See, angelten mit dem Vater und sammelten Pilze. Freuds

Sohn Martin erinnert sich, daß sein Vater einmal ausglitt, als er zehn Meter eine Felswand hinaufkletterte, weil er eine Alpenblume pflücken wollte. Als er zu stürzen drohte, rettete sich Freud, indem er eine makellose Rückwärtsrolle vollführte und zum großen Erstaunen seiner Kinder in lautes Lachen ausbrach. Aber Martin Freud entsinnt sich auch, daß sie in jenem Sommer nur wenige Ausflüge mit dem Vater machten, weil er viel Zeit mit Schreiben im Hause verbrachte.

Den Kindern war nicht bewußt, daß Wilhelm Fließ dem Vater am 20. Juli einen Brief geschrieben hatte, mit dem er die seit Jahren belastete Freundschaft beendete. »Lieber Sigmund«, schrieb er, »ein Werk von Weininger ist mir zur Kenntnis gekommen, in dessen erstem, biologischen Teil ich zu meiner Verblüffung die Ausführung von meinen Ideen über Bisexualität und die daraus folgende Art der sexuellen Anziehung – weibliche Männer ziehen männliche Frauen an und vice versa – beschrieben finde... Ich habe keinen Zweifel, daß Weininger über Dich zur Kenntnis meiner Ideen gekommen ist und daß von seiner Seite ein Mißbrauch mit fremdem Gut betrieben wurde.«

Fließ hatte recht. Nach und nach gab Freud zu, daß er einen Patienten, Hermann Swoboda, in Fließ' Bisexualitätstheorie eingeweiht hatte. Swoboda wiederum hatte seinem Freund Otto Weininger von diesen Ideen berichtet, der sie dann in dem Buch, auf das sich Fließ in seinem Brief bezieht, als eigene ausgab. Freud war sich seiner ambivalenten Haltung gegenüber Fließ durchaus bewußt. Jetzt kam ihm die ganze Bedeutung seiner Rolle im Fall Weininger zu Bewußtsein, und er gab zu, daß seine Handlungsweise im Grunde den Wunsch verriet, Fließ seiner »Originalität« zu berauben. Ein unüberwindliches Mißtrauen breitete sich in ihrer Beziehung aus. Zum einen durch Freuds wohlbegründete Fragen bezüglich der wissenschaftlichen Haltbarkeit der Fließschen Periodenlehre, und andererseits aufgrund von Fließ' Vermutung, Freud habe den Kern der Theorie der Bisexualität einem anderen anvertraut. Eine von Bitterkeit und Groll zerstörte Freundschaft war zu Ende.

Im Herbst 1904 setzte Freud in Wien seine Vorlesungen über Psychoanalyse an der alten Psychiatrischen Klinik fort. Jeden Samstagabend stand er ruhig in dem schwach beleuchteten Hörsaal und setzte den sechs, sieben Zuhörern die Ideen auseinander, die bald darauf die gesamte abendländische Kultur zu durchdringen begannen. Nur acht, zehn Stühle standen in der Nähe des Pults. Erstaunt, daß die Gruppe so klein war, blieben die Zuhörer oft unentschlossen an der Tür stehen und spähten zu den Bänken hinten im Hörsaal. Ob Freud hoffte, daß sich unter den Gästen vielleicht einer befinde, der ihn einmal so gut wie Fließ verstehen würde? Er winkte sie höflich heran und sagte: »Meine Herren, wollen Sie nicht näher kommen und Platz nehmen?«

Von allen Ärzten im Burghölzli erwies sich C. G. Jung »als ein wahrer Feuergeist, der seine Schüler durch sein Temperament und die Fülle seiner Ideen dauernd in Atem hielt«, wie sich ein junger Student erinnert. 1906 machten Sigmund Freuds Theorien großen Eindruck auf Jung. Die eigene Arbeit am Wortassoziationsexperiment hatte inzwischen auch ausreichend Ergebnisse erbracht, daß er hierüber ein Buch in Angriff nehmen konnte. Dabei war ihm durchaus bewußt, daß er mit der Verwendung des Assoziationsexperiments als diagnostischer Methode, vor allem durch die Hervorhebung der »Fehler« der Patienten, einen bedeutenden Beitrag zur wissenschaftlichen Erforschung der Geisteskrankheiten geleistet hatte.

Während Jung sein Buch zu Ende schrieb und Korrektur las, war ihm klar, daß ihm die Theorien Sigmund Freuds bei der Arbeit beträchtlich geholfen hatten. Er gab das nur höchst ungern zu. Für den ehrgeizigen Jung war es keine leichte Entscheidung, ob er Freud den gebührenden Respekt zollen solle oder nicht. Es hätte auch nicht viel eingebracht, wenn er sich öffentlich mit Freud verbündet hätte, denn: »Freud war aber in der akademischen Welt jener Zeit ausgesprochen persona non grata, und die Beziehung zu ihm war daher jedem wissenschaftlichen Ruf abträglich. Die ›wichti-

110

gen Leute‹ erwähnten ihn höchstens verstohlen, und bei den Kongressen wurde er nur in den Couloirs diskutiert, niemals im Plenum.«

Auch Jungs Vorgesetzter hatte Zweifel an der Richtigkeit der Freudschen Anschauungen. Eines Tages, als Bleuler 1905 wegen heftiger rheumatischer Beschwerden das Bett hüten mußte, hatte er ein Buch Freuds über Sexualtheorie gelesen und ihm höflich geschrieben: »Hier aber kann ich noch nicht ganz folgen.« Bleuler setzte alles daran, Freuds Theorie der Traumdeutung zu verstehen. Er schilderte seine Träume den Ärzten im Burghölzli und seiner Frau, die zwar zusammenkamen, um ein Gespräch darüber zu führen, sich seinen Deutungen dann aber doch nicht anschlossen. Daraufhin schickte Bleuler Freud lange Briefe, in denen er sich ungehindert über seine Träume aussprechen wollte, was ihm aber gründlich mißlang. »Es ist schon dumm«, schrieb er, »daß ich mit meiner kleinen Erfahrung zweifle. Aber es ist auch dumm, daß ich nur ausnahmsweise einen Traum von mir selbst deuten kann. Stockung, Störung durch Regenrauschen, Gedanken an Besuch, der kommen sollte.«

Jung dagegen schien Freuds Traumtheorie einzuleuchten. Er mußte dabei »immer an die treffliche Statue der Weltlust am Basler Münster denken, die vorne das archaisch-süße Lächeln zur Schau trägt, hinten aber von Kröten und Schlangen bedeckt ist. Die Traumanalyse«, begriff er nun, »kehrt die Sache um und zeigt einmal die andere Seite.« 1906 veröffentlichte er über die Wortassoziationsexperimente ein Buch, das unter anderem die neueste Abhandlung »Psychoanalyse und Assoziationsexperiment« enthielt, in der er Sigmund Freuds Theorien ausführlich lobte. Im Schlußabsatz bringt er seine Einstellung unmißverständlich zum Ausdruck: »Wie aus einigen neueren Arbeiten hervorgeht, scheint man sich daran zu gewöhnen, die FREUDsche Lehre ... systematisch zu ignorieren. Es gereicht mir darum zu hoher Genugtuung, durch diese Mitteilung die Erinnerung an die Freudschen Lehren auffrischen zu dürfen – auf die Gefahr hin, auch in den Bereich der systematischen Amnesie zu geraten.« Er verpackte ein Exemplar des schmalen Bandes und schickte es nach Wien. Am 11. April schrieb Freud zurück:

Geehrter Herr Kollege
Wärmsten Dank für die Zusendung Ihrer ›Diagnostischen Assoziationsstudien‹, die ich aus Ungeduld bereits in meinen Besitz gebracht hatte. Ihre letzte Arbeit, ›Psychoanalyse und Assoziationsexperiment‹, hat mich natürlich am meisten gefreut, da Sie, auf Erfahrung sich stützend, dafür eingetreten sind, daß ich nichts anderes als Wahres aus den bisher betretenen Gebieten unserer Disziplin berichtet habe. Ich rechne mit Zuversicht darauf, daß Sie noch oftmals in die Lage kommen werden, mich zu bestätigen, und werde mich auch gerne korrigiert finden.

Ihr kollegial ergebener
Dr. Freud

Jung verwahrte Freuds Antwortbrief bis an sein Lebensende. Eines Tages nahm er alle Briefe von Freud, legte sie zwischen dicke Pappstücke und umwickelte alles mit festem Leinenstoff. Diese Mappe verwahrte er in seinem »Geheimtresor«, einem kleinen Safe in seinem Arbeitszimmer in Küsnacht. Erst im Oktober hatte Jung erneut Grund, den Briefwechsel wieder aufleben zu lassen. Freud hatte ihm ein Exemplar der kurz zuvor erschienenen *Sammlung kleiner Schriften zur Neurosenlehre* zugeschickt. In seiner Antwort formulierte Jung seine Auffassung zu dem Thema, die eines Tages als Grund für die Trennung der beiden Männer interpretiert werden würde: »...die Hysteriegenese«, schrieb Jung, »scheint mir zwar eine überwiegend, aber nicht ausschließlich sexuale zu sein.« Freud schrieb voll Zuversicht zurück: »Daß Sie die Schätzung für meine Psychologie nicht voll auf meine Anschauungen in der Hysterie- und Sexualitätsfrage ausdehnen, habe ich nach Ihren Schriften längst vermutet, verzichte aber nicht auf die Erwartung, Sie würden mir im Laufe der Jahre viel näher kommen, als Sie es jetzt für möglich halten.«

Um Freuds Theorien zu größerer Anerkennung in der Öffentlichkeit zu verhelfen, dürfe man, so Jung, das sexuelle Thema nicht allzusehr betonen, da dies die Menschen nur verstören würde. Freud beharrte auf seinem Standpunkt und schrieb: »Aber ich bitte Sie, geben Sie aus pädagogischer Schonung und Liebenswürdigkeit nichts Wesentliches preis, und entfernen Sie sich nicht zu weit von mir, wenn Sie in Wirklichkeit mir so nahe stehen, sonst erleben wir noch, daß man uns gegeneinander ausspielt.« Es kam ein herzlicherer Ton in den Briefwechsel. Jung nannte den »Mangel an persönlichem Kontakt mit Ihnen... einen beklagenswerten Defekt in meiner Vorbildung«. Am 1. Januar 1907 schrieb Freud in bezug auf seine Wiener Kollegen: »...und ich kenne eigentlich nur einen, der sich Ihnen an Verständnis gleichstellen kann, und keinen, der in der Lage und bereit ist, soviel für die Sache zu tun wie Sie.« Dann aber lud er Jung, elegant und wie nebenbei formuliert, nach Wien ein. Jung hatte ihm die Analyse eines Traums geschickt, der den Wunsch, nach Amerika zu fahren, zum Ausdruck brachte, worauf Freud ihm geantwortet hatte: »Vielleicht führt Sie Ihr Weg doch eher nach Wien als nach Amerika (es ist näher).«

Es war im Januar desselben Jahres (1907), als der junge Arzt Ludwig Binswanger Jung im Burghölzli ansprach und fragte, ob er an sich das Wortassoziationsexperiment vornehmen lassen wolle. Durch die jahrelangen Experimente hatten sich eine Reihe von Verfahren und Analysen ergeben, mit denen sich recht genaue Aussagen treffen ließen. Mit welchem Nutzen sich diese Methode allerdings bei einem Arzt, der die typischen Antworten kannte, anwenden ließ, mußte sich noch erweisen. Binswanger brachte die Elektroden an Jungs Händen an und begann auf die übliche Art und Weise. Auf den vierten Ausdruck, *stechen*, reagierte Jung mit dem Wort *Messer*; das war eine durchaus übliche Reaktion. In der Regel folgte nun das Wort Engel, das wußte Jung, deshalb war er überrascht, daß es durch den Begriff *Teufel* ersetzt worden war. Der junge Binswanger hatte den Test geändert: Jung war auf sich allein gestellt.

Als Jung mit dem Wort *Lüge* auf das Test-Wort *Bauch* reagierte, merkte Binswanger, daß der Proband das Wort *Bauch* »sexuell verstand, und zwar im Sinne von vor jemandem ›auf dem Bauch kriechen‹ – etwas, das dem Probanden sehr zuwider war, besonders im wissenschaftlichen Bereich«. Nachdem das Experiment zu drei Viertel beendet war, hatte Binswanger so viel erfahren, daß er sagen konnte: »Wir haben es hier mit dem Ehrgeizkomplex, mit Wissensdurst und dem ›Willen zur Macht‹ zu tun.« Jungs letzte Reaktionen wiesen auf Zukünftiges. Die Frage 98 verlangte, daß er auf das Wort *Wien* reagierte, seine Antwort lautete *Paris*. Binswangers Nachfragen enthüllte, daß Jung »über eine Reise nach Wien nachdenkt, sobald die Ferien anfangen; er kann es kaum erwarten«. Das Experiment war vorüber; Binswanger nahm Jung die Elektroden ab. Jung war stolz, ehrgeizig und sehnte sich nach Ruhm; er steckte voll Wissensdurst und wollte sich in wissenschaftlichen Fragen keinem anderen unterordnen. Und er freute sich auf Wien.

Zwei Monate später, am Sonntagmorgen des 3. März 1907, verließ Sigmund Freud kurz vor zehn Uhr seine Wohnung in der Berggasse 19 und ging zu einem nahe gelegenen Hotel. Einen Blumenstrauß in der Hand betrat er die Halle und begrüßte Emma Jung, Ludwig Binswanger und Carl Gustav Jung. Der Gang hatte nur wenige Minuten gedauert, aber die Reise war lang gewesen, und den größten Teil hatte er allein zurückgelegt.

# Teil III
# Freundschaft

# 7. Kapitel

Im März 1907 befand sich der Eingang zum Haus Berggasse 19 gerade im Umbau. Im Flur hing ein Kronleuchter, der zum Schutz vor den Malerarbeiten mit alten Tüchern zugehängt war, aber Freuds Wohnung sah so aus wie immer. Als Jung mit Freud das Arbeitszimmer im Erdgeschoß betrat, war ihm nicht wohl in seiner Haut. *Enfin seuls*, neckten ihre Frauen sie liebevoll. Endlich allein. Im Zimmer, in das die Morgensonne schien, war es still. »Überall lagen dicke weiche Teppiche«, erinnert sich ein Besucher, »die Füße versanken darin, wie die eines Kamels im Sand.« An den Wänden sah man Freuds Bücher und seine kleinen Statuen. Hier fühlte sich Jung zu Hause. Freuds Statuetten waren die Sinnbilder einer ihm vertrauten Geisterwelt, einige der Bücher, die in den Borden standen, waren ebenso zerlesen wie bei ihm im Zimmer im Burghölzli.

Jung begann das Gespräch. Er konnte sich klar ausdrükken, war aber wohl doch etwas aufgeregt. Freud saß ruhig hinter seinem Schreibtisch und hörte genau zu. Man kann sich leicht ein Bild von dieser Szene machen. Jung, bei dem Zorn und Lachen nahe unter der Oberfläche lagen, spricht mit weit ausholenden Bewegungen und lebhaftem Gesichtsausdruck. Freud dagegen sitzt aufmerksam und still da, mit allen Anzeichen von Selbstbeherrschung, sein Gegenüber eindringlich musternd. Der junge Schweizer spricht drei Stunden ohne Pause. Schließlich wird er ruhig von Freud unterbrochen. Sie würden ihre Zeit mit größerem Gewinn nutzen, sagt er, wenn sie mehr Ordnung in ihr Gespräch brächten. Dann geht er auf alle von Jung angesprochenen Punkte ein und faßt sie rasch zu mehreren Themen zusammen. Das erstaunt Jung. Zu den angesprochenen Themen gehört auch Freuds Sexualtheorie. Nun ist er mit Zuhören an der Reihe. Was Freud sagt, imponiert ihm mächtig. Später erinnert er sich: »Trotzdem konnten seine Worte meine Bedenken und Zweifel nicht beheben. Ich brachte sie mehr als einmal vor, aber jedesmal hielt er mir meinen Mangel an Erfahrung vor.«

»Wir redeten, redeten und redeten ununterbrochen dreizehn Stunden lang. Es war eine *tour d'horizon*«, sagte Jung einmal. »Freud war der erste wirklich bedeutende Mann, dem ich begegnete. Kein anderer Mensch mit meiner damaligen Erfahrung konnte sich mit ihm messen. In seiner Einstellung lag nichts Triviales. Ich fand ihn außerordentlich intelligent, scharfsinnig und in jeder Beziehung bemerkenswert.« Möglicherweise bemerkte Jung, wie ein anderer Besucher, daß Freuds »Sprechweise sich von allem unterschied, was ich vorher oder nachher je gehört habe – voller Bilder; man könnte sie biblisch nennen«. Später vertraute Jung einem Freund an, manchmal sei er zu Tränen gerührt gewesen, als er merkte, daß Freuds Gedanken den seinen so sehr ähnelten. »Freud und Jung waren Gleichgesinnte«, meinte Jungs Kollege C. A. Meier. »Es bestand immer eine gegenseitige Anziehung.«

Jung hatte auf Freud und seine Familie großen Eindruck gemacht. Noch fünfzig Jahre später erinnert sich Freuds Sohn Martin an die Krankengeschichten, über die man sich am Eßtisch unterhalten hatte. Eine handelte von einem jungen Mann, der in der Kindheit und auch noch als junger Erwachsener schüchtern und zurückgezogen war, sich dann aber zu einem starken und imponierenden Mann entwickelt hatte; in einer anderen ging es um einen hochbegabten Schizophrenen, dessen beeindruckende Kunstwerke Anlaß zu großen Hoffnungen gaben. In sich hatten diese Geschichten zwar keine große Bedeutung, wie Martin begriff, doch Jungs farbige Schilderungen faszinierten Freud und seine Kinder. »Jung übernahm bei diesen Anlässen das Reden«, erinnert er sich, »und Vater mit unverhülltem Vergnügen das Zuhören.« Anders als andere Besucher der Wohnung Berggasse 19 zeigte Jung keinerlei Interesse, auf die Kinder Freuds einzugehen und mit ihnen zu spielen. Dennoch mochten sie ihn von allen am liebsten. Martin Freud fand Jungs soldatisches Auftreten, »sein lebhaftes Wesen, seine Fähigkeit, sich selbst zur Geltung zu bringen und seine Zuhörer zu beherrschen«, imponierend. Jahre später, als er beinahe siebzig war, gestand er bescheiden: »Ich konnte mir nicht schmeicheln, daß ich ihm jemals aufgefallen bin.«

Freuds ältester Tochter, Mathilde, blieb Jung wegen seiner fast jungenhaften Begeisterungsfähigkeit gut in Erinnerung. Sie war mit dem Ehepaar Jung gerade einkaufen, als an der Ringstraße Soldaten auftauchten und salutierten, weil der Kaiser durch die Straße kommen sollte. »Entschuldigen Sie mich bitte«, sagte Jung, rannte los und verschwand in der Menge. Sein ganzes Leben liebte er derartige Paraden. Noch im hohen Alter lief er los, wenn er Trommeln hörte. Er war in einer Stadt am Dreiländereck der Schweiz aufgewachsen, wo eine kampfbereite Wehrmacht sehr wichtig war. Beim Klang von Trommeln kam ihm stets seine Kindheit in Erinnerung.

In den folgenden Jahren beschrieben noch viele den Haushalt, den Jung im März 1907 besuchte. Es ist nicht nur von oberflächlichem Interesse, sich zu vergegenwärtigen, daß Sigmund Freud, der Begründer der Psychoanalyse, seinen sechs Kindern gegenüber von großer Natürlichkeit war. In seinem Umgang mit ihnen lag eine Milde und Leichtigkeit, die von seinem Humor und seiner Liebe zeugte und sich deutlich von der andernorts herrschenden autoritären Strenge unterschied. Den Schweizer Pfarrer Oskar Pfister rührte dies besonders: »Ich, der ich vaterlos aufgewachsen war und zeitlebens unter einseitig weicher Erziehung gelitten hatte, war geblendet von der Schönheit dieses Familienlebens, das trotz der fast übermenschlichen Größe des Hausvaters und seines tiefen Lebensernstes dank seiner Liebe und seines sprudelnden Humors Freiheit und Frohsinn atmete.«

Wie andere Besucher zuvor, hatte auch Carl Gustav Jung keine Anzeichen dafür entdecken können, daß sich die Freuds nach den Geboten des jüdischen Glaubens richteten. Martha Freud war streng religiös aufgewachsen und gestand einmal, daß zu den traurigsten Zeiten in ihrer jungen Ehe die Freitagabende gehörten. Ihr Mann erlaubte ihr nicht, Kerzen anzuzünden, die den Sabbat ankündigten, da er in seinem Haus keine religiöse Zeremonien duldete. Marthas Mutter war im orthodoxen jüdischen Glauben erzogen worden. Der Enkel Martin erinnert sich an ihre gelegentlichen Besuche in Wien: »Samstags hörten wir immer, wie sie mit leiser, aber fester und melodischer Stimme jüdische Gebete sprach. Uns Kindern kam das Ganze sehr fremdartig vor, was eigentlich seltsam war in einer jüdischen Familie, deren Mitglieder ohne jede Anleitung im jüdischen Ritual aufgewachsen waren.« An Festtagen nahm Martha Freud die Kinder mit zur Schwiegermutter. Sie hatte immer ein vorzügliches Abendessen vorbereitet und servierte gebratene Gans, kandierte Früchte und Gebäck; aber da die Mutter den jüdischen Festen ebensowenig Beachtung schenkte wie der Sohn, gab es ein solches Festmahl lediglich zu Weihnachten und zu Ostern.

Freud wies zwar bis ans Lebensende die Vorschriften seines Glaubens zurück, doch tief im Inneren blieb er Jude. Der Sohn eines Freundes, Leopold Königstein, erinnert sich an die Treffen, an denen sein Vater und Freud bei der B'nai B'rith, einer jüdischen Loge in Wien, teilnahmen. »Sie kamen in sehr ernster Stimmung heraus«, entsinnt sich der junge Leopold. Dann seien die beiden zum Kartenspiel ins Rauchzimmer gegangen. Manchmal habe er sich dazugesetzt und zugeschaut, aber nicht gewagt, sich vom Fleck zu rühren. »Wenn sie merkten, daß einer der Zuschauer... auch nur die geringste Bewegung machte, dann war der Teufel los!« Die Bibliothek der B'nai B'rith hat sowohl für seinen Vater als auch für Freud große Bedeutung, dachte er. Bei ihren Besuchen entliehen sie sich Bücher aus den zahlreichen Bänden über die Bibel und die jüdische Geschichte. Freuds jüdische Identität war eher kultureller als religöser Natur, ohne deshalb weniger tief verwurzelt zu sein. Als Kind sah Martin Freud einmal, daß in der freundlichen Miene des Vaters unvermittelt Zorn aufblitzte und er gegen eine Gruppe von Männern, die höhnische Bemerkungen über die Juden machten, den Gehstock schwenkte. Den Sohn erstaunte Freuds Mut nicht, aber die rasche Wandlung im Wesen seines milden und gütigen Vaters war doch ein Schock für ihn gewesen.

1907 hatte Freud genug Manifestationen von Antisemitismus erlebt, daß er vor ihren möglichen Auswirkungen auf die psychoanalytische Bewegung auf der Hut war, die damals fast ausschließlich aus Juden bestand. Freud, der sich für den Arztberuf zum Teil auch deshalb entschieden hatte, weil er Juden offenstand, und dem man jahrelang aus Voreingenommenheit eine Stelle an der Universität verweigert hatte, war Realist. Es wäre sicher ein verzerrtes Urteil, wenn man seine Zuneigung zu Jung auf politische Vorteile zurückführte, doch Freud war sich durchaus im klaren, was der Nichtjude Jung für die psychoanalytische Bewegung bedeutete. Stünden Jung, Bleuler und die hochangesehene Ärzteschaft des Burghölzli hinter ihr, dann würde seine Lehre vielleicht der antisemitischen Verleumdungskampagne entgehen. So mochte er gedacht haben.

Zwar stimmten Freuds Wiener Kollegen mit seiner Einschätzung der Sachlage überein, doch sie hatten dem Christen Jung von Anfang an mißtraut. Am 6. März 1907 nahmen ihn die acht bis zehn Mitglieder auf Freuds »Psychologischer Mittwochsgesellschaft« zum erstenmal unter die Lupe. Seit 1902 traf sich der Kreis einmal wöchentlich in Freuds Wartezimmer, das vor dem Arbeitszimmer lag; die Mitglieder erschienen, wenn sie zu Hause ihr Abendessen beendet hatten. Waren alle anwesend, kam Freud dazu. Martha Freud schenkte Kaffee ein, und die Männer saßen an dem langen Tisch, unterhielten sich und streiften die Asche ihrer Zigarren in den verschiedenen antiken Aschenbechern aus Freuds Sammlung ab. Als Martin Freud eines Abends spät vom Tanzen nach Hause kam, wunderte er sich, wie es die Männer in einem derart verrauchten Zimmer überhaupt so lange aushalten konnten.

Jung sprach bei seinem ersten Besuch im März wenig. Ihm seien die Freudschen Theorien, wie er sagte, noch nicht genügend vertraut. Damit stand er nicht allein. Erst in der zurückliegenden Woche hatte ein Teilnehmer darauf hingewiesen, »daß wir vielleicht geneigt seien, die Bedeutung der Freudschen Lehre für die Psychologie zu überschätzen«.

Nicht jedem fiel es leicht, den neuen Ideen Glauben zu schenken, und dies galt auch für die loyalen Wiener. Jung war an jenem Abend still und erschien den Anwesenden etwas begriffsstutzig. In der Diskussion über einen männlichen Patienten, der sich als Frau verkleidete und im Bett des Vaters schlief, beschrieb ein Mitglied den Patienten als einen Menschen, der sich mit seiner Mutter identifiziere. Und Alfred Adler, der Wiener Analytiker, um dessen Patienten es sich offenbar handelte, wies auf ein homosexuelles Element in dem Mann hin. Jung meinte nur, ihm sei es völlig rätselhaft, wie man die Neigung haben könnte, sich wie eine Frau zu kleiden.

1907 traf ein weiterer junger Mann in Wien ein. Er suchte Freud allerdings nicht auf. Der damals 18jährige Adolf Hitler kam geradewegs aus der Provinz und nahm im Herbst an der Aufnahmeprüfung zur Kunstakademie teil. Obgleich seine Zeichnungen einen guten Blick für Linienführung und Bildausschnitt zeigten, fiel er zweimal durch die Prüfung. »Zu wenig Köpfe«, hieß es in der Beurteilung; Hitler zeige nur wenig Talent zum Porträtieren der menschlichen Form. Anschließend bewarb sich Hitler an der Hochschule für Architektur, besaß aber nicht den für die Aufnahme erforderlichen Schulabschluß. Sechs Jahre lang lebte er in Wien am Rande der Gesellschaft; er schlief auf Parkbänken und malte gemütvolle Stadtansichten, die er an jüdische Handwerker verkaufte, die für ihre Bilderrahmen warben. Einmal bewarb er sich für eine Rolle im Chor des Theaters an der Wien, mit einem Tenorpart in einem Lied aus Franz Lehàrs Operette *Die lustige Witwe*. Der Direktor war so beeindruckt, daß er Hitler ein Engagement anbot, aber der mußte ablehnen. Er hatte nicht gewußt, daß er den eigenen Frack mitbringen müsse, den er sich aber nicht leisten konnte. Doch Hitler lernte hinzu in seiner Wiener Zeit. Als Lueger 1910 starb, machte er sich zu Fuß aus dem Männerheim im Nordwesten Wiens, in dem er wohnte, auf den Weg, um an dem Begräbnis teilzunehmen. Luegers erfolgreiche Manipulation antisemitischer Gefühle hatte dem jungen Mann imponiert.

122

Es mag sein, daß Jung immer noch Fragen bezüglich Freuds Sexuallehre hatte, aber nach seiner Rückkehr ans Burghölzli behielt er sie für sich. »Zweifel an der Richtigkeit Ihrer Theorie plagen mich allerdings nicht mehr«, schrieb er Freud, scheinbar unwiderruflich überzeugt. »Die letzten Schatten von Zweifel hat mein Wiener Aufenthalt, der eigentlich ein Ereignis in des Wortes vollster Bedeutung für mich war, zerstreut.« Binswanger war in Wien geblieben, und Jung fügte hinzu, er nehme an, daß dieser »den gewaltigen Eindruck, den ich bei Ihnen empfangen…, schon angedeutet« habe. »Ich will Ihnen nicht davon reden, sondern meine Arbeit für Ihre Sache wird Ihnen hoffentlich zeigen, welche Dankbarkeit und Verehrung ich für Sie hege.«

Jung schien mit Freuds Theorien übereinzustimmen. Dennoch hielt er weiter daran fest, daß man sie dem Laienpublikum schmackhafter machen müsse. »Wäre es nicht denkbar«, fragte er, »daß man die Sexualtermini aus Schonung für den gegenwärtig geltenden reduzierten Sexualitätsbegriff nur für die extremsten Formen Ihrer ›Libido‹ aufsparte?« Freud antwortete würdevoll: »Ihr Bemühen, den anderen den Geschmack der Säure beim Biß in den Apfel zu ersparen, würdige ich nach seinen eigenen Motiven, glaube aber nicht, daß es Erfolg haben wird… Was man von uns verlangt, ist doch nichts anderes, als daß wir den Sexualtrieb verleugnen. Bekennen wir ihn also.«

In der Frage, wie man den Uneingeweihten die Frage der Sexualität näherbringen solle, waren Freud und Jung grundsätzlich verschiedener Meinung. Dennoch waren sie Glaubensgenossen geworden. »Ich muß es oft versuchen, mich zurückzuversetzen in jene Zeit vor der Reformation meines psychologischen Denkens, um die Gründe, die gegen Sie vorgebracht werden, nachzufühlen«, schrieb Jung. »Verstehen kann ich sie schon längst nicht mehr.« Er zögere nicht, für Freud in die Schlacht zu ziehen und seine Ansichten auf dem Ärztekongreß zu vertreten, der im Herbst in Amsterdam stattfinden sollte, denn: »Da ich weniger tief engagiert bin und es sich auch nicht um die Verteidigung der eigenen Kinder handelt, so reizt es mich doch zum Teil, mich einmal in der Arena zu versuchen. Die Identifikation mit Ihnen wird später sehr schmeichelhaft sein, jetzt ist es honor cum onere.«

Jungs Kollegen am Burghölzli merkten, wie groß sein Engagement war. Dr. Abraham Brill, ein amerikanischer Psychiater, der in die Schweiz gekommen war, um im Burghölzli zu arbeiten, erinnert sich: »Dort fand ich eine Begeisterung für die Psychiatrie vor, die ich weder vor noch nach meinem Aufenthalt in Zürich je wieder erlebt habe.« »Alles zielt darauf ab, zu bestimmen, ob es tatsächlich das Unbewußte gebe, so wie Freud behauptete, und ob Freuds Ansichten über die Rolle der Sexualität bei der Entwicklung der Neurosen stimmten.« Eugen Bleulers wissenschaftliche Einstellung imponierte dem jungen Arzt: »Auf einer Seite Freud findet sich mehr Psychologie«, erklärte Bleuler, »als in so manchem dickleibigen Lehrbuch. Es ist leicht, sich über Freud lustig zu machen; aber wir sollten versuchen, Freuds theoretische Begriffe unter die Lupe zu nehmen und sie auf wissenschaftliche Weise entweder zu bestätigen oder zurückzuweisen.« Jung teilte allerdings nicht Bleulers distanzierte Haltung, sondern »war dort der erste Assistent und damals ein höchst begeisterter und streitlustiger Freudianer«, wie sich Abraham Brill erinnert. »Man konnte keinerlei Zweifel an Freuds Ansichten äußern, ohne daß man seinen Zorn heraufbeschwor.« Freud und Jung hießen im Burghölzli nur Allah und sein Prophet.

Brill kannte die neueren und besser ausgestatteten Krankenhäuser in den USA. Er war deshalb nicht auf Anhieb beeindruckt vom Burghölzli. Faszinierend fand er jedoch die erste Arztbesprechung, an der er teilnahm: »Die Art, wie sie den Patienten betrachteten, wie sie ihn untersuchten, das war fast eine Erleuchtung. Man klassifizierte dort nicht nur den Patienten: Man betrachtete seine Halluzinationen – eine nach der anderen – und versuchte zu bestimmen, was jede einzelne bedeutete.« Dies unterschied sich außerordentlich von der Einstellung seiner Kollegen in den USA. Dort vertrat man die Auffassung, die Ursachen seelischer Erkrankungen seien zum Großteil genetischer Art, auf eine »degenerierte Erbmasse«

124

zurückzuführen und damit unheilbar. Dem Hausarzt riet man, mit großer Sorgfalt bei der Behandlung »nervöser Kinder« vorzugehen. Und ein amerikanischer Nervenarzt machte den Vorschlag: »Kalte Bäder, Abreibungen, körperliche Bewegung, harte Betten, kalte Schlafzimmer und nachts weit geöffnete Fenster zur Entwicklung der körpereigenen Abwehr gegen äußere Reize. Das Landleben ist für diese Kinder von größter Bedeutung, weshalb sie später im Leben immer draußen körperliche Arbeit, nie drinnen geistige Arbeit verrichten sollten.«

Daß man die sexuelle Seite der psychiatrischen Fälle in seinem Krankenhaus in Long Island mit großem Widerwillen betrachtete, wußte Brill. Jung erzählte er, er selber habe einmal bei einer Zusammenkunft den Bericht über eine Patientin, die sich mit sexuellen Absichten ihrer Schwester genähert hatte, laut vorgelesen, worauf die Krankenhausärzte mit Entsetzen reagiert hätten: »Das Ärgerliche mit euch [Amerikanern] ist«, antwortete Jung, »daß ihr weder etwas von Freud noch von seinen Sexualbegriffen wißt.« So begann Brills Lehrzeit. Er respektierte die selbstauferlegte Abstinenzregel und unterwarf sich bereitwillig dem klösterlichen Tagesablauf im Burghölzli. Nachdem er um sechs Uhr morgens aufgestanden war, um Visite zu machen, sah er bei einer Gelegenheit, daß Eugen Bleuler bereits seinen Rundgang hinter sich hatte und von den Krankenstationen zurückkam. »Es war inspirierend«, erinnert er sich, »von aktiven und begeisterungsfähigen Mitarbeitern umgeben zu sein, die sich alle anstrengten, die Freudschen Grundsätze zu meistern und sie auf das Studium der Patienten anzuwenden. Der Geist der Psychoanalyse schien dort alles zu durchdringen.«

Bei der Behandlung der Patienten fiel Brill bald auf, daß sich ihr anscheinend unerklärliches Verhalten häufig auf weit zurückliegende Erlebnisse in ihrem »normalen« Leben zurückführen ließ. Auf einmal schienen sich die Patienten gar nicht so sehr von ihm selbst zu unterscheiden; diese Erkenntnis erschreckte ihn. »Ich fürchtete, daß vielleicht etwas nicht mit mir stimmte, fand aber bald heraus, daß das, was ich in

125

einem Patienten entdeckte, lediglich der übertriebene oder verzerrte Ausdruck dessen war, was in jedem Menschen existiert.« Brill vergaß nie wieder die entspannten Besprechungen am Spätnachmittag im Hauptbüro des Burghölzli am Ende jeden Arbeitstages; die Themen rangierten von den Theorien Sigmund Freuds bis zu den Geheimnissen des Okkultismus.

Eines war es für C. G. Jung, Studenten wie Abraham Brill am Burghölzli in Sexuallehre zu unterrichten, etwas ganz anderes hingegen, einer Versammlung von Ärzten gegenüberzutreten, und zwar mit der ausdrücklichen Absicht, Sigmund Freud zu verteidigen. Ende August 1907 reiste Jung nach Amsterdam, wo er vor dem Ersten Internationalen Kongreß für Psychiatrie und Neurologie einen Vortrag halten sollte. Als er die Einladung annahm, fand er besonderen Gefallen an der Herausforderung, Freuds Ansichten vorzustellen. Nur hatte er das Gefühl, das Ganze werde kein gutes Ende nehmen. »Immerhin habe ich unangenehme Pressentiments, denn ich muß es für kein Kleines halten, eine *solche* Position vor einem *solchen* Publikum zu verteidigen«, berichtete er Freud einigermaßen besorgt.

Beide hatten sich seit Monaten ganz auf die Kongreßvorbereitungen konzentriert. Freud war überzeugt, daß Jungs freundliche und einnehmende Art (»während Ihnen alle Herzen offenstehen«, hatte er Jung geschrieben) die Gegnerschaft für sich gewinnen werde. Er selbst habe etwas an sich, gab Freud zu, das die Leute seltsam und abstoßend fänden. Jung selbst ließ sich leiten von der »unbedingte[n] Hingabe an die Verteidigung und Propagation Ihrer Ideen, ja sogar meine[r] nicht weniger unbedingte[n] Verehrung Ihrer Persönlichkeit«. Er verfolge lediglich ein Interesse an diesem Treffen: Freuds schwierige und unpopuläre Theorien auf eine solche Weise vorzustellen, daß man sie verstand und akzeptierte. Als dann der Termin für den Kongreß näher rückte, waren Jungs Enttäuschung und Verärgerung komplett. Vereinfachte man Freuds Sexualitätsbegriff, so erkannte er, beraubte man die Theorie ihrer authentischen Kraft. Stellte man sie aber in ihrer ganzen Vielschichtigkeit dar, so überstieg dies bei weitem das Verständnis der Zuhörerschaft. Am Ende tröstete sich Jung damit, daß er mit seinem Vortrag, »diesem Schmerzenskind« zumindest »eine Demonstration, eine Konstatierung« gegeben habe und »daß im Jahre 1907 vor einem internationalen Kongreß jemand offiziell etwas über die Freudsche Hysterie-Theorie im positiven Sinne gesagt hat«. Freud war zuversichtlicher: »Man arbeitet doch wesentlich für die Geschichte, und in dieser wird Ihr Vortrag in Amsterdam als ein Markstein ausgezeichnet sein.«

In Amsterdam eingetroffen, bezog Jung ein Zimmer im Hôtel de l'Europe. Das hübsche kleine Hotel lag am Ufer einer stark befahrenen Gracht, nur ein paar Schritte von den vorbeifahrenden Booten entfernt. Einige Tage später erhielt er einen Brief von Freud, der mit der Familie Ferien machte und »mit Bergpartien und Edelweißpflücken beschäftigt« war. Seit fast einem Monat hatte Freud sein kleines Notizbuch, in das er Notizen und Ideen eintrug, nicht mehr angerührt. Schuldgefühle plagten ihn, weil er es seinen jungen und unerfahrenen Kollegen überlassen hatte, seine Sache auf dem Kongreß zu vertreten. »Ob sie Glück oder Unglück gehabt haben oder haben werden, weiß ich nicht«, schrieb Freud, »aber ich möchte gerade um diese Zeit bei Ihnen sein, mich freuen, daß ich nicht mehr einsam bin, und Ihnen, wenn Sie etwa Aufmunterung brauchen, von meinen langen Jahren ehrenvoller, aber schmerzlicher Einsamkeit erzählen, die für mich begannen, nachdem ich den ersten Blick in die neue Welt getan, von der Teilnahmslosigkeit und Verständnislosigkeit der nächsten Freunde, von den bangen Episoden, in denen ich selbst meinte, geirrt zu haben, und erwog, wie man ein verfahrenes Leben zugunsten der Seinigen noch nützlich machen könne, von der allmählich sich befestigenden Überzeugung, die sich immer wieder an die Traumdeutung wie an einen Fels in der Brandung klammern konnte, und von der ruhigen Sicherheit, die mich endlich in Besitz nahm und warten hieß, bis eine Stimme aus dem unbekannten Haufen der meinigen antworten würde. Es war die Ihrige.«

Am Morgen des 14. August trat der Kongreß zusammen. Als der deutsche Psychiater Gustav Aschaffenburg seine Rede beendet hatte, war allen Teilnehmern klar, daß er ihnen den Fehdehandschuh hingeworfen hatte. Aschaffenburg hatte Freuds Hysterie-Theorie attackiert, vor allem – wie vorauszusehen war – das starke Hervorkehren der Rolle der Sexualität. Jung meldete sich zu Wort, skizzierte die Grundlagen der psychoanalytischen Technik und erklärte, seine eigene klinische Arbeit würde Freuds Theorien bestätigen. Dann überzog er die ihm zugebilligte Redezeit und lehnte es ab, abzubrechen, bis ihm der Vorsitzende das Wort entzog. Mit zornrotem Kopf verließ er den Saal. Ein junger Waliser Nervenarzt, der sich unter den Hörern befand, meinte, Jung habe seine Sache nicht gut gemacht. »Ich erinnere mich«, berichtet Ernest Jones, »wie unglücklich dieses Verhalten auf die schon voreingenommene Hörerschaft wirkte.«

Jung hatte beim ersten bedeutsamen Anlaß zur Verteidigung von Sigmund Freud die Beherrschung verloren. Er nannte die versammelten Ärzte »eine schlimme Mördergrube« und schrieb Freud noch am selben Nachmittag, »von den andern hängt jeder feige an den Rockschößen des schwereren Vordermannes... Es ist eine entsetzliche Bande. Welche Masse von Unsinn und Dummheit!« Aber er hütete sich, die Rolle zu beschreiben, die er bei den Vorgängen am Morgen gespielt hatte. Eine Woche später – er war wieder am Burghölzli, aber noch immer in Rage – berichtete Jung Freud von dem »Terrorismus«, den ein Teilnehmer gegen Freud angekündigt habe, und von »wohlwollender Neutralität« von anderer Seite. Den einzigen Lichtblick sah Jung in einem jungen Kelten, Ernest Jones: »Er ist sehr intelligent und könnte einmal viel Gutes leisten.« Doch selbst das Erscheinen des jungen Jones reichte nicht aus, Jungs Zorn zu besänftigen. »Überhaupt *eines* habe ich an diesem Kongreß in unerhörter Fülle aufgenommen, und das ist eine bis zur Nausea gehende Verachtung des genus Homo sapiens.« Freud verhielt sich dem hitzköpfigen jungen Verbündeten gegenüber sehr diplomatisch und schärfte Jung ein: »Bis dahin heißt es wohl weiterarbeiten, möglichst wenig diskutieren.« Eines Tages sollte die Auseinandersetzung in Amsterdam als eine der »großen Diskussionen« in der Geschichte der Psychoanalyse gelten. Im Herbst 1907 waren Freud und Jung ganz einfach erleichtert, daß man sie hinter sich gebracht hatte.

In den Monaten, die auf seinen ersten Besuch bei Freud im März folgten, war Jung wegen irgend etwas beunruhigt. Manchmal schrieb er Freud erst nach längeren Unterbrechungen und entschuldigte sich mit seinen zahlreichen Pflichten und seiner Müdigkeit, oder er gab einem bösen Geist die Schuld, der seinen Federhalter wohl verhext habe. Der wahre Grund für diese langen Pausen lag jedoch tiefer. Einige Monate nach seiner Rückkehr aus Amsterdam sprach Jung es aus: »Eigentlich – was ich Ihnen mit Widerstreben gestehen muß – bewundere ich Sie als Menschen und Forscher schrankenlos, beneide Sie bewußt nicht; daher also kommt der Selbsterhaltungskomplex nicht, sondern er kommt daher, daß meine Verehrung für Sie einen »religiös«-schwärmerischen Charakter hat, der mir zwar keine Molesten verursacht, mir aber wegen seines unverkennbar erotischen Untertones ekelhaft und lächerlich ist. Dieses abscheuliche Gefühl stammt daher, daß ich als Knabe einem homosexuellen Attentat eines von mir früher verehrten Menschen unterlegen bin. Schon in Wien haben die Bemerkungen der Damen (»enfin seuls« etc.) meinen Ekel wachgerufen, allerdings ohne daß mir die Sache damals klargeworden wäre.

Dieses Gefühl nun, dessen ich noch nicht ganz ledig bin, hindert mich weitgehend. Es äußert sich auch so, daß mir die Beziehungen zu Kollegen, die stark auf mich übertragen, infolge psychologischer Durchschauung direkt ekelhaft werden. *Ich fürchte deshalb Ihr Vertrauen.* Auch fürchte ich dieselbe Reaktion bei Ihnen, wenn ich Ihnen von meinen Intimitäten spreche. Ich umgehe daher solches soviel wie möglich, denn es gestaltet, nach meinem Gefühl wenigstens, jeden Verkehr nach einiger Zeit sentimental und banal… Diese Erklärung glaube ich Ihnen schuldig zu sein. Gern hab ich's nicht gesagt.«

Freuds Antwort war prophetisch: »Die Nachrichten über Ihre inneren Vorgänge lauten ja beruhigend; die Übertragung von der Religiosität her erschiene mir besonders fatal; sie könnte ja auch nur mit dem Abfall enden... Ich werde also das Möglichste tun, um mich als ungeeignet zum Kulturgegenstande erkennen zu lassen.« Sollte er Freud schon nicht verehren können, so fand er doch eine andere Möglichkeit, ihn zu erhöhen; in einem Brief bat Jung ihn, »mich Ihre Freundschaft nicht als die Gleichberechtigter, sondern als die von Vater und Sohn genießen zu lassen«.

Gegen Ende November 1907 machte sich Ernest Jones auf den Weg nach Zürich, um eine Woche am Burghölzli zu verbringen. Er war auf viel Arbeit gefaßt, denn Jung hatte in der herzlichen Antwort auf sein Schreiben ein in der Tat einschüchterndes Programm entworfen. Jung wollte Jones zwischen elf und zwölf Uhr abends im Hôtel Baur au Lac treffen, falls Jones am Abend einträfe. Auf alle Fälle erwarte man Jones im Burghölzli am nächsten Tag um elf Uhr. Jones hielt ihn, auch wenn er sich in Amsterdam etwas ungeschickt benommen hatte, für einen sympathischen Mann. Während seines Aufenthalts im Burghölzli verstärkte sich dieser Eindruck noch. Jung konnte höflich, ja charmant sein: Als Abraham Brill mit seinem jugendlichen Überschwang sich anschickte, Jones in die Geheimnisse der Psychoanalyse einzuweihen, schritt Jung rasch dagegen ein: »Wir haben Dr. Jones nicht hierher eingeladen, um ihn zu belehren, sondern um ihn zu konsultieren.«

Die Sache der Psychoanalyse wurde während Jones' Besuch am Burghölzli einen weiteren Schritt vorangebracht. Jung erklärte sich einverstanden, den ersten Kongreß einzuberufen, der sich mit Freuds Psychoanalyse befassen und im darauffolgenden Frühjahr in Salzburg oder Innsbruck stattfinden sollte. Dort wollte man, unbehindert durch die Opposition, die Reichtümer der Freudschen Theorien genießen. Während seines Aufenthalts in Zürich nahm Ernest Jones an einem Treffen der Freudschen Gesellschaft der Ärzte teil, einer Vereinigung, die sich unter Jungs Leitung inzwischen in unregelmäßigen Abständen zur Erörterung psychologischer Fragen traf. Am gleichen Tag trug Eugen Bleuler ein kurzes Gedicht vor, das er auf Sigmund Freud und seine beschränkten Kritiker verfaßt hatte:

> In einer Stadt die vor viel Jahren
> Der Türke brachte in Gefahren
> Erstand nun gar ein Ungeheuer
> Das mit dem sexuellen Feuer
> Die Menschheit zu verkohlen sucht
> Wie sehr auch jedermann ihm flucht.

Diese »kostbaren Knittelverse«, wie Jung Bleulers kleine Dichtungen nannte, endeten so:

> Darum mein lieber Doctor Freud
> Besinne dich auf Keuschenheit
> Und bringe nicht beim Publikum
> Die reinen Sitten böslich um.

Jung lachte, wie die anderen auch, aber Jones fiel doch auf, »daß er seine Laune wie ein Chamäleon wechseln konnte. In einem Augenblick der große, dynamische, einnehmende Vorsitzende der ganzen Gruppe, und im nächsten ein lautstarker Zwischenrufer, der, wenn er Opposition gewahrte, seine Sache mit einer Leidenschaftlichkeit vertrat, die manchem – nun ja – ziemlich grob vorkam. Ich mochte Jung damals sehr«, erinnert sich Jones. »Er nahm kein Blatt vor den Mund. Er war geradeheraus und – in jener Phase – so neofreudianisch eingestellt, daß man keinen Unterschied festzustellen vermochte.« Der ebenfalls oft anwesende Abraham Brill stimmt Jones zu: »In aller Regel waren die Zusammenkünfte sehr lehrreich und interessant, vorausgesetzt niemand widersprach Freuds Theorien, denn in jener Zeit war der Vorsitzende nicht in der geistigen Verfassung, derlei Häresien zu dulden.«

Jones hatte den Verdacht, daß Jung zu der Zeit einen inne-

ren Konflikt bekämpfte und unter gewissen seelischen Bela-
stungen litt, über die er zwar nur Vermutungen anstellen
konnte, die aber immer wieder erkennbar wurden. Jung
führte trotz aller inneren Anspannung ein ruhiges und befriedigendes Leben. Emma Jung war bei Patienten und Personal
gleichermaßen beliebt. Bleulers kleiner Sohn Manfred erinnert sich mit besonders großer Zuneigung an Frau Jung. Es
machte ihm großes Vergnügen, ein Stockwerk höher zu gehen
und sie in der hübschen Vierzimmerwohnung zu besuchen, in
der mittlerweile Jungs kleine Töchter Agathli und Grethe un-
überhörbar herumtollten. Als kleiner Junge hatte Manfred
Bleuler Jung für eine Art Edelmann gehalten: »Er kam aus
intellektuellen Verhältnissen, hatte ausgezeichnete Umgangsformen und war ein eleganter Mann.« Manfred Bleuler erinnert sich auch, daß Jung »lieb zu den Kindern« war. Ernest
Jones imponierten Jungs »forsche Persönlichkeit« und sein
»ruheloser, aktiver und rascher Verstand. Jones, der später
ein enger Vertrauter und offizieller Biograph von Sigmund
Freud wurde, erklärte einmal, worauf die seiner Ansicht nach
dauerhafte und starke Anziehungskraft Jungs auf Freud be-
ruhe; es war »die ungehemmte Phantasie; eine Eigenschaft,
die auf Freud selten ihre Wirkung verfehlte«.

# 8. Kapitel

»Der Kongreß in Salzburg im Frühjahr 1908 würde mich ordentlich stolz machen; ich nehme aber an, daß Sie mich als störend dazu nicht einladen werden«, schrieb Freud Jung unerklärlich zaghaft. Jung wollte nichts davon wissen und entgegnete: »Da täuschen Sie sich aber gewaltig, wenn Sie glauben, wir würden auf Ihre Gegenwart in Innsbruck oder Salzburg verzichten.« Dann drängte er Freud, den Vorsitz beim Kongreß zu übernehmen. Freud hatte kein Interesse. Er fand, daß dieses erste Treffen, das ausschließlich der Freudschen Psychologie gewidmet war, von einem anderen geleitet werden und weniger die Anmaßung einer Vision eines einzelnen, sondern mehr die Übereinstimmung einer sich entwickelnden Lehre zum Ausdruck bringen sollte. Deshalb sei es ihm lieber, wenn Bleuler den Vorsitz übernähme.

Freuds liebste Stadt war Salzburg, die Stadt ist von einer dunklen Schönheit mit den gepflasterten, gewundenen Straßen, zarten Barocktürmen und schmalen Brücken, die sich anmutig über die schnell fließende Salzach spannen. In jenem April führte sie Hochwasser, weil in den österreichischen Bergen die Schneeschmelze eingesetzt hatte, der kunstvolle Mirabellgarten mit seinen Terrassen und gestutzten Hecken erstrahlte von Tulpen und Osterglocken. Ernes Jones kam am 26. April in Salzburg an, einen Tag vor Kongreßbeginn. Beim Betreten des Hotels Bristol war er »sichtlich nervös, ich war ja ein relativ Fremder unter so vielen Menschen, die sich bereits kannten... Insbesondere wollte ich natürlich Freud kennenlernen. Deshalb blickte ich mich ständig hoffnungsvoll im Foyer des Hotels um..., bis ich ihn auf einmal sah.« Freud spielte Jones bei ihrem ersten Zusammentreffen einen Streich: Er erzählte ihm, er habe ihn gleich an seiner Kopfform als Waliser erkannt. Erst Jahre später erfuhr Jones, daß Jung ihm das bereits *vor* dem ersten Treffen erzählt hatte und Freud ihn nur damit necken wollte.

Der Salzburger Kongreß wurde um acht Uhr morgens am 27. April 1908 eröffnet. Einige der an einem langen Tisch im Hotel Bristol sitzenden Männer sollten in den folgenden Jahren eine entscheidende Rolle bei der Gestaltung und Führung der psychoanalytischen Bewegung einnehmen. Der Briefwechsel, den einige miteinander führten, dokumentiert neben der frühen Geschichte der psychoanalytischen Schule die wachsende Freundschaft zwischen Freud und Jung und – später dann – die Gründe für deren Ende. Als der Bruch mit Jung die Zukunft der psychoanalytischen Bewegung gefährdete, suchten die Psychoanalytiker bei Freud und untereinander Rat.

Natürlich war an diesem Vormittag auf dem Salzburger Kongreß auch der neunundzwanzigjährige Ernest Jones anwesend, den Jung am Vorabend Freud vorgestellt hatte. Jones hatte Freuds Schriften zuerst in London gelesen, kurz nach dem bestandenen Arztexamen. »Hinterher hatte ich den tiefen Eindruck gewonnen«, erinnert sich Jones, »daß es jemand in Wien gab, der tatsächlich mit großer Aufmerksamkeit jedem Wort seiner Patienten zuhörte ... Ich kannte sonst niemanden, der das tat.« Freuds Interesse an seinen Patienten bildete einen unübersehbaren Kontrast zu der in England vorherrschenden medizinischen Praxis. Als junger Arzt am Londoner University College Hospital war Jones einmal vom Direktor einer psychiatrischen Anstalt angerufen worden, der eine freigewordene Stelle zu besetzen hatte. »Ich erwarte nicht, daß derjenige Interesse an Geisteskrankheiten zeigt«, wurde Jones gesagt. »Er muß nur mit den Patienten Cricket spielen können.«

Als Jones an diesem Morgen in Salzburg saß, war er ein Mann mit einem Geheimnis. Anfang 1906 hatte er in einer Schule für geistig behinderte Kinder Sprachtests durchgeführt; zwei Schülerinnen hatten ihrem Lehrer erzählt, Jones habe sich »unsittlich verhalten«. Jones behauptete zwar, die Anschuldigung sei unzutreffend, aber der Fall kam vor Gericht. Er war freigesprochen worden, doch jetzt, zwei Jahre später, gab es erneut Schwierigkeiten. Jones hatte sich schon früh für die sexuelle Grundlage nervöser Symptome interessiert; ein Kollege am West End Hospital for Nervous Diseases, der dies wußte, hatte ihn aufgefordert, bei einer seiner Patientinnen nach Hinweisen auf ein Sexualtrauma zu suchen. Jones führte ein langes Gespräch mit dem zehnjährigen Mädchen, in dem er herausfand, daß die Lähmung des linken Arms eingesetzt hatte, als sich dem Mädchen ein Junge in sexueller Absicht genähert hatte. Das junge Mädchen berichtete ihren Freundinnen, Jones habe sich mit ihr »über sexuelle Themen unterhalten«. Als der Vater davon erfuhr, legte er förmlich Beschwerde beim Krankenhaus ein, worauf man Jones nahelegte, zu kündigen. Da sein Ruf in London damit schwer geschädigt war, entschloß er sich, nach Kanada überzusiedeln und dort eine Stelle an der Universität von Toronto anzunehmen. Ihm gefielen die kalten kanadischen Winter, da er gern Schlittschuh lief. »Etwas Flotteres, Frischeres, Köstlicheres«, schrieb er, »läßt sich vom Leben nicht erwarten.« Der in sexuellen Dingen freimütige und aktive Jones sollte Freud in den folgenden Jahren noch große Sorgen bereiten. Noch Jahre nachdem ihre Freundschaft begonnen hatte, warnte Freud ihn, er solle »sich vor den schlimmen Frauen in acht nehmen« und machte sich auf das Schlimmste gefaßt.

Ebenfalls am Konferenztisch in Salzburg saß ein deutscher Psychiater, der einunddreißigjährige Karl Abraham. Im Burghölzli hatte er als Assistent unter Bleuler und Jung gearbeitet und inzwischen in Berlin eine Praxis für Psychoanalyse eröffnet. Die Anfänge des Briefwechsels mit Freud gingen bis in Abrahams erste Zeit im Burghölzli zurück, und Freud hatte bei Jung Erkundigungen über ihn eingezogen. »Ich schicke voraus, daß ich eifersüchtig auf ihn bin«, antwortete Jung, »weil er mit Ihnen korrespondiert.« Zudem hatte Jung Abraham im Verdacht, anderer Leute Forschungsideen zu stehlen: »Ich habe ihm z. B. proponiert, bei meinen Arbeiten mitzuwirken, was er jedoch ablehnte. Jetzt hört er aber mit Aufmerksamkeit zu, was Bleuler und ich sprechen, wie wir untersuchen etc. Dann macht er eine Publikation.«

Freud goß, wenn auch auf sehr feine Weise, Öl ins Feuer

der Eifersucht. »An Abraham hat mich eingenommen, daß er direkt auf das sexuelle Problem losgeht«, schrieb er Jung, womit er andeutete, daß er wünschte, Jung täte das gleiche. Als Freud Abraham einige Monate vor dem Salzburger Kongreß kennenlernte, fand er ihn verklemmt und ganz so, wie Jung ihn geschildert hatte, ahnte aber auch, woran das lag: »Ich nehme an, daß mir die so leicht verständlichen Lasten des Judentums und der Zukunftssorge ihn an der Entfaltung hindern.« Abraham wurde dann ein enger Vertrauter Freuds; Abraham und Jung mochten sich auch späterhin nicht. Erst kurz zuvor hatte Jung an Abraham besorgt über eine Diskussion in Berlin geschrieben, bei der Freuds Sexuallehre heftiger Kritik ausgesetzt war: »*Freud* war selbstverständlich von dieser Diskussion gerührt – er wurde ja erwähnt, und von des Herrn Tisch fiel ihm sogar ein Brocken zu«, erklärte Jung Abraham mit sichtlicher Herablassung. Seine Äußerung erschütterte die ruhige Freundschaft zu Freud, aber Abraham wunderte sich nicht über Jungs Verhalten. Er hatte seinen Schweizer Kollegen während seiner Zeit im Burghölzli sehr genau beobachtet und schon seit langem seine Schlüsse aus dessen Verhalten gezogen. Sándor Ferenczi hatte Freud zwei Monate vor dem Salzburger Kongreß kennengelernt. Der fünfunddreißigjährige ungarische Neurologe hatte über einen Kollegen Jungs, der am Burghölzli studiert hatte, den Weg zu Freud gefunden. In den nächsten fünfundzwanzig Jahren schrieben er und Freud sich fast tausend Briefe, und Ferenczi sollte stark von Freud abhängig werden. Als der französische Psychoanalytiker René Laforgue in der Nähe der Freuds in den Alpen Ferien machte und Ferenczi erzählte, er habe ohne Erfolg versucht, bei Freud vorstellig zu werden, hatte er eine einfache Lösung für das Problem: »Machen Sie es doch wie ich. Ich klingle jeden Morgen um acht Uhr an seiner Tür und frage ihn, ob er mich wohl im Laufe des Tages empfangen kann.«

Die ehrfurchtgebietenden Gestalten, Jung und Abraham, die in Salzburg bei ihm saßen, nahmen Ferenczi allen Mut. Seine Angst vor Abraham sollte eines Tages dazu führen, daß er einen Brief Freuds, in dem er ihn auf den bevorstehenden Besuch eines Kollegen aufmerksam machte, falsch las: »Ich hatte offenbar Angst, daß Abraham der Gast sein wird«, gestand er Freud verlegen, »er ist der bedeutendere (vielleicht der bedeutendste nach Jung); sich mit *ihm* messen zu können ist offenbar mein geheimer Wunsch, es nicht imstande zu sein – das Motiv der Angst und der Antipathie!« Während das Stubenmädchen das Feuer im Kamin schürte, las er Freuds Brief ein zweites Mal und stellte erleichtert fest, daß Ludwig Binswanger und nicht Karl Abraham nach Budapest kommen wollte.

Nach seiner Abreise aus Salzburg stand Ferenczi ganz auf Freuds Seite und hatte wieder neuen Mut geschöpft. »Die Kollegen benehmen sich ekelhaft«, berichtete er aus Budapest, »verleumden mich und die Psychoanalyse auf Schritt und Tritt.« Er habe eine große Schönheit in der Psychoanalyse entdeckt. Eines Tages schrieb er Freud mit der ihm eigenen, jungenhaften Begeisterung: »Ich komme mir vor wie jener mir bekannte alte Eisenbahningenieur, der (nach 50jähriger Dienstzeit pensioniert) vor der auf der Strecke stehenden Lokomotive stehenbleibt und mit naiver Bewunderung ausruft: ›Es ist doch eine schöne Erfindung!‹ – Seit Jahren beschäftigt mich von früh bis in die Nacht die Psychoanalyse, ich bin ein Tagelöhner dieser Methode, sie ist mein Handwerk und mein täglich Brot. Und doch vergeht kein Tag, wo ich nicht – oft mitten in der Arbeit – stehenbleiben müßte, um den ungeheuren Fortschritt in der Erkenntnis der kranken und gesunden Menschheit zu bewundern. ›Es ist doch eine schöne Erfindung!‹«

Der stets bescheidene Eugen Bleuler saß zwischen den Kollegen am Tisch im Hotel Bristol, allerdings nicht am Kopfende, wie Freud es gewünscht hatte. Bleuler war ein zutiefst demokratischer Mann und widersetzte sich daher allen Bemühungen, ihn über seine Kollegen zu stellen. Daß er so nachsichtig auf verschiedene Ansichten in der Psychologie reagierte, sogar zu ihnen aufforderte, war eine Schweizer Eigenschaft, die er nicht ändern wollte. Freud nannte das später

Bleulers »Ambivalenz« (ein Ausdruck, den Bleuler selbst geprägt hatte). Später fand er diese Einstellung auch bei Jung und begrub alle Hoffnungen, daß seine Lehre in einem derartigen Schweizer Boden jemals Wurzeln schlagen könnte. Bleuler wünschte, wie Freud wußte, eine engere Verbindung. Dennoch war er sich Bleuler niemals sicher: das, was er wirklich dachte, blieb ihm verborgen. In späteren Jahren leisteten andere ebensoviel oder mehr als diese Männer zur Entwicklung der Psychoanalyse. Aber Bleuler, Abraham, Ferenczi und Jones waren eingeweiht in die Ereignisse, die das Ende der Zusammenarbeit zwischen Freud und Jung ankündigten. Sie verbündeten sich dann mit dem einen oder anderen. Wie sie sich dann jeweils entschieden, bestimmte den zukünftigen Kurs der Psychoanalyse.

An jenem Tag war auch A. A. Brill im Hotel Bristol anwesend, und nun lernte er Sigmund Freud persönlich kennen. Brill, dem Jung schon stark imponiert hatte, kam nach kurzer Zeit zu der Überzeugung, daß sie zusammengenommen eine einflußreiche neue Lehre vertraten und daß seine Aufgabe ihre Verbreitung in Amerika war. Kurz zuvor hatte er seine Übersetzung ins Englische von Jungs *Über die Psychologie der Dementia praecox* abgeschlossen und erklärt, das Werk bilde gemeinsam mit Freuds Schriften »den Eckstein der modernen interpretierenden Psychiatrie«.

Als Freud an diesem Morgen in Salzburg um acht Uhr seinen Vortrag begann, hörten ihm die Männer mit äußerster Konzentration zu. »Ich hatte noch nie zuvor so sehr vergessen, wie die Zeit verging«, schrieb Ernest Jones. Freud sprach weiter, leise und in einem freundlichen Tonfall, und die Zuhörer wurden in die seltsame Geschichte über eine Obsession hineingezogen. Sie handelte von einem Mann, der bei Freud in Behandlung war und bei dem die Ambivalenz – der Wechsel zwischen Liebe und Haß – einen verheerenden seelischen Schaden angerichtet hatte. Unter den Punkten, die Freud hervorhob, war, wie Jones sich erinnert, der »Wechsel von Liebe und Haß gegenüber derselben Person und die frühe Trennung dieser beiden Einstellungen, woraus sich gewöhnlich die Verdrängung des Hasses ergibt. Dann pflegt eine Reaktion auf den Haß zu folgen in Form einer ungewöhnlichen Zärtlichkeit oder in Angst vor Blutvergießen usw.« Freud hatte nur etwa eine Stunde sprechen wollen, doch gegen elf Uhr unterbrach er den Vortrag, da er das Gefühl hatte, seine Zuhörer hätten jetzt genug gehört. Man bestand aber darauf, daß er weitersprach, so daß er erst kurz vor ein Uhr den Vortrag beendete – fünf Stunden nachdem er begonnen hatte.

Abraham hielt einen Vortrag über Schizophrenie, in dem er eine Ansicht vertrat, die mit der Freuds übereinstimmte: Die Schizophrenie hat psychische Ursachen, und die Krankheit ist die Folge einer gewaltigen Blockierung der Gefühlsprozesse. Jung und insbesondere Bleuler untersuchten schon seit Jahren die komplizierte Erkrankung, die man damals noch überwiegend als *Dementia praecox* bezeichnete. Es ärgerte sie deshalb, daß Abraham in seinem Referat ihre Arbeiten mit keinem Wort erwähnt hatte. Als Jung mit seinem Vortrag an die Reihe kam, war sich Freud bereits im klaren, daß ihn dessen Arbeit enttäuschen würde. Jung hatte ihn schon brieflich vorgewarnt, er werde die Schizophrenie auf Toxine im Gehirn zurückführen, das sich kaum mit der Psychoanalyse vereinbaren ließ. So standen sich beim Salzburger Kongreß zwei Kontrahenten gegenüber, Jung und Abraham, die über das gleiche Thema sprachen. Doch nur der eine hatte sich Freuds Meinung angeschlossen.

Es gab mehrere Pausen zwischen den Referaten. Ernest Jones wollte unbedingt die Mitglieder der Wiener Gruppe kennenlernen. Jung hatte einmal von ihnen als »einer ›degenerierten Schar von Bohemiens‹« gesprochen, »die [Freud] wenig Ehre machten«. Auch Freud hatte nicht selten etwas an ihnen auszusetzen; vor dem Kongreß hatte er Jung erzählt: »Die Schar aus dem Osten, die ich mitbringe, wird wohl gegen die aus dem Westen, die mit Ihnen kommt, an persönlichem Wert zurücktreten.« Und in einem später geschriebenen Brief äußert er sich zum intellektuellen Format der Wiener Gruppenmitglieder: »Ich koche hier häufig mit Wasser [und] möchte Sie beeinflussen, der Mitteilsamkeit meiner

Wiener Kollegen möglichst große Schwierigkeiten in den Weg zu legen, damit wir alle nicht in der Fülle ersticken.« Jones sah der ersten Begegnung mit gemischten Gefühlen entgegen. »Alle waren praktizierende Ärzte, überwiegend sehr ernsthafte Leute, die Mäntel waren zwar fließender und die Hüte breiter als die, die man in Zürich, London oder Berlin sah…, doch das war ein typisches Wiener Merkmal.« Aber, so fügte er an, »die Kollegen waren unverkennbar Vertreter der Mittelschicht; es mangelte ihnen an den gesellschaftlichen Umgangsformen und der Vornehmheit, an die ich von London her gewohnt war«. Als er dann mit den Wienern ins Gespräch kam, war er sich der feindseligen Unterströmung bewußt. Diese Männer, von denen einige die Psychoanalyse seit 1902 verteidigten, betrachteten die Züricher mit Argwohn, da sie zwar erst spät zu ihnen gestoßen waren, Freud sie nun aber sehr in den Vordergrund rückte.

Der Groll der Züricher verstärkte sich noch, als einige Kongreßteilnehmer beschlossen, eine Zeitschrift ins Leben zu rufen – das *Jahrbuch für psychoanalytische und psychopathologische Forschungen*, als dessen Herausgeber Jung fungieren sollte. Als die Wiener entspannt beim Kaffee zusammensaßen, hörte Jones zufällig, wie sie voraussagten, daß »Jung nicht lange im psychoanalytischen Lager bleiben« werde.

Der seit Jahren in ihrer Heimatstadt herrschende Antisemitismus hatte die Wiener zwar gegen den germanischen Christen Jung mißtrauisch gemacht, aber Jones schien der Argwohn der Wiener bei diesem Anlaß noch grundlos. Als er eines Morgens in Salzburg die kurze Strecke von der Oper bis zum Hotel Bristol zurückging, sprach ihn Karl Abraham an, der ihn fragte »inwieweit seiner Ansicht nach die Spur Mystizismus in Jungs Denken jeden echten Glauben an… die Psychoanalyse entkräften würde«. Erstaunt erwiderte Jones, keine von Jungs Äußerungen auf dem Kongreß berechtige zu einer solchen Frage. Sie gingen weiter, und als sie vor dem Bristol ankamen, fragte Abraham leise: »Glauben Sie, daß sich Jung dem Antisemitismus eines gewissen Typus von

140

Deutschen entziehen kann?« Schockiert entgegnete Jones, ob er denn nicht Edmund Burkes Satz kenne: »Die Methode, mit der man eine ganze Nation unter Anklage stellt, ist mir unbekannt.« Im selben Moment sahen sie Jung herankommen und unterbrachen ihr Gespräch.

In einem Brief an seine Frau bezeichnete Freud den Kongreß als »großen Erfolg«. Aber als er nach Wien zurückkehrte, herrschten zwischen Abraham und Jung noch immer erhebliche Spannungen. Jung beschwerte sich insbesondere über Abrahams Salzburger Vortrag, der in dem neu gegründeten *Jahrbuch* veröffentlicht werden sollte. Nicht nur, daß er erbost darüber war, daß Abraham versäumt hatte, seinen eigenen sowie Bleulers Beitrag zur Erforschung der Schizophrenie zu erwähnen; er war auch sicher, daß Abraham Freuds Theorie über die Ursache der Krankheit usurpiert habe. Freuds Meinung in dieser Sache war unmißverständlich: »Mir ist seine Aneignung sehr recht, es tut mir nur leid, daß Sie sich's nicht angeeignet haben.«

Freud fand, daß die psychoanalytische Bedeutung zu klein sei, als daß sie einen Bruch zwischen zwei ihrer wichtigsten Gestalten aushalten könnte, und bat deshalb Abraham und Jung, ihre Meinungsverschiedenheiten beizulegen. Abraham räumte ein, selbst Anteil an der Angelegenheit zu haben: »Mein Manuskript in Salzburg enthielt eine Bemerkung, die Bleuler u. Jung gewiß befriedigt hätte; ich habe sie einem Impuls folgend nicht mit vorgelesen... Daß ich Bl. u J. nicht nannte, bedeutet offenbar: Sie schwenken von der Sexualtheorie ab, dann werde ich sie doch nicht im Zusammenhang mit dieser zitieren...«

Freud ermahnte Abraham: »Seien Sie tolerant u. vergessen Sie nicht, daß Sie es eigentlich leichter haben als Jung, meinen Gedanken zu folgen, denn erstens sind Sie völlig unabhängig, u. dann stehen Sie meiner intellektuellen Constitution durch Rassenverwandtschaft näher, während er als Christ u. Pastorensohn nur gegen große innere Widerstände den Weg zu mir findet. Um so wertvoller ist dann sein Anschluß. Ich hätte beinahe gesagt, daß erst sein Auftreten die Psychoanalyse der

Gefahr entzogen hat eine jüdisch nationale Angelegenheit zu werden.« Im Kern ging es darum, daß Bleuler und Jung die Schizophrenie nicht auf sexuelle Ursachen zurückführten, sondern auf das Vorhandensein bestimmter Toxine im Gehirn. Freud drängte Jung nicht, diese Ansicht aufzugeben, da er befürchtete, damit zu scheitern und den jungen Schweizer zu verlieren. Er wollte einige Monate abwarten und dann persönlich mit Jung sprechen. »Ich werde mich bemühen«, schrieb er an Abraham, »gutzumachen, was möglich ist, wenn ich Ende Sept. wie besprochen nach Zürich komme. Verstehen Sie mich recht; ich kann Ihnen nichts vorwerfen; ich vermute bei mir, daß der verhaltene Antisemitismus der Schweizer, der mich schonen will, verstärkt auf Sie geworfen wird. Ich meine nur, wir müßten als Juden, wenn wir irgendwo mitthun wollen, ein Stück Masochismus entwickeln, bereit sein, uns etwas Unrecht thun zu lassen. Es geht sonst nicht zusammen... Warum kann ich Sie beide, Jung u. Sie, Ihre Schärfe und seinen Schwung nicht zusammenpassen?«

Freud rechnete damit, daß sich die Probleme durch den Besuch Jungs beheben ließen. Er hatte auch allen Grund, daran zu glauben, denn kurz nach ihrem ersten Treffen in Wien hatte Jung ihm geschrieben: »Immerhin habe ich doch das Gefühl, einen ganz wesentlichen inneren Fortschritt gemacht zu haben, seitdem ich Sie persönlich kennengelernt habe, denn es ist mir, als könne man Ihre Wissenschaft niemals ganz verstehen, wenn man Ihre Person nicht kennt.« Offenbar beruhte die Freundschaft auf der Sicherheit, die jeder im Beisein des anderen empfand. So schrieb Freud Jung nach dem Salzburger Kongreß: »Aber ich bin ganz sicher, daß Sie das Stückchen Weg, um das Sie sich entfernt haben, zurückfinden und mich dann weit begleiten werden. Ich kann Ihnen meine Sicherheit nicht begründen; sie ist wohl ›Gefühlssache‹ und stützt sich auf Ihren Anblick.« Über einen Monat später hob er dies nochmals hervor und schrieb, als »ich Sie in Salzburg wiedersah – ich konnte Sie ja kaum sprechen –, wußte ich, daß wir uns bald wieder in Einigkeit treffen würden«.

»Ich habe einen Berg von Fragen«, schrieb Jung, der sich bereits auf Freuds Besuch freute, im August 1908. Er lud ihn ein, im Burghölzli zu wohnen, oder, wenn ihm dies lieber sei, auch im Hotel: »Ich bitte Sie zu wählen.« Beide Männer waren müde und überarbeitet und hatten einen Urlaub dringend nötig. Bevor Freud eintraf, zog sich Jung noch einige Tage in die »unzugängliche Einsamkeit einer kleinen Alp am Säntis«, zurück, die fünfundsechzig Kilometer von Zürich entfernt lag.

Jung legte Wert darauf, daß sie viel Zeit für ihre Gespräche bei ihrem Treffen am 18. September im Burghölzli haben würden. »Ich werde für diese Zeit alle Störungen, die irgendwie sich unseren Kreisen nähern könnten, beschwören, so daß wir auf Ungestörtheit hoffen können.« Freud hatte vor, von diesen Stunden klugen Gebrauch zu machen. »Die egoistische Absicht, die ich verfolge«, gestand er Jung, »und natürlich offen eingestehe, ist, Sie zum Fortsetzer und Vollender meiner Arbeit einzusetzen, indem Sie auf die Psychosen anwenden, was ich bei den Neurosen angefangen habe, wozu Sie starke, unabhängige Persönlichkeit, als Germane, der leichter die Sympathien der Mitwelt kommandiert, mir besser zu taugen scheinen als irgendein anderer, den ich kenne. Nebenbei«, fügte er hinzu, womit er auf Jungs mißtrauische Haltung gegenüber einer allzu großen Nähe anspielte, »habe ich Sie ja auch lieb; aber dieses Moment habe ich unterzuordnen gelernt.«

Nun erlebte Freud Jung zum erstenmal in dessen Umgebung im Burghölzli: die wiederkehrenden Anfälle der psychotisch Kranken und die Arbeit der Ärzte, die es ablehnten, vor der offenbar unheilbaren Krankheit zu kapitulieren. Freud selbst hatte in Wien derartige Fälle behandelt, wenn auch nur selten. Eines Tages, als er mit Jung allein durch die Krankenstationen ging, blieb Jung stehen, um sich mit großer Liebenswürdigkeit mit einer älteren Patientin zu unterhalten. Später fragte ihn Freud, wie er es hätte »aushalten können, mit diesem phänomenal häßlichen Frauenzimmer Stunden und Tage zu verbringen«. Jung war erstaunt und erwiderte,

143

er habe die alte Frau und ihre wunderbaren Phantasien sehr gern.

Freud ließ sich nicht von der Aufgabe ablenken, wegen der er nach Zürich gekommen war. Es gelang ihm, Jung davon zu überzeugen, die Toxin-Theorie der Schizophrenie aufzugeben. Die theoretischen Differenzen lösten sie inmitten handfesterer Probleme, während der Besuche auf den Krankenstationen, bei denen sie über die Patienten Jungs sprachen, und wenn sie die Arbeit im Krankenhaus hinter sich hatten und Ausflüge in die Berge machten.

Freud und Jung verließen das Burghölzli und begaben sich zum Rigi, einer Bergkette, die sich direkt südlich von Zürich bis hinab in die Zentralschweiz erstreckt. Sie waren unermüdliche Wanderer und legten rasch große Entfernungen zurück. Sie standen auf Berggipfeln und schauten über weite grüne Täler hinweg auf entfernt gelegene, höhere schneebedeckte Gipfel, die in der Septembersonne glänzten. Beide liebten die Berge, die Mühen der psychoanalytischen Arbeit, kräftigen Bauernkäse und Schlagfertigkeit. Freud erzählte gern Anekdoten, und Jung konnte sich darüber »ausschütten vor Lachen«. Sie sprachen von morgens bis abends miteinander. Später, aus Wien schrieb Freud an Jung: »Jetzt, wo wir leben, arbeiten und publizieren können und aneinander etwas haben, ist es ganz schön, und ich möchte für lange nicht, daß es anders würde.«

Freud und Jung hatten die gleiche, einzigartige Vision, mitunter auch die gleiche Obsession. Sie bewegten sich in einem Gebiet, das sich von allen andern unterschied, und bemühten sich mit großer Entschlossenheit, das neue Terrain zu erkunden. Die Psychoanalyse war aber nicht das einzige, worüber sie nachdachten, und auch nicht das einzige, was ihnen wichtig war. Aber es war das, was die größte Bedeutung für sie hatte. Es gab etwas zwischen ihnen, das tiefer als Freundschaft reichte; es lag im Kern der Passion, die sie beide verzehrte, und das war der beinahe aussichtslose Traum, die Geheimnisse der Psyche zu entschlüsseln. Keiner von beiden hat diesen Traum jemals aufgegeben. Dennoch sollte die tiefe

Übereinstimmung, die sie verspürten, als sie in jenen hellen Septembertagen im Gebirge wanderten, keinen Bestand haben.

Es war ein halbes Jahr später, am 25. März 1909, als Carl Gustav Jung das Hotel Regina in Wien verließ und sich auf den Weg in die Berggasse 19 machte, wo ihn die Freuds herzlich empfingen. »Sie haben auch als Gast einen vorzüglichen Ruf hinterlassen«, versicherte ihm Freud. Emma Jung hatte ihren Mann nach Wien begleitet, und am Abend aßen sie im vertrauten Kreis der gastfreundlichen Familie Freud. Aber es hatten Änderungen stattgefunden. Als die Männer die Frauen allein ließen, um sich in Freuds Arbeitszimmer zu unterhalten, fand Jung sich in einem anderen Raum wieder. Das Arbeitszimmer sah zwar so aus wie immer, doch er stand in einem anderen Raum. Freud hatte das Zimmer seiner Schwester Rosa übernommen und sein Arbeitszimmer ins nächsthöhere Stockwerk verlegt. Rosa war Freuds Lieblingsschwester, eine Witwe in den Sechzigern, die, wie ihr Neffe Martin schrieb, »noch immer die Liebe junger Männer hervorzurufen in der Lage war, worauf sie stolz war und was sie nicht verschwieg«.

Jung hatte bei diesem zweiten Besuch eine Menge mit Freud zu besprechen. Er hatte Grund zum Feiern. Im selben Monat hatte er seine Arbeit im Burghölzli beendet und »baute« nun in Küsnacht, einem kleinen Dorf am Ufer des Zürichsees. Es wurde ein schönes, beinahe großartiges Gebäude, in dem Jung bis zu seinem Tod lebte. Freud zeigte großes Interesse am Fortschreiten der Arbeiten am Haus und freute sich darauf, die Familie Jung nach ihrem Einzug zu besuchen.

Einige Monate zuvor hatte sich Jung entschlossen, am Burghölzli zu kündigen. Freud hatte die Entscheidung gutgeheißen, denn dadurch hatte der Schweizer Kollege mehr Zeit, sich stärker um die Belange der psychoanalytischen Bewegung zu kümmern. Zudem würde Jung auch nicht mehr unter dem starken Einfluß Eugen Bleulers stehen, der Freuds sexualtheorie ohnehin nur sehr halbherzig unterstützt hatte. Daß Jung, befreit vom Burghölzli, möglicherweise lieber eigene Wege gehen würde, kam Freud offenbar nicht in den Sinn. »Der befreite Ton, in dem Sie schreiben, seitdem es feststeht, daß Sie Ihr eigener Herr sein werden, sichert intensiven Wünschen von mir die Erfüllung. Sie werden erst noch erfahren, welch ein Segen es ist, keinen Herrn über sich zu haben«, hatte er Jung geschrieben.

Kurz bevor Jung in Wien eintraf, hatte er Freud gestanden, Sabina Spielrein, die junge Russin, die seine Patientin gewesen war und am Wortassoziationsexperiment mitgearbeitet hatte, habe sich in ihn verliebt. Er merkte, daß sie ihm mehr bedeute, als ihm lieb war, und schrieb Freud: »...bislang hatte ich von meinen polygamen Komponenten trotz aller Selbstanalyse eine ganz unzulängliche Vorstellung.« Jung schrieb, die Patientin mache »einen wüsten Skandal ausschließlich deshalb, weil ich auf das Vergnügen verzichtete, ihr ein Kind zu zeugen. Ich bin immer in den Grenzen des Gentleman ihr gegenüber geblieben, aber vor meinem etwas zu empfindsamen Gewissen fühle ich mich doch nicht sauber«.

Freud tröstete ihn mit den Worten: »Verleumdet und von der Liebe, mit der wir operieren, versengt zu werden, das sind unsere Berufsaufgaben, derentwegen wir den Beruf wirklich nicht aufgeben werden.« Mit Unbehagen erkenne er, daß Jung sein Bekenntnis mit biblischen Hinweisen auf Himmel und Hölle abgemildert habe und »in der Darstellung dieses Erlebnisses entschieden in den theologischen Stil verfallen« sei. Jungs religiös gefärbter Ton reizte ihn, auf einmal fand er sich in der Rolle des wohlwollenden Beichtvaters. Zu den Wünschen, einen Vater zu haben, gehört schließlich auch, ihn vom Thron zu stürzen. Jung versuchte, ihn zu besänftigen: »Über das ›Theologische‹ meines Stiles dürfen Sie sich nicht verwundern, mir war's so zumute.«

Bei ihren Gesprächen in Wien über Sabina und Jungs Zukunft ging es auch um die neuesten Nachrichten über die Familie. Man unterhielt sich darüber, daß Freuds Tochter Mat-

146

hilde vor kurzem Robert Hollitscher geheiratet hatte, und über die Geburt von Jungs Sohn Franz. Fast drei Jahre waren vergangen, seit Freud und Jung ihre Korrespondenz aufgenommen hatten, inzwischen bestanden zahlreiche und enge Beziehungen. Freud hatte eine Einladung nach Amerika angenommen, wo er eine Reihe von Vorlesungen halten sollte. Er brannte darauf, gemeinsam mit Jung zu erkunden, was man auf dieser ersten großen Reise für die psychoanalytische Bewegung erreichen könnte.

Am letzten Abend in Freuds Arbeitszimmer geschah etwas, das sie beide tief erschütterte. Seit Jahren interessierte sich Jung für spiritistische Phänomene; seine Dissertation beruhte auf Beobachtungen, die er an einer Verwandten, Helene Preiswerk, gemacht hatte, die zu der Zeit als Medium an Séancen teilnahm. Neugierig geworden, fragte er Freud, was er von diesen okkulten Phänomenen halte. Freud wies strikt zurück, daß es so etwas geben könne. Jung vergaß die folgende Szene nie mehr: »Während Freud seine Argumente vorbrachte, hatte ich eine merkwürdige Empfindung. Es schien mir, als ob mein Zwerchfell aus Eisen bestünde und glühend würde – ein glühendes Zwerchfellgewölbe. Und in diesem Augenblick ertönte ein solcher Krach im Bücherschrank, der unmittelbar neben uns stand, daß wir beide furchtbar erschraken. Wir dachten, der Schrank fiele über uns zusammen. Genauso hatte es getönt. Ich sagte zu Freud: ›Das ist jetzt ein sogenanntes katalytisches Exteriorisationsphänomen.‹

›Ach‹, sagte er, ›das ist ja ein leibhaftiger Unsinn!‹

›Aber nein‹, erwiderte ich, ›Sie irren, Herr Professor. Und zum Beweis, daß ich recht habe, sage ich nun voraus, daß es gleich nochmals einen Krach geben wird!‹ – Und tatsächlich: Kaum hatte ich die Worte ausgesprochen, begann der gleiche Krach im Schrank! ...Ich weiß heute noch nicht, woher ich diese Sicherheit nahm... Freud hat mich nur entsetzt angeschaut.‹«

Er hatte Freud zutiefst aus der Fassung gebracht. Nach seiner Rückkehr nach Zürich schrieb er: »Wie ich von Wien wegging, habe ich mir einige sentiments d'incomplétude gemacht wegen des letzten Abends, den ich mit Ihnen verbrachte. Es schien mir, als sei Ihnen meine Spiritisterei doch zu blöde vorgekommen und vielleicht unangenehm.« Zunächst habe er, gestand Freud, die Versuchung verspürt, diese Episode als Beweis zu nehmen, daß es derlei okkulte Phänomene eben doch gebe. Nachdem Jung abgereist war, meinte er jedoch: »Meine Gläubigkeit oder wenigstens gläubige Bereitwilligkeit schwand mit dem Zauber Ihres persönlichen Hierseins dahin.«

Die Begegnung an diesem Abend ließ in Jung eine Idee aufkommen, die er eines Tages in größerem Umfang entwickeln sollte: »Ich hatte das Gefühl«, schrieb er Freud, »daß da noch irgendein ganz besonderer Komplex liegen müsse, der allgemein ist und mit prospektiven Tendenzen des Menschen zu tun hat. Wenn es eine Psychoanalyse gibt, so muß es auch eine ›Psychosynthese‹ geben, die nach gleichen Gesetzen Zukünftiges schafft.« Er habe sich damit Freuds Einflußbereich weit entzogen und etwas von seinen eigenen schöpferischen Möglichkeiten entdeckt. Dieses Gefühl war so berauschend, daß Jung erklärte: »Der letzte Abend bei Ihnen hat mich innerlich glücklichst befreit vom drückenden Gefühl Ihrer Vaterautorität.« Genau in dem Augenblick, als Jung sich stark genug fühlte, den Wunsch, Freud als Vater zu haben, aufzugeben, machte Freud von der Rolle Gebrauch, die er zurückgewiesen hatte: »Es ist bemerkenswert, daß an demselben Abend, an dem ich Sie förmlich als ältesten Sohn adoptierte, Sie zum Nachfolger und Kronprinzen... salbte, daß gleichzeitig Sie mich der Vaterschaft entkleideten, welche Entkleidung Ihnen ebenso gefallen zu haben scheint wie mir im Gegenteil die Einkleidung Ihrer Person.«

Während der folgenden Monate, im Frühjahr 1909, wurde Freud in die leidenschaftliche Liebe Sabina Spielreins zu Jung hineingezogen. Sie hatte sich in ihrer Verzweiflung an ihn gewandt und ihm auf seine Antwort geschrieben: »So habe ich mir als die einzige Rettung zurückgelassen mit dem Menschen zu reden, der ihn tief liebt und verehrt, der eine tiefe

Menschenkenntnis besitzt und wenn ich Ihren letzten Brief kriegte..., kamen mir Tränen in die Augen: ›Der liebt ihn! Wenn er das verstehen könnte!‹«

Sabina hatte den sehnlichen Wunsch, sich von Jung zu trennen, dem Mann, den sie nicht besitzen konnte, um auf diese Weise frei zu sein, einen jungen Mann zu finden, den sie eines Tages lieben konnte. Jung war es gelungen, Sabina von ihrer Psychose zu heilen, weil er sie mit dem Kopf und dem Herzen behandelt hatte. Er hatte ihr seine Freundschaft und schließlich seine Liebe geschenkt. Sabinas Mutter, die durch einen anonymen Brief Kenntnis von der Beziehung erlangt hatte, schaltete sich ein. Sie schrieb Jung einen Brief, in dem sie ihm mitteilte, er habe Sabina geheilt und dürfe keinen Rückschlag riskieren, indem er die Grenzen der Freundschaft überschreite. Jung antwortete Sabina Spielrein in einem Brief, dessen Inhalt er später bereute: »Ich bin ihr also vom Arzte zum Freunde geworden, indem ich aufhörte mein eigenes Gefühl an den Hintergrund zu drängen. Meine Rolle als Arzt konnte ich umso leichter aufgeben, da ich mich ärztlich nicht verpflichtet fühlte, denn ich habe nie ein Honorar verlangt... Sie werden nun verstehen, dass ein Mann und ein Mädchen unmöglich auf die Dauer unbegrenzt freundschaftlich verkehren können [,] ohne dass möglicherweise auch einmal weitere Consequenzen dazutreten. Denn was könnte schliesslich die beiden abhalten [,] die Consequenzen ihrer Liebe zu ziehen? ...Ich schlage Ihnen darum vor, um meine Stellung als Arzt, von der Sie wünschen [,] dass ich Sie beibehalten möge [,] zu umgrenzen, mir ein Honorar auszusetzen als angemessene Entschädigung für meine Bemühung.«

Jung empfand Trauer über den eigenen Brief und teilte Freud mit, es sei »zu dumm, daß gerade ich, Ihr ›Sohn und Erbe‹, Ihr Erbteil so sorglos behandle und verschleudere.« In einer langen Erklärung in seinem »theologischen Stil« heißt es: »Ohne in eine hilflose Reue zu verfallen, beklage ich doch die Sünden, die ich begangen, denn ich bin in weitem Maße an den hochgehenden Hoffnungen meiner ehemaligen Patientin schuldig... So schob ich auch alle andern Wünsche und Hoffnungen ganz auf Seite meiner Patientin, ohne das gleiche an mir zu sehen... In Anbetracht des Umstands, daß die Patientin noch kurz vorher meine Freundin war, die mein weitgehendes Vertrauen hatte, war meine Handlungsweise eine durch Angst eingegebene Schufterei, die ich Ihnen als meinem Vater sehr ungern gestehe.«

Schließlich beendete Sabina selbst diese komplizierte und qualvolle Geschichte voll Leidenschaft und Verrat. Jung berichtete Freud, sie habe sich »in bester und schönster Weise von der Übertragung freigemacht und keinerlei Rückfall erlitten (außer eines Weinkrampfs unmittelbar nach der Trennung)«. Jung hatte sich in Teilen seiner Behandlung geirrt, aber er hatte viel erreicht: Sabina war geheilt.

Drei dramatische Entwicklungen kennzeichneten in jenem Frühjahr 1909 das Leben Freuds und Jungs. Im Laufe der ersten hatte der Jüngere während der seltsamen Begebenheit in Freuds Arbeitszimmer Möglichkeiten entdeckt, die ihn dazu ermutigten, seine Unabhängigkeit zu erlangen, während Freud ihn zugleich zum Thronfolger gekürt hatte. Im zweiten Fall hatte er Freud gebeten, er solle ihm wegen der realen und imaginären Indiskretionen Sabina Spielrein gegenüber väterlich verzeihen, doch Freud wollte von den Bekenntnissen des reuigen Sohns nichts hören. Unterhalb dieser oberflächlichen Spannungen lief aber noch ein drittes dramatisches Geschehen ab, bei dem die beiden Hauptfiguren in hohem Maße blind gegen die unheilvollen Entwicklungen waren, die sich aus ihrer jeweiligen Rolle ergaben. Man stelle sich einen Augenblick zwei Männer in zwei dunklen Zimmern vor, die durch eine verschlossene Tür getrennt sind. Der Ältere, der weiß, er ist der König, klopft an die Tür und fragt: »Bist du mein Sohn?« Der Jüngere antwortet: »Ja!« Worauf der Ältere erleichtert merkt, daß er seinen Prinzen, und der Sohn voll Dankbarkeit erkennt, daß er seinen Vater gefunden hat. Jetzt wird es wieder hell im Zimmer. Der König zeigt sich, strahlend im königlichen Gewand und voller Hoffnung. Doch auf der anderen Seite der geschlossenen Tür steht der Jüngere in Mönchskleidung und fleht um die Vergebung des

Vaters. Aus ihrem jeweiligen Wunsch hatten Freud und Jung, ohne es zu wissen, widersprüchliche Bilder für die Beziehung zwischen Vater und Sohn gewählt.

Ohne sich völlig über diese dritte und verhängnisvolle Entwicklung im klaren zu sein, schrieben sich Freud und Jung dann Briefe mit Neuigkeiten, die sie in freudige Erwartung versetzten. Auch Jung war von der Clark University nach Amerika eingeladen worden, um eine Reihe von Vorlesungen in Worcester, Massachusetts, zu halten. »Das mit Amerika ist eine große Sache, nicht?« schrieb er Freud. »Ich habe bereits eine Kabine auf der ›George Washington‹, allerdings nur noch eine recht teure. Ich fahre von Bremen aus mit. Jetzt kommt der Schmerz an mich – was soll ich sagen?«

Freud war überglücklich. »Ihre Einladung nach Amerika ist das Schönste, was uns seit Salzburg widerfahren ist.« Wie Jung machte er sich aber auch Sorgen. »Natürlich stellen sich bei Ihnen jetzt dieselben Trübungen des Glücks ein wie bei mir, gipfelnd in der Frage: Was soll ich den Leuten erzählen? Ich habe da eine erlösende Idee, die ich Ihnen nicht vorenthalten werde. Sie heißt: Das können wir auf dem Schiff überlegen während des Dauerlaufs auf Deck.« An den Freund Oskar Pfister schrieb Freud: »Die große Neuigkeit, daß Jung mit mir nach Worcester geht, hat gewiß auch auf Sie gewirkt. Für mich macht es die Reise zu etwas ganz anderem, Bedeutungsvollem. Ich bin nun sehr gespannt, wie alles werden wird.« Außerdem schrieb er an Ferenczi in Budapest und lud ihn ein, mitzufahren.

Der Präsident der Clark University G. Stanley Hall schrieb an Freud: »Hoffentlich werden Sie mein Gast sein können, solange Sie in der Stadt sind. Am besten wäre es, Sie führen von der Worcester Station mit der Droschke zur Woodland Street 94, wo wir schon ein Zimmer für Sie bereithalten.«

# 9. Kapitel

Die Zugfahrt von München bedeutete für Freud, der mit seiner Familie in den bayrischen Bergen Ferien gemacht hatte, eine kurze, schlaflose Nacht. Als er um halb sechs am Morgen des 20. August in Bremen ankam, waren Jung und Ferenczi schon dort und trafen die letzten Vorbereitungen für die Amerikareise. Alle waren bester Laune beim Essen, zu dem Freud ins Essighaus, einem Restaurant in einem historischen Gebäude, eingeladen hatte. Er und Ferenczi drängten Jung, Wein zum Essen zu trinken. Jung zögerte. Er dachte an sein altes Gelöbnis, sich vom Alkohol fernzuhalten, war sich aber auch seiner neu erlangten Unabhängigkeit von Bleuler und dem Burghölzli bewußt. Nach einem erregten Hin und Her hielt er zum erstenmal seit neun Jahren wieder ein Glas Wein in der Hand.

Freud wußte um die Bedeutung dieser Geste: Er hatte den jungen Schweizer auf seine Seite gezogen. Seine Hochstimmung schwand allerdings, als Jung über die Legenden der Moorleichen zu sprechen anfing, die in Norddeutschland gefunden worden waren. Es faszinierte Jung, was man sich von diesen mumifizierten Leichen prähistorischer Menschen berichtete: Eine im Moor vorkommende Säure hatte ihre Haut gegerbt und gehärtet und Haar und Skelett erhalten. Ob die Menschen in den Marschen ertränkt oder beerdigt worden waren, war nicht bekannt, da der schwere Torf die Leichen flachgedrückt hatte. Freud war erbost und begann sich unwohl zu fühlen. »Was haben Sie denn mit diesen Leichen?« fragte er Jung mehrmals, der sich so ange über das Schicksal der Leichen verbreitete, bis Freud schließlich ohnmächtig wurde.

Die Episode stellte Jung vor ein Rätsel. In den Jahren ihrer Freundschaft hatte er Freud oft um sein Selbstvertrauen beneidet, es war Jung allerdings bis zu diesem Zeitpunkt eher unverständlich geblieben. Jetzt zeigte sich ihm ein sehr viel menschlicherer und vielschichtigerer Mann. Als Freud sich erholt hatte, schien Jung davon »überzeugt«, »dieses Geschwätz von Leichen bedeute, daß ich ihm den Tod wünsche«. Jung selbst sah das nicht so, es ist aber durchaus denkbar, daß er den unbewußten Wunsch hegte, den Mann tot zu sehen, in dessen Schatten er immer stehen würde.

Am Abend lud Jung die Freunde zum Essen ein; tags darauf brachen die drei Männer nach Amerika auf. Freud, der normalerweise für sein Leben gern reiste, hatte ein paarmal eine für ihn untypische Abneigung gegen die Reise gezeigt. Ferenczi überhäufte ihn mit Büchern über Amerika, doch Freud warf keinen einzigen Blick hinein. Er wollte seine Vorlesungen an Bord des Schiffes ausarbeiten, was er dann aber nicht tat. Er hatte allen erzählt, er fahre nach Amerika, um ein wildes Stachelschwein zu sehen und einige Vorlesungen zu halten. Und da er der Angst ausweichen sollte, die er vor dem hatte, was ihn in Worcester erwartete, erfand er ein kleines Spiel, bei dem die Suche nach Stachelschweinen von den Spannungen auf der Reise ablenken sollte.

Beruhigt von den langen Tagen auf See und fern den Zwängen der beruflichen Arbeit, genossen Freud, Jung und Ferenczi das seltene Zusammensein der Gleichgesinnten in vollen Zügen. Sie gingen auf den breiten Decks, überließen sich dem geruhsamen Leben an Bord und analysierten gegenseitig ihre Träume. Ferenczi litt im Beisein von Freud und Jung unter Minderwertigkeitsgefühlen. »Ich erfuhr aus Ihrem Traume, daß bei mir erst ›¾412‹ ist«, erzählte er Freud und deutete dies so, daß »das volle Verständnis« zwischen ihnen beiden fehle. So gern Freud Ferenczi mochte, er hielt ihn für infantil und riet ihm, diese Eigenschaft abzulegen. Zunächst rebellierte Ferenczi, während er auf dem Deck saß und darüber nachdachte: »... ich bin lieber so wie ich bin, da bin ich wenigstens glücklich, ein glückliches Kind. Sie aber«, schrieb er Freud, »sind offenbar (geistig) so alt, alles erklärend, alle Leidenschaften in Gedanken auflösend, daß Sie nicht glücklich sein können.«

Ferenczi war ein scharfer Beobachter und hatte keine

Angst, Freud unumwunden seine Meinung zu sagen. Auf einer Sitzung brachte Freud seine »Unzufriedenheit mit der Wiener Umgebung« zum Ausdruck. Aufgrund seiner Deutungen von Freuds Träumen sei er überzeugt, daß dessen Unzufriedenheit und die Sorgen im Zusammenhang mit seiner Familie in Wien standen. Außerdem, fuhr er fort, wobei er Freuds Formulierung aufgriff, »hat das ›Unbefriedigtsein der Seele‹… natürlich – in meinen Gedanken – immer auch sexuelle Bedeutung«.

Mit Ferenczi ließ Freud einen ungezwungenen Austausch über ihre Träume zu, jedoch nicht mit Jung. Vielleicht erkannte er die Tragweite der Entscheidung, ihm Zugang zu seiner Psyche zu gestatten. »Als ich Freud im Jahre 1909 wegen eines neurotischen Symptoms etwas näher analysierte«, erinnerte sich Jung, »entdeckte ich Spuren, die mich zu dem Schluß führten, daß sein Gefühlsleben einen deutlichen Schaden genommen hatte.« Jung war überzeugt, daß es in einem von Freuds Träumen um seine Frau Martha und seine Schwägerin Minna ging. Aus etwas, was Minna während Jungs erstem Besuch in Wien gesagt hatte, schloß er, daß Freud sich auf eine ungelöste Beziehung mit Minna eingelassen hatte. Es ist aber nicht wahrscheinlich, daß Freud eine intime Beziehung mit seiner Schwägerin eingegangen war. Minna spielte jedoch eine bedeutsame Rolle in Freuds Leben; deshalb war es keineswegs überraschend, daß sie in einem seiner Träume auftauchte. »Ich deutete ihn, so gut ich konnte«, entsinnt sich Jung, »fügte aber hinzu, daß sich viel mehr sagen ließe, wenn er mir noch einige Details aus seinem Privatleben mitteilen wollte.« Jahre später teilte er einem Freund mit, es habe sich bei dieser Frage um »heißes Material« gehandelt.

Freud verweigerte jede weitergehenden Informationen. »Ich kann doch meine Autorität nicht riskieren!« Jung hatte das Gefühl: »In diesem Augenblick hatte er sie verloren. Dieser Satz hat sich mir ins Gedächtnis gegraben.« Noch über siebzig Jahre später sagte Franz Jung: »Vater war von seinem eigenen Vater sehr enttäuscht worden. Nach diesem Traum auf dem Schiff beurteilte er alle Äußerungen Freuds ausge-

155

sprochen kritisch. Er hatte einen negativen Vaterkomplex, den er in sein Verhältnis zu Freud hineintrug.« Jahre darauf bildete sich Jung eine eigene Meinung über seinen kurzen Versuch, Sigmund Freud zu analysieren. »Ich habe nie überlegt, was es doch für ein Witz ist«, erklärte er einem Freund, »daß die einzige Analyse, der Freud sich je unterzog, eine Jungsche war.«

Bei den Bemühungen, Jung zu analysieren, erging es Freud nicht viel besser. Zu den zahlreichen Einzelheiten eines langen und komplizierten Traumes, den Jung ihm schilderte, gehörten zwei menschliche Schädel, die auf dem Boden liegen und verrotten. Der Traum schlug Freud auch in anderer Hinsicht in Bann, aber sein besonderes Interesse galt den Totenschädeln. Was Jung in Bremen über die Moorleichen erzählt hatte, bewirkte nur, daß er meinte, der Freund hege unbewußte Todeswünsche gegen ihn. Jetzt stellte sich ihm die Frage, ob dieser Wunsch erneut in Jungs Traum mit den beiden Schädeln aufgetaucht war. Was für ein Wunsch ist mit den Schädeln verbunden? überlegte er, während er einen imaginären Schädel ergriff und schüttelte. Jungs Ansichten über die beiden Schädel in der Höhle bildeten den Anfang einer Vorstellung, die ihn zeitlebens beschäftigen sollte. Jahre später schrieb er: »In der Höhle entdeckte ich Überreste einer primitiven Kultur, d. h. die Welt des primitiven Menschen in mir, welche vom Bewußtsein kaum mehr erreicht oder erhellt werden kann.« Er sah darin »die erste Ahnung eines kollektiven a priori der persönlichen Psyche, das ich zunächst als Spuren früherer Funktionsweisen auffaßte.« Freud hätte dem kaum zugestimmt, das wußte Jung, und zugleich war ihm klar, daß dieser erste zarte Ansatz eigener Entdeckungen Freuds Kritik nicht standhalten würde.

Jung ließ Freud auch im unklaren, worin seiner Meinung nach die wahre Bedeutung der beiden Totenschädel lag, er behauptete statt dessen, daß es sich bei den Schädeln um die Emmas und seiner Schwägerin handelte: »Doch hätte ich Freud meine eigenen Einfälle zu einer Deutung des Traums nicht vorlegen können, ohne auf Unverständnis und heftigen

Widerspruch zu stoßen. Dem fühlte ich mich nicht gewachsen, und ich fürchtete auch, seine Freundschaft zu verlieren, wenn ich auf meinem Standpunkt beharrt hätte.« Dadurch, daß Jung die Sprache auf seine Frau und seine Schwägerin brachte, hatte er ein Spiegel-Bild zwischen die Träume der beiden Männer gestellt. Vielleicht hoffte er, Freud werde durch die Deutung der Frau und der Schwägerin, die in Jungs Traum vorkamen, zur Aufdeckung der eigenen Probleme angeregt. Er hatte sich getäuscht. Beide versuchten auf Distanz zueinander zu gehen, der eine durch eine Weigerung, der andere mit einer Lüge. Und jeder hatte ein gewisses Maß an Unabhängigkeit vom anderen bewahrt, indem er sich weigerte, seine Gedanken über ein bestimmtes Traumfragment mitzuteilen.

Trotz dieser angespannten Augenblicke machte den Männern die Überfahrt großes Vergnügen. Eines Tages stellte Freud hocherfreut fest, daß der Kabinensteward ein Exemplar seines Buches *Die Psychopathologie des Alltagslebens* las. Es blieb spätsommerlich warm und sonnig, bis plötzlich Nebel aufzog. Der undurchdringliche, naßkalte Nebel ließ Jung an vorzeitliche Nebel denken, und das Schiff kam ihm wie ein urzeitliches Ungeheuer aus der Tiefe vor. Jung glaubte, sie glitten immer tiefer in eine uralte Vergangenheit zurück, je weiter das Schiff durch den dunklen Tag in Richtung Westen fuhr. Freud stellte fest, daß das Leben an Bord – bis auf den »›Brunftschrei‹ des Nebelhorns« – seltsam gedämpft und düster geworden war.

Während die *George Washington* Ende August 1909 langsam ihre Fahrt von Europa nach Amerika fortsetzte, beherrschte in Deutschland eine Schlagzeile die Öffentlichkeit: Orville Wright, der sich ohne seinen Bruder in Berlin aufhielt, wollte seinen Demonstrationsflug verschieben, bis die Deutschen sich von ihrer »Zeppelin-Manie« erholt hatten: Tausende strömten am 28. August nach Berlin, um beim Flug des Grafen Zeppelin in die Reichshauptstadt dabeizusein. Am selben Tag hatte der italienische Kapitän Spelterini die Alpen in einem Ballon überquert, den er mit dem Wasserstoff des

Grafen gefüllt hatte. *Lâchez tout*! hieß der beliebteste Ausruf in Chamonix: Laßt alles los! Der goldene Ballon erhob sich in die Lüfte und flog, sich sanft drehend, über den Montblanc, während der Pilot fasziniert auf das »silbrige Chaos« hinabblickte. Alle Welt verfolgte voll Begeisterung das Geschehen, doch den Schiffskapitänen, die den Atlantik überquerten, entging die tiefere Bedeutung der Ereignisse in jenem Sommer 1909. Die *Mauretania* und die *Lusitania*, die um die schnellste Atlantik-Überquerung konkurrierten, legten die Strecke in knapp fünf Tagen zurück. Die behäbigere *George Washington* brauchte für die gleiche Entfernung über eine Woche.

Abraham Brill stand bereits an der Pier, als die *George Washington* am 29. August im New Yorker Hafen festmachte. Seit seiner Rückkehr aus dem Burghölzli hatte er viel zur Verbreitung der Freudschen Ideen in Amerika unternommen und sich dabei heftigen und tief verwurzelten Vorurteilen gegenübergesehen. Der amerikanische Psychiater Frederick Peterson meinte später: »Die Lehren von Freud und Jung sind für die Psychologie, was der Kubismus für die Kunst ist, sie sind neu, aufsehenerregend und von einigem Interesse. Wenn sie in ihrer Anwendung nicht so schädlich und in psychologischer Hinsicht so unwahr wären, würde ich kein Wort darüber verlieren.« Erst ein Jahr zuvor hatte der in der Schweiz geborene und heute in den USA lebende Psychiater Adolf Meyer geschrieben: »Auf dieser Seite hat man eine fast unüberwindliche Abscheu davor, an das sexuelle Problem zu rühren, und es wird viel Takt und Geduld erfordern, dem Ganzen eine annehmbare Form zu geben.«

Doch Schwierigkeiten hatten Brills Begeisterung noch nie gedämpft. Es war im Jahre 1910, als er sich von seinem Arbeitsplatz am New York Neurological Institute mit einem Arzt-Kollegen durch den Central Park auf den Nachhauseweg machte. Wie immer gelang es ihm, das Gespräch auf die Theorien Sigmund Freuds zu lenken. »So wurde aus mir ein überzeugter Freudianer«, erinnert sich Brills Begleiter, Smith

Ely Jelliffe, einer der ersten der rund fünfzig Psychoanalytiker, die damals in den USA praktizierten. Aber 1909 schien eine derartige »Konversion« eher unwahrscheinlich. Jelliffe verbrachte damals ein Jahr im Ausland; in einem Brief an einen Freund heißt es: »Die ganze Freud-Sache ist zum Scheitern verurteilt. Das Licht der Wiener Laternenpfähle wird schon recht bald seine sexuellen Strahlen aussenden... Den bedauernswerten Ungeborenen wird man keine Märchen mehr erzählen können, da sie sexuelle Bedeutung haben. Vermutlich stellt Wilhelm Tells Apfel einen Hoden dar, und was George Washingtons Kirschbaum betrifft – nun ja, vielleicht können... Sie Licht in die dunklen Orte meines Geistes bringen.«

Als Brill Freud, Jung und Ferenczi, die ihm auf dem Kai entgegenkamen, empfing, begrüßten sich die vier Männer als Freunde. Brill kannte Jung noch gut aus der Zeit, als er sich einige Monate in Burghölzli aufgehalten hatte; Freud und Ferenczi hatte er in Salzburg kennengelernt. Nun wollte er ihnen New York zeigen, damals eine noch friedliche Großstadt, wie es jedenfalls im Rückblick erscheint. In jenem Sommer 1909 hatte man William Taft zum Präsidenten gewählt, sein Vorgänger, Teddy Roosevelt, befand sich zur Großwildjagd in Afrika. Ganz Nordamerika stöhnte unter der hochsommerlichen Hitze, auf Staten Island campierten die Leute in endlos scheinenden Zeltstädten. Männer in Hemdsärmeln stellten Zeltrahmen auf Plattformen auf, die lediglich ein, zwei Meter entfernt voneinander standen, den rauhen Segeltuchstoff hatte man hinaufgerollt, damit die Seebrise hindurchstreichen konnte; die Liegen standen nur Zentimeter von der des fremden Nachbarn entfernt; Frauen in langen Kleidern warteten darauf, daß die Fuhrwerke mit den Lebensmitteln vorbeikamen, damit sie das Abendessen bereiten konnten. In den Zeitungen waren Photos des Anwesens zu bestaunen, das sich E. H. Harriman auf einem fünfzigtausend Morgen großen Grundstück in Orange County im Staate New York hatte bauen lassen. Es galt als die prunkvollste Sommerresidenz der USA, die Baukosten betrugen zwei Mil-

159

lionen Dollar. Man sah aber auch Photos von riesigen »Camps« in den Adirondack Mountains. Es hatte in Amerika schon immer große Unterschiede im Stil gegeben, wie man den Sommer verbrachte.

Brill brachte die drei Männer im Hotel Manhattan unter und unternahm mit ihnen eine Reihe von Führungen durch die Stadt. Man besuchte Chinatown, wo Jung »ein unglaubliches Gericht mit zerhacktem Fleisch, das anscheinend ganz von Regenwürmern und Zwiebeln bedeckt war«, bekam. Außerdem besuchten sie Museen, und Freud war glücklich, als er sich im Metropolitan Museum of Art die ständige Sammlung der antiken Exponate anschaute. In einem anderen Museum hatte Jung Spaß an einer Ausstellung über Dinosaurier, »wo man alle die alten Ungeheuer, die Schöpfungsangstträume des lieben Gottes« sah, wie er seiner Frau schrieb. Auf ihren ausgedehnten Spaziergängen durch den Central Park besprachen Freud und Jung Probleme der Psychoanalyse. »Er ist geistreich wie immer und äußerst empfindsam«, vertraute er Emma Jung in einem Brief an, »auch läßt er andere Gedankenkreise nicht gerne aufkommen, übrigens hat er ja auch meistens recht.«

Ernest Jones, der damals in Toronto lebte, stieß am nächsten Tag zu den vier Männern und fuhr mit nach Worcester, Massachusetts. Am selben Abend aßen sie im Hammerstein's Roof Garden, wo einige Wochen zuvor neben Tänzern und Sängern aus Italien ein dressiertes Äffchen namens Peter die Hauptattraktion gewesen war. Freud, Jung und Ferenczi hatten Jones seit seiner unehrenvolle Abreise aus London im Jahr zuvor nicht mehr gesehen. Sein neues Leben in Kanada hatte seinem Interesse für die Psychoanalyse keinen Abbruch getan. Von seiner hohen Warte aus hatte er vielmehr besitzergreifende Blicke auf ganz Nordamerika und England geworfen und wollte nun die psychoanalytische Bewegung in den englischsprachigen Ländern mit der geringsten Einflußnahme seitens Freud leiten. Das war jedenfalls sein Traum.

Am stärksten war die psychotherapeutische Bewegung in Amerika in Boston, Massachusetts, vertreten. In dem puritanisch geprägten, den Konventionen verhafteten und konservativen Neuengland fanden sich viele Elemente, die es für die Freudsche Psychoanalyse besonders empfänglich machte. Der für die Gedankenwelt Neuenglands charakteristische Transzendentalismus und Unitarismus war dem Hypnotismus und den Kräften der Suggestion keinesfalls feindlich gesinnt. Moralische Konflikte und Scharen unsichtbarer Geister hatten tiefe Wurzeln in der rauhen geistigen Landschaft Neuenglands geschlagen, und die Bevölkerung war stolz auf ihren vielfältigen und aufrührerischen Hang zur Opposition. Geistige Freiheit war ein Gut, für das Menschen gekämpft und gestorben waren und das großes Ansehen genoß. Das Interesse an der Heilung von Geisteskrankheiten kann aber auch einem bedeutenderen Wunsch entsprungen sein. Man glaubte, Neuengland beherberge eine unverhältnismäßig große Anzahl geistig gestörter Menschen. Die Frau von Henry Adams, einem bedeutenden Historiker, Geschichtsphilosoph und Schriftsteller, beklagte sich, sie vergeude kostbare Zeit mit Verwandtenbesuchen in Irrenhäusern; sie selbst beging später Selbstmord. Sexuelle Tabus wirkten hier stärker als anderswo, was einige einflußreiche Bürger Bostons veranlaßt hatte, das Verhältnis von sexuellen Störungen und Geisteskrankheiten näher unter die Lupe zu nehmen.

Ernest Jones hatte einige Zeit in Boston darauf verwandt, die Harvard-Gemeinde auf Freuds Seite zu ziehen. Die größten Erfolge hatte er bei dem Professor für Neurologie, James Jackson Putnam, erzielt. Putnams sanftes Wesen und seine hellblauen Augen konnten allerdings leicht über seinen Mut hinwegtäuschen. Aufgrund seiner Stellung und seines aufrichtigen Engagements für die Theorien Freuds war er ein wertvoller Mitstreiter in der aufstrebenden psychoanalytischen Bewegung. Jones hatte zwar bei Putnam Erfolg gehabt, merkte jedoch, daß für andere die Sexualtheorie nicht annehmbar war. Die Rede, die Jones im Februar 1909 vor Mitgliedern der American Therapeutic Association gehalten hatte, war auf taube Ohren gestoßen. Jones war überzeugt, die Amerikaner würden Freuds Theorie im ganzen ablehnen, sobald ihnen aufging, daß sie unentwirrbar in der Sexualität wurzelte. Er kam zu dem Schluß, daß es keinen Sinn hatte, ständig über Freuds Theorien zu schreiben. »Wer ständig über das gleiche Thema schreibt, wird hier leicht als Spinner angesehen…, und wenn das Thema sexuell ist, tabuisiert man ihn ganz einfach und nennt ihn einen sexuellen [Neurotiker]. Daher werde ich«, erklärte er Freud, »meine Aufsätze über Sexualität mit Aufsätzen über andere Themen abmildern.«

Freud und Jung, die sich beim Abendessen im Hammerstein's Roof Garden das Neueste erzählen ließen, während die Nachtclubshow ihren Fortgang nahm, hörten genau zu, was Jones ihnen berichtete. Weder auf Freud noch auf Jung wirkte es überzeugend. Jones glaube nicht an die Sexuallehre, meinte Jung, und Freud fragte sich, ob Jones die psychoanalytische Bewegung in Nordamerika möglicherweise allein führen wollte. Die Vorstellung, die anbahnende Freundschaft zwischen Jones und Brill könnte Brill veranlassen, die Freudsche Theorie zu verwerfen, behagte Freud gar nicht. »Die Rassenmischung in unserer Schar ist mir sehr interessant«, hatte er Jung gegenüber angedeutet. »[Jones] ist Kelte und darum uns, dem Germanen und dem Mittelmeermann, nicht ganz unzugänglich.« In den folgenden Tagen wollte er Jones genau im Auge behalten.

Einige Tage später machten sich die Männer auf den Weg nach Worcester, wo sie sich mit Stanley Hall, dem Präsidenten der Clark University, einem der zu der Zeit führenden akademischen Psychologen, treffen wollten. Nach der Rückkehr nach Wien schrieb Freud einem Freund: »Es ist eine der erfreulichsten Phantasien, daß noch anderswo, ohne daß man es ahnt, ordentliche Menschen sich in unsere Gedanken und Bestrebungen hineinfinden, die dann doch plötzlich zum Vorschein kommen. So erging es uns ja auch mit Stanley Hall. Wer konnte wissen, daß drüben in Amerika, eine Bahnstunde weit von Boston, ein würdiger alter Herr sitzt, der ungeduldig auf das Jahrbuch wartet, alles liest und versteht und dann, wie er es selbst ausdrückt, für uns die Glocken läutet?« G. Stanley Hall war ein Psychologe, der allem Neuen sehr aufgeschlossen war, und so hatten die Theorien Freuds tiefen Eindruck auf ihn gemacht. Er war zu der Überzeugung gelangt, daß kleine Kinder sexuelle Instinkte besitzen, Störungen ihrer emotionalen Entwicklung eine Rolle bei Geisteskrankheiten spielen und unbewußte Triebe entscheidende Auswirkungen auf das menschliche Verhalten haben. Der fast siebzigjährige Hall zeigte sich somit beträchtlich offener neuen Ideen gegenüber als mancher jüngere Kollege.

Hall empfing seine Gäste mit großer Herzlichkeit und tat alles, damit sich Freud und Jung wie zu Hause fühlten. In den Zimmern lagen Zigarren, die Männer fanden zu ihrer Überraschung sogar welche in den Badezimmern vor, und Halls Ehefrau servierte ausgezeichnete Mahlzeiten. Aber selbst Jung mit seiner unbekümmerten Art wurde durch die Halls auf eine harte Probe gestellt. »Es war völlig unmöglich, auch nur fünf Minuten allein zu sein«, beklagte er sich. Als er sich einmal rasieren und kämmen wollte, schlug jeder Versuch fehl, die Tür hinter sich zu schließen. Die Halls zogen sie einfach wieder auf. Bei den Halls in der Woodland Street hatte man sie herzlich aufgenommen; doch was für einen Empfang man Freud und Jung tags darauf einige Straßenzüge entfernt in der Clark University bereiten würde, das war ungewiß.

# 10. Kapitel

Als Freud am 6. September in Worcester aufwachte, war er nach allen herkömmlichen Maßstäben ein Mensch in Nöten. Er wußte nicht, was er in den fünf Vorlesungen, von denen er die erste um 11 Uhr an diesem Vormittag an der Clark University halten sollte, sagen sollte. Es wäre ihm wohl auch keine Hilfe gewesen, hätte er gewußt, daß der namhafte Anthropologe Franz Boas auf eine Stunde seiner Vorlesungszeit verzichtet hatte, damit Freud seinen Vortrag halten konnte, und daß Boas dieses »Opfer mit Freuden« brachte.

Nachdem sich Freud entschlossen hatte, einen kurzen Abriß der Psychoanalyse zu geben, mußte er das Material noch in fünf Abschnitte teilen und die Gliederung der einzelnen Vorlesungen vornehmen. Etwa eine Stunde vor Beginn der ersten Vorlesung machte er mit Ferenczi einen kurzen Spaziergang; sie kamen an den Holzhäusern, den Teichen und den riesigen alten Bäumen Worcesters vorbei, an Blumengärten, die in leuchtenden Herbstfarben erstrahlten, an den violett blühenden Astern und sahen die Hügel Neuenglands, die im spätsommerlichen Sonnenschein lagen. Auf Ferenczis Rat hin entschied sich Freud endlich für das Thema des ersten Vorlesungstages. In einer halben Stunde war der Vorlesungstext festgelegt und Worcester durchquert. Auf diesem und weiteren Spaziergängen entstand einer von Freuds knappsten Texten – seine kurze Geschichte der Psychoanalyse. Jeden Vormittag durchquerte er schnellen Schrittes, ernst, den Bart frisch gestutzt, in dunklem Anzug von bester Qualität, mit Ferenczi Worcester. Die von Freud auf amerikanischem Boden konzipierten Vorlesungen waren makellos.

Wie immer hielt Freud seine Vorlesungen frei und in deutscher Sprache. Das war kein Problem: Unter seinen Zuhörern – es waren mehrere hundert – befanden sich bedeutende amerikanische Akademiker, zu deren Ausbildung damals auch ein längerer Europa-Aufenthalt gehörte. »Wenn es ein Verdienst ist, die Psychoanalyse ins Leben gerufen zu haben«, begann Freud, »so ist es nicht mein Verdienst. Ich bin an den ersten Anfängen derselben nicht beteiligt gewesen. Ich war Student und mit der Ablegung meiner letzten Prüfungen beschäftigt, als ein anderer Wiener Arzt, Dr. Josef Breuer, dieses Verfahren zuerst an einem hysterisch erkrankten Mädchen anwendete.«

Das puritanische Neuengland öffnete seine Tore und hörte gebannt zu, als der bescheidene Jude im mittleren Alter mit großem Ernst in einer fremden Sprache über ein Thema zu sprechen begann, auf das man bisher im Ausland mit Hohn reagiert hatte. Langsam und mit großer Behutsamkeit machte Freud die Zuhörerschaft mit der traurigen und verwirrenden Geschichte von Bertha Pappenheim – »Anna O.« – bekannt, die während der Pflege ihres todkranken Vaters erkrankte. Freud sprach über ihre Symptome – wie sie in einem Wachtraum, als sie am Krankenbett saß, eine schwarze Schlange aus der Wand sich hervorschlängeln sah, die ihren Vater beißen wollte. Bertha hatte nach ihr schlagen wollen, dann aber festgestellt, daß sie den Arm nicht mehr bewegen konnte. Als sie auf ihre Hand blickte, sagte Freud leise und ruhig, »verwandelten sich die Finger in kleine Schlangen mit Totenköpfen«.

Schließlich verschwand die Schlange, fuhr Freud fort; Bertha Pappenheim wollte »in ihrer Angst beten, aber jede Sprache versagte, sie konnte in keiner sprechen, bis sie endlich einen *englischen* Kindervers fand«. Es war die einzige Sprache, in der sie noch sprechen konnte. Dann berichtete Freud, wie Breuer sie geheilt hatte: »Wenn man sie in Hypnose versetzte, gelang es nach Aufwendung beträchtlicher Arbeit, ihr diese Szenen ins Gedächtnis zurückzurufen, und durch diese Arbeit des Wiedererinnerns wurden die Symptome aufgehoben.« Bertha Pappenheim wurde von ihrer Lähmung befreit und konnte wieder Deutsch sprechen. Unter großem Applaus kam Freud zum Schluß: Neuengland und er hatten sich von der besten Seite gezeigt. »Wir sind hier die Männer vom Tag«, schrieb Jung seiner Frau voll Stolz. Und Adolf Meyer,

166

ein Dozent, der auch an der Konferenz teilnahm, meinte, Freud habe »Titelseiten-Glamour«.

Nach Freuds dritter Vorlesung kam eine Frau aus der Zuhörerschaft auf Jones zu und brachte ihre Enttäuschung darüber zum Ausdruck, daß Freud noch immer nicht seine Sexualtheorie zur Diskussion gestellt hatte. Ob Jones ihm dies wohl ausrichten könne? In Anbetracht der bisherigen Geschehnisse lag eine gewisse Ironie in der Frage. Jahrelang hatte Freud Jung eindringlich ermahnt, nicht der Frage der Sexualität auszuweichen, und schließlich machte sich Freud auch Sorgen darüber, ob nicht auch Jones ihr ebenfalls ausweichen wolle. Der Bitte der Dame lag unausgesprochen die gleiche Kritik zugrunde, jetzt aber richtete sie sich gegen Sigmund Freud selbst. In der vierten Vorlesung brachte er die Sprache auf die Sexualität. Doch zu dem Zeitpunkt hatte er seine Zuhörerschaft bereits auf seiner Seite. Er begann: »Nun, vor allem eins: Die psychoanalytische Forschung führt mit wirklich überraschender Regelmäßigkeit die Leidenssymptome der Kranken aus ihrem Liebesleben zurück... Ich weiß, diese Behauptung wird mir nicht gern geglaubt... Es befinden sich hier unter Ihnen einige meiner nächsten Freunde und Anhänger, die diese Reise nach Worcester mit mir gemacht haben. Fragen Sie bei ihnen an und Sie werden hören, daß sie alle der Behauptung von der maßgebenden Bedeutung der sexuellen Ätiologie zuerst vollen Unglauben entgegenbrachten, bis sie durch ihre eigenen analytischen Bemühungen genötigt wurden, sie zu der ihrigen zu machen.«

Es sei nicht leicht, erklärte Freud seiner Zuhörerschaft, den sexuellen Störungen der Patienten auf die Spur zu kommen. »Die Menschen sind überhaupt nicht aufrichtig in sexuellen Dingen. Sie zeigen ihre Sexualität nicht frei, sondern tragen eine dicke Oberbekleidung aus – Lügengewebe zu ihrer Verhüllung, als ob es schlechtes Wetter gäbe in der Welt der Sexualität.« Und dennoch, seien es »die unvergänglichen, verdrängten Wunschregungen der Kindheit..., die ihre Macht zur Symptombildung geliehen haben, ohne welche die Reaktion auf spätere Traumen normal verlaufen wäre. Diese mächtigen Wunschregungen der Kindheit dürfen wir aber ganz allgemein als sexuelle bezeichnen.«

Für Freud, der an seinen Theorien festgehalten hatte, denen man in Europa mit Verachtung und Hohn begegnet war, kam die Zeit in Worcester der Erfüllung seiner Träume gleich. Tagsüber hielt er Vorlesungen und hörte zu, während die Freunde die von ihm entwickelten Theorien darlegten. Abends saß er im Eßzimmer bei den Halls, bedient von Dienern im Smoking und gelobt von seinen Kollegen. Man war beeindruckt von Freuds klaren, freundlichen Augen, seinen schönen Händen, mit denen er ausdrucksvoll gestikulierte, und seinem bescheidenen Wesen. Auffällig war nur, daß er nie von sich sprach. »Immer wieder hob er die Verdienste seiner Kollegen hervor«, schrieb ein amerikanischer Journalist, »insbesondere die seines Freundes Dr. Jung aus Zürich.«

Eines Abends in diesem September wurde, während Freud mit Jung bei den Halls beisammensaß, der amerikanische Forschungsreisende Dr. Frederick Cook in Kopenhagen von anderen Forschern und Korrespondenten im goldverzierten Ballsaal des Tivoli-Kasinos umringt. Einige Monate zuvor hatte er für die USA den Nordpol gesichert. Cook saß beim Dinner – man hatte ihm, so hielten es die Skandinavier bei der Ehrung von Helden, eine Girlande aus rosafarbenen Rosen um den Hals gelegt –, als plötzlich ein Raunen durch den Saal ging: Auch Fregattenkapitän Robert Peary habe soeben den Nordpol erreicht. Cook verbarg seine Enttäuschung hinter einer stoischen Haltung: »Wir sind natürlich Rivalen, aber der Pol ist groß genug für uns beide.« Die Nachricht von Pearys Triumph elektrisierte Worcester: Donald B. McMillan von der Worcester Academy war mit Peary am Pol. ENDLICH AUF DEM DACH DER WELT ANGEKOMMEN, telegraphierte er aus Indian Harbor, Labrador, nach Worcester. GRÜSSE AN DIE FAKULTÄT UND DIE JUNGS. Freuds Leistungen und sein »Glamour« rechtfertigten sein Erscheinen auf den Titelseiten der Zeitungen, aber sehr häufig suchte er sein Photo vergeblich. Kapitän Peary war es – nicht Sigmund Freud –, der immer wieder in den Schlagzeilen erschien. Die *New York Times* schrieb über Peary: ER HISSTE DIE FAHNE AMERIKAS AUF DEM DACH DER WELT, ÜBER EINEM UNERMESSLICHEN MEER. Es wäre keine Übertreibung gewesen, hätte man Freud mit diesem bildlichen Ausdruck geehrt. Ob es Freud oder Jung wohl in den Sinn kam – während die amerikanischen Zeitungen in jenem September voll waren von den dramatischen Ereignissen um die zwei Männer, die um die Vorherrschaft über den Nordpol kämpften und die in Behauptungen den jeweils anderem mißtrauten und die Bemühungen des anderen herabsetzten –, daß sie eines Tages in einer ähnlichen Beziehung zueinander stehen würden? In Worcester jedenfalls deutete noch nichts auf ihre spätere Rivalität hin, sondern beide empfanden vielmehr die tiefe und befriedigende Freude, der Welt ein ganz anderes, bisher unergründbares Meer erschlossen zu haben.

Vielleicht hätten Martha Freud und Emma Jung, deren Männer ebenfalls auf Forschungsreisen gegangen und sich weit von zu Hause aufhielten, Kapitän Pearys Frau zugestimmt: »Sie können sich gar nicht vorstellen«, erzählte sie einem Reporter, »wie schwer es für mich war, daß mein Mann Jahr für Jahr in diesem eisigen Norden verbrachte und ich bei seinem Aufbruch zu seinen Forschungsreisen in die Arktis nie wußte, ob ich ihn wiedersehen würde. Aber jetzt, da er Erfolg gehabt hat und schließlich doch am Pol angekommen ist, wird er wohl seßhaft und eine Zeitlang mit mir gemeinsam unser häusliches Leben genießen.«

Der Tag kam, da Jung seine Rede an der Clark University hielt. Als er Emma Jung kennenlernte, war er ein armer junger Arzt gewesen und hatte Hemdkragen aus Pappmaché getragen. Zu Hause in Küsnacht ging er zu Versammlungen in seinen alten Anzügen, worüber sie verzweifelte: »Es gelang mir nicht, ihn dazu zu bringen, seinen Gehrock anzuziehen«, klagte sie einer Freundin. Sie hatte immer einen sauberen Rock bereit und hoffte, daß er ihn anzöge. Aber in Worcester hatte Jung ein gutes Gespür für den geschichtlichen Augenblick. Später freute sich Emma Jung, als sie erfuhr, daß ihr

Mann makellos gekleidet war, als er sich erhob, um vor der Versammlung in Worcester zu sprechen.

So wie Freud hielt auch Jung seine Vorlesungen auf deutsch. In der ersten sprach er über seine Arbeit mit den Wortassoziationsexperimenten; im zweiten Vortrag befaßte er sich mit wiederkehrenden Verhaltensmustern in der Familie. Aber erst am Ende seiner Vorlesung erwähnte er den Namen Sigmund Freud. Die letzte Vorlesung Jungs war gespickt mit Verweisen auf Freuds Arbeit und zog die Zuhörer in ihren Bann. Darin schilderte er die Konflikte eines kleinen Mädchens, das sich mit der Geburt seines Brüderchens auseinandersetzt. Das Mädchen war seine Tochter Agathli, das Brüderchen der Sohn Franz. Jung gab nicht preis, wer ihr Vater sei, aber das ließ sich mühelos an der liebevollen, etwas amüsierten Manier erkennen, mit der er die Geschichte erzählte.

Jung trug der Zuhörerschaft vor, daß »Anna« Ängste zu schaffen machten, die sich – wie er annahm – aus ihren irrigen Vorstellungen über die Geburt und den Geschlechtsverkehr entwickelt hatten. Nachdem das kleine vierjährige Mädchen Setzlinge im Garten gepflanzt und gesehen hatte, wie sie aus der Erde sprossen, drehte sie sich zur Mutter (Emma Jung) um und fragte plötzlich: »Sag mir, wie sind denn die Augen in den Kopf gewachsen?« »Anna« hatte an ihr Brüderchen gedacht. Emma erklärte ihr, das wisse sie auch nicht, und schlug ihr vor, den Vater zu fragen. Das Gespräch, das sich eines Tages nach dem Tee zwischen dem praktisch denkenden, neugierigen Mädchen und seinem Vater, dem hochbegabten Psychiater, ergab, unterscheidet sich nur wenig von den behutsamen Aufklärungsversuchen anderer Eltern:

Anna: »Hat man die Augen nicht gesetzt (gepflanzt)?
Vater: »Nein, sie sind halt gewachsen im Kopf wie die Nase.«
Anna: »Aber sind der Mund und die Ohren auch so gewachsen. Und auch die Haare?«
Vater: »Ja, sie sind alle so gewachsen.«

H. D. in den zwanziger Jahren (*The Reinecke Rare Book and Manuscript Library. Yale University*)

Anna Freuds Sprechzimmer, 1938 (*Mit freundlicher Genehmigung von Edmund Engelman*)

Sammlung der antiken Figuren in Freuds Arbeitszimmer in der Wohnung Berggasse 19, 1938 (*Mit freundlicher Genehmigung von Edmund Engelman*)

Von Jung
gemeißelte Figur
(*Mit freundlicher
Genehmigung
von Fritz Bernhard*)

Jung in Bollingen (*Erica Anderson; mit freundlicher Genehmigung des Albert Schweitzer Center, Great Barrington, Massachusetts*)

Bollingen im Jahre 1955 (*Mit freundlicher Genehmigung der Erbengemeinschaft Jung*)

Jung beim Segeln auf dem Zürichsee, 1958 (*Mit freundlicher Genehmi-gung der Erbengemeinschaft Jung*)

Freud und seine Tochter Mathilde nach der Ankunft in London, am
6. Juni 1938, mit Dr. Ernest Jones (*Wide World Photo*)

Berggasse 19 im Jahre 1938 (*Mit freundlicher Genehmigung von Edmund
Engelman*)

Der ca. achtjährige Sigmund Freud
mit seinem Vater Jacob Freud
(*Mary Evans/Sigmund
Freud Copyrights, Colchester*)

Freud und Martha Bernays, 1885
(*Mary Evans/
Sigmund Freud Copyrights,
Colchester*)

Freud mit Wilhelm Fließ, August 1890
(*Sigmund Freud
Copyrights, Colchester*)

Josef Breuer (1842–1925)
(*Österr. National-
bibliothek, Wien*)

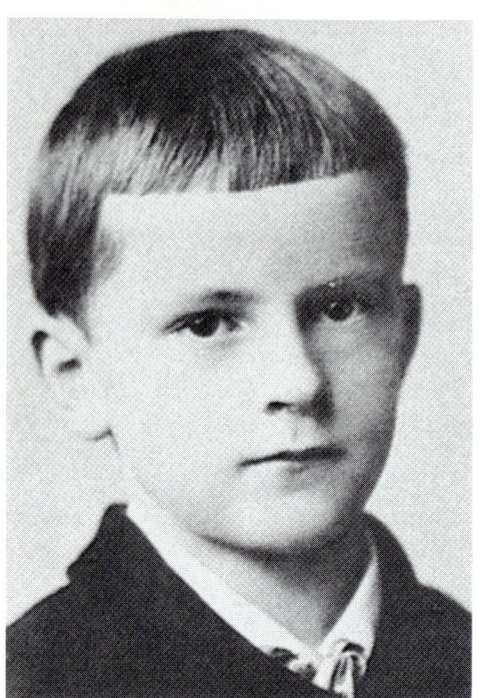

Jung, sechs Jahre alt
(*Mit freundlicher Genehmigung
der Erbengemeinschaft Jung*)

Jung (rechts) als junger Mann
(*Mit freundlicher Genehmigung
der Erbengemeinschaft Jung*)

Jung im Jahre 1902 oder 1903
(*Mit freundlicher Genehmigung
der Erbengemeinschaft Jung*)

Emma Rauschenbach als Braut
(*Mit freundlicher Genehmigung
der Erbengemeinschaft Jung*)

Eugen Bleuler (1857–1939)
(*Medizinhistorisches Institut,
Züricher Universität*)

Die psychiatrische Klinik Burghölzli, Holzschnitt, 1867 (*Baugeschicht-
liches Archiv der Stadt Zürich*)

Freud im Jahre 1906,
diese Photographie
schickte er Jung
(*Sigmund Freud
Copyrights, Colchester*)

An der Clark University in Worcester, Massachusetts, im September 1909.
Vorderreihe: Freud, Hall, Jung. Hinterreihe: Brill, Jones, Ferenczi (*Sigmund Freud Copyrights, Colchester*)

Küsnacht, Ausschnitt eines Drucks aus dem 19. Jahrhundert (*Graphische Sammlung, Zentral Bibliothek Zürich*)

Jung mit seiner Frau und seinen Kindern, 1918 (*Mit freundlicher Geneh-migung der Erbengemeinschaft Jung*)

Der Weimarer Kongreß (*Mit freundlicher Genehmigung von Paul Naeff*)

| | | |
|---|---|---|
| 1 O. Rank | 7 A. Maeder | 13 K. Abraham |
| 2 L. Binswanger | 8 S. Ferenczi | 14 A. Wolff |
| 3 E. Bleuler | 9 L. Andreas-Salomé | 15 J. Putnam |
| 4 M. Moltzer | 10 S. Freud | 16 E. Jones |
| 5 O. Pfister | 11 C. G. Jung | 17 F. Riklin |
| 6 A. A. Brill | 12 E. Jung | 18 W. Stekel |

Lou Andreas-Salomé
(*Mary Evans/*
*Sigmund Freud*
*Copyrights,*
*Colchester*)

Freud mit seiner
Tochter Anna in den
Dolomiten, 1913
(*Mary Evans/*
*Sigmund Freud*
*Copyrights,*
*Colchester*)

Der *Moses* des Michelangelo in der Kirche von San Pietro in Vincoli, Rom
(*Alinari/Art Resource*)

Toni Wolff (*Mit freundlicher Genehmigung von Paul Naeff*)

Jung in seinem Arbeitszimmer, 1960 (*Henri Cartier-Bresson, Magnum*)

Freud in seinem Arbeitszimmer, 1938 (*Mit freundlicher Genehmigung von Edmund Engelman*)

Jung fährt dann fort: »Hier nun geriet der Vater in die Klemme. Er ahnte, worauf die Kleine hinauswollte; er wollte deshalb die so diplomatisch eingeführte Samentheorie, die sie in glücklicher Weise der Natur abgelauscht hatte...«

Anna: »Aber wie ist denn der Fritzchen [Franz Jung] in die Mama hineingekommen? Hat man ihn gesetzt (gepflanzt)?«

»Dieser höchst präzisen Frage«, teilte Jung seinen Zuhörern mit, »konnte der Vater nicht mehr ausweichen. Er erklärte dem Kinde, das mit größter Aufmerksamkeit zuhörte, daß die Mutter wie der Boden sei und der Vater wie der Gärtner, der Vater gebe die Sämlein, und bei der Mutter wüchsen sie, und so entstehe ein Kindlein... Dem Vater freilich blieb die Unruhe, es war ihm nicht ganz wohl bei dem Gedanken, daß er dem viereinhalbjährigen Kinde ein Geheimnis ausgeliefert hatte, welches andere Eltern sorgfältig hüten. Begreiflicherweise beunruhigte ihn der Gedanke, was Anna wohl mit ihrem Wissen anstelle.« Dennoch hatte sich dieses Wissen, beendete Jung seine Vorlesung, wohltuend auf »Anna« ausgewirkt, und damit waren ihre Ängste behoben.

Agathli war unwiderstehlich, der Vater voller Liebe für das kleine Mädchen. Jungs Vorlesungen waren ein großer Erfolg. Später schrieb Freud ihm, er »habe bedauert, daß der Forscher den Vater nicht ganz untergekriegt hatte, es ist zartes Relief, wo es derbe Plastik sein könnte«. An Ferenczi schrieb er: »In dem Aufsatz über sein Agathli ist [Jung] zu diskret und gehemmt.« Auf James Putnam dagegen hatte Jungs Vortrag großen Eindruck gemacht, er sei »voller Persönlichkeit, Leidenschaft und Leben« gewesen. Für den »großen alten Mann von Harvard«, wie Ferenczi Putnam liebevoll nannte, waren die Vorlesungen Freuds und Jungs von entscheidender Bedeutung. Die drei Männer seien »sehr freundlich, bescheiden, tolerant, ernst und aufrichtig«, schrieb Putnam und lud Freud, Jung und Ferenczi zu einem Besuch in sein Camp in den Adirondack Mountains ein.

Putnam erkannte, daß es den Amerikanern schwerfallen würde, Freuds Sexuallehre zu akzeptieren. Mehrere Monate darauf ermahnte er in einem Aufsatz den Leser, sich dem Neuen nicht zu verschließen: »Dieser Aufschrei gegen die Intoleranz mag überzogen und fehl am Platze erscheinen, aber er ist es nicht, und ein Beweis dafür ist, daß die erstaunlichen Forschungen von Freud und Jung und ihrer kleinen Anhängerschar auch in der Ärzteschaft auf sehr erbitterten Widerstand gestoßen sind.« Auch Putnams Frau zählte zu ihren Gegnern. Sie »reagierte zutiefst verbittert«, erinnert sich ihre Tochter, »da sie meinte, [ihr Mann] habe sich irrtümlich auf einen falschen Weg locken lassen, der sein berufliches Ansehen hätte zugrunde richten können.«

Freud war sichtlich gerührt, als er und Jung sich am Ende der Konferenz inmitten der prächtigen schwarz-purpurnen Roben von den Sitzen erhoben, um ihre Doktorhüte in Empfang zu nehmen. »Dies ist die erste offizielle Anerkennung unserer Bemühungen«, teilte er seiner Zuhörerschaft unumwunden mit. In etwas mehr als einem Jahr war er von einer kleinen Versammlung in Salzburg zu einer Position aufgestiegen, in der er einer unter gleichen innerhalb des weitgefächerten Wissensgebiets der Psychologie war. In nur einem Jahrzehnt hatte er aus dem Dunkel der Kindheitserinnerungen Theorien geschaffen, denen dieselbe Achtung wie den überaus genauen Experimenten von E. B. Titchener und Franz Boas' bahnbrechendem Werk entgegengebracht wurde. Freuds Ansichten sollten diejenigen von Titchener und Boas überdauern; ihre im Jahre 1909 weithin bekannten Namen sind heute fast vergessen. In Worcester wußten Freud und Jung dies noch nicht, aber zum erstenmal spürten sie, es könnte so ausgehen. »Wir gewinnen hier an Boden«, schrieb Jung seiner Frau. »Ich war sehr überrascht, da ich mich auf Widerstände gefaßt gemacht hatte.«

Weiter schrieb er: »Freud ist im siebten Himmel, und ich bin von Herzen froh, ihn so zu sehen.« Doch so zufrieden Freud auch mit dem Empfang in Amerika war, er war auch unsicher. Ein bedeutender Bereich der Zukunft der Psychoanalyse lag in Amerika, in den Händen von Ernest Jones. Er machte sich Sorgen, Jones könnte von ihm und seiner Sexualtheorie Abstand nehmen. Die Aussicht, in Amerika einen Kontinent von Anhängern zu verlieren, beunruhigte Freud. »Er fürchtete«, schrieb Jones Jahre später, »daß ich ihm die Anhängerschaft verweigern könnte.« Freud konnte wenig unternehmen. Als Jones unerwartet nach Toronto zurückgerufen wurde, begleitete Freud ihn zum Bahnhof. Während sie auf den Zug warteten, erklärte er Jones, sie müßten zusammenhalten. Die letzten Worte, die er an den Waliser richtete, lauteten: »Sie werden feststellen, daß die Sache es lohnt.« Als der Zug sich in Bewegung setzte, verspürte Freud plötzlich eine tiefe Zuneigung zu Jones; er hoffte, die Energie und der Ehrgeiz des jungen Mannes würden auch ihn stärken. Bis dahin blieb ihm nur die Hoffnung, daß sich Jung, auf dessen Schultern die Zukunft mehr denn je ruhte, als fähig und loyal erweisen würde.

Jones sah sich einem Dilemma gegenüber. Er wollte führen, nicht folgen. Zwar bewunderte er Freud und sein Werk, aber der eigensinnige, rebellische Wunsch, sich selbst einen Namen zu machen, ließ sich nicht bezähmen. Zwei Monate darauf, im November 1909 erschien ein Aufsatz von ihm, in dem sich weder ein Hinweis auf Freud noch auf seine Sexualtheorien fand. Freud hatte allen Grund zur Sorge.

Das Camp der Putnams liegt am oberen Ende des Keene-Tals, an der östlichen Seite, tief versteckt in den Adirondack Mountains. Als die drei Europäer mit dem Schiff über den Lake Placid setzten, merkten sie, daß es allmählich Herbst wurde. Die Tage waren kürzer, die Nächte kühler geworden, und im Tal wurde es heller, da sich das Laub der Zuckerahornbäume zwischen den Fichten und Balsamtannen allmählich verfärbte. Jahre zuvor hatten vier junge Ärzte aus Boston das Land zusammen mit Farmhaus, Scheune und Hütte erworben. James Putnam, sein Bruder Charles und Henry Bowditch holten häufig ihre Familien und Freunde für Wochen ins Tal nach. Der vierte, William James, hatte seinen Anteil am

Camp zwar verkauft, kam aber oft zu Besuch; er setzte sich dann an einen der Gebirgsbäche und las konzentriert sein selbst auferlegtes Pensum von fünfzig Seiten am Tag.

Putnam Camp war ein recht exzentrischer Ort, voll aufblitzenden Humors und seltsamer Rituale, an dem eine Reihe hochbegabter Menschen der Oberschicht Amerikas ihre Freizeit verbrachten. Die alte Scheune hatte man in eine Werkstatt umgewandelt, in der Henry Bowditch und Charles Putnam Sessel, Tische, Kinderbetten und Spielzeug tischlerten – ein Bild unablässiger Aktivität und das reine Vergnügen für Kinder. »Ich erinnere mich«, schreibt Elizabeth Putnam McIver, »an einen Apparat, den Dr. Bowditch erfunden hatte, so schön wie alles von ihm, mit dem man die Netzfäden der großen, dicken Spinnen, die sich auf den Wiesen fanden, auf ein Rad drehen konnte, das in einem winzigen Wasserfall im Bach von einem winzigen Rädchen angetrieben wurde.«

Der Schweinestall der ehemaligen Farm war zum Schreibzimmer umgewandelt worden. An die Wände gemalte Schweineschwänzchen ringelten sich über aufgeschlagenen Büchern. Die Kinder wurden der Obhut der aufmerksamen Mrs. James Putnam anvertraut. In den Kaminen der Schlaf-Hütten prasselte ein Feuer; außerdem fanden sie eine kleine Zinnbadewanne vor, »eine Leselampe und an sonnigen Tagen eine Reihe von Liegestühlen auf der... Vorderveranda mit Blick auf die Hügel«. In der Vorhalle waren der Salon und die Bibliothek untergebracht. Am Nachmittag bereitete Miss Annie Putnam auf einem Petroleumofen Tee – unter den offenen Regalen hingen Becher – und reichte Teller mit Ingwerwaffeln, Gebäck und Schokoladenriegel. Freud und Jung kamen sich vor wie in einer anderen Welt.

Nichts von dem, was er bis dahin in Amerika erlebt hatte, versetzte Freud in größeres Erstaunen als Putnams kleines Anwesen mitten in der Wildnis der Adirondack Mountains. »Alles ist sehr primitiv belassen, aber es findet Anklang«, schrieb er der Familie. Er verschwieg, daß die Frage der Nationalität der drei Besucher einige Verwirrung ausgelöst hatte. Zur Begrüßung des Österreichers, des Schweizers und

174

des Ungarn hatte man ihre Hütte in den Farben des Deutschen Reichs – Schwarz, Rot, Gold – geschmückt. Die ungezwungene Atmosphäre gefiel Jung. Am Abend sang er deutsche Lieder; er liebte die urtümliche Lebensweise und dachte sich Spiele aus. Freud war zurückhaltender, er ging mit seinem Spazierstock, der mit einem goldenen Knauf verziert war, in den Bergen spazieren. Leicht fielen ihm diese Bergtouren allerdings nicht. »Wir machten Touren und kletterten Hänge hinab, denen selbst meine Füße nicht gewachsen waren.« Er war deshalb gar nicht unglücklich, als es am zweiten Tag ihres Aufenthalts zu regnen begann. »Freud setzt ein philosophisches Lächeln auf und schlägt sich seinen Weg durch diese reiche und abwechslungsreiche Welt«, berichtete Jung. »Ich trotte mit und habe meinen Spaß.«

Die Reise, schrieb Freud seiner Tochter Mathilde, lasse sich »als großer Erfolg bezeichnen«. Er genoß das Zusammensein mit Jung und Ferenczi. »Meine Reisegefährten sind immer sehr rücksichtsvoll gewesen«, schrieb er, »und auch gut miteinander ausgekommen.« Aber er freute sich bereits auf die Abreise: »Amerika ist eine verrückte Maschine.« Freud und Jung machte es großen Spaß, das amerikanische Leben zu analysieren. Bei der Einschätzung des ihnen seltsam anmutenden Verhaltens der Amerikaner bewiesen sie mit ihrem kritischen, am Geist Europas geschulten Verstand eine fast uneingeschränkte Fähigkeit zur Intoleranz. »Die Mutter scheint in Amerika entschieden das differente Glied der Familie zu sein«, fand Jung. »Die ›Dessous‹ der amerikanischen Kultur sind wirklich Abgründe: die Männer sind zur Lämmerherde geworden.«

Später versuchte Jung, Amerika, diesem eigentümlichen Phänomen, auf den Grund zu gehen; eines Tages glaubte er die Antwort in einem Buch von Maurice Low über Amerika gefunden zu haben. »Low meint«, berichtete er Freud, »die kolossalen Temperaturunterschiede zwischen Sommer und Winter verantwortlich machen zu müssen. Vielleicht ist wirklich ein exquisit kontinentales Klima dem meerentsprossenen Geschlecht wenig zuträglich. ›Something is wrong‹, das steht für Low fest.« Jung war von Amerika fasziniert, und bisweilen hegte er aufrichtig Sympathie für das Land. Freud hingegen überwand seine anfängliche Abneigung nie mehr. »Die Amerikaner sind wirklich ›zu arg‹«, schrieb er Ernest Jones 1921. »Ich glaube, unter ihnen herrscht eine sehr viel schärfere Konkurrenz, keinen Erfolg zu haben bedeutet den bürgerlichen Tod, sie haben neben dem Beruf keine privaten Zerstreuungen, weder Hobbys, Spiele noch Liebhabereien noch andere Interessen eines kultivierten Menschen.«

Am 18. September reisten die drei Männer aus dem Putnam Camp ab, allerdings erst, als Freud doch noch ein wildes Stachelschwein gesehen hatte; leider war es tot. Zum Abschied schenkten die Putnams Freud eine kleine Metallfigur des Tieres, die ihm sehr gut gefiel. Freud hatte beides erreicht – ein Stachelschwein gesehen und einige Vorlesungen gehalten. Jahre später wiederholte er in einem seiner Bücher eine Anekdote Schopenhauers über Stachelschweine: Es war sehr kalt, und mehrere Stachelschweine versuchten sich zum Schutz gegen die Kälte aneinanderzukauern, doch als sie sich schmerzhaft mit den spitzen Stacheln pieksten, entfernten sie sich wieder schnell voneinander. Da es jedoch noch immer kalt war, rückten sie erneut zusammen, zogen sich dann jedoch abermals von den Stacheln des Nachbarn zurück. Es dauerte sehr lange, sagte Freud, bis die Stachelschweine die richtige Entfernung gefunden hätten, in der sie sich gegenseitig wärmen konnten, ohne einander weh zu tun.

Dadurch, daß Freud und Jung einander ihre Träume erzählt hatten, waren sie sich nähergekommen. Aber dann hatten sie sich wieder voneinander entfernt, da jeder seine Privatsphäre wahren wollte. Die Herzlichkeit ihrer Freundschaft und das Engagement für die gemeinsame Arbeit hatten sie ermutigt, sich anzunähern, doch die möglichen Folgen einer solchen Nähe empfanden beide als Bedrohung. Vorerst hatten sie aber, wie die Stachelschweine, die richtige Distanz zueinander gefunden.

# 11. Kapitel

»Am nächsten Tag nach unserer Trennung sahen merkwürdig viele Leute Ihnen auffällig ähnlich«, schrieb Freud an Jung aus Wien, »und Ihr lichter Hut mit dem dunklen Band tauchte... bei jedem Schritt auf.«

»Zeitweise hat mich ein gutes Stück Heimweh nach Ihnen befallen«, schrieb Jung zurück, »aber nur zeitweise, denn sonst bin ich wieder ganz im Zuge.«

Durch die Amerikareise hatte sich der herzliche Gedankenaustausch zwischen den beiden Wissenschaftlern zu einer auf vielen gemeinsamen Interessen beruhenden Freundschaft entwickelt. Ihrer Kameradschaft lag das Gefühl der Zusammenarbeit zugrunde; sie nahmen Anteil am anderen, stellten einander Fragen, formulierten, zweifelten und witzelten. Mit Kritik und Übereinstimmung betrachteten sie ihre Mitmenschen und die Umgebung und würzten ihre raschen Urteile mit schneidenden und wahren Sätzen. Freud und Jung konnten spöttisch und aufbrausend sein, nicht immer waren sie nur freundlich und gut. Ein Hauch von Verwegenheit verband sie, diese Verbündeten im Sturm auf die Zitadelle des Unglaubens. Im Herbst 1909 war ihr Vorhaben eines von Waffenbrüdern, wenngleich Jung dem Älteren noch Gehorsam leistete und Freud immer wieder die Freude daran erkennen ließ, daß er einen Erben gefunden hatte.

Beide hatten ein beinahe kindliches Vergnügen an jedem neuen Zeichen des Interesses an der Psychoanalyse. Bei seiner Rückkehr aus Amerika fand Freud allein fünf Briefe aus der Schweiz vor und schrieb gleich am ersten Tag, als er wieder am Schreibtisch saß, fast ein Dutzend Briefe ins Ausland. Er freute sich, als er feststellte, daß kaum zwei Tage vergingen, ohne daß ein Zeichen für den Aufstieg der Psychoanalyse zu erkennen war. Auch Jung war gutgelaunt: »Ihre (d. h. die unsrige) Sache *siegte auf der ganzen Linie*, so daß wir das letzte Wort behielten, überhaupt breit obenauf saßen.«

Die Beschäftigung mit Bittgesuchen und Informations-wünschen und die Anmeldung neuer Patienten war eine ganz andere Sache. »Das wird mit der Zeit monoton und a nuisance werden«, berichtete Freud Jung. Hatte er einstmals stundenlang in aller Abgeschiedenheit seiner theoretischen Arbeit nachgehen können, führten nun der Ansturm der Patienten und Studenten sowie die administrative Arbeit zu Wochen voll abstumpfender Arbeit. »Ich würde den 7ten Tag jetzt erfinden«, schrieb Freud erschöpft an Jung, »wenn ihn der Herr nicht längst eingesetzt hätte.« Jung fragte: »(Es scheinen verflucht viele Patienten psychoanalytische Behandlung zu verlangen?)« Einige Monate später beklagte sich Freud, nachdem er aus den Ferien zurückgekommen war: »Heute habe ich meine Ordination wieder aufgenommen und die ersten meiner Narren wiedergesehen... Es dauert immer ein bis zwei Wochen, bis alle beisammen sind, und in der ersten Zeit bleibt einem noch Spannung und Reaktionsfähigkeit genug, um in der Wissenschaft zu arbeiten. Später ist man froh, wenn man das nackte Leben dabei rettet.«

Freud und Jung waren hochbegabte Analytiker, die sich – abgesehen von Zeiten, in denen es Rückschläge gab – sehr um das Wohl ihrer Patienten sorgten. Doch das rastlose Verlangen, etwas zu entdecken und den Vorhang ein wenig zu lüften, ließ sie nicht mehr mit den Einsichten zufrieden sein, die sie durch die Arbeit mit ihren Patienten erlangen konnten. »Die Praxis bringt jetzt wenig Neues, was man nicht schon wüßte«, beschwerte sich Freud. Eines Tages sollte Jung behaupten, daß nach dem ersten Schock der Verwunderung die Arbeit mit den Patienten monoton werde. Beide empfanden die Langeweile echter Theoretiker und waren ständig auf der Suche nach Neuem.

Weder Freud noch Jung befaßten sich gern mit den organisatorischen Einzelheiten der psychoanalytischen Bewegung. Die Leitung von Konferenzen, das Versenden der Einladungen, das Buchen der Hotelzimmer, das Anfordern und Redigieren der Aufsätze für das *Jahrbuch* – das alles nahm viel Zeit in Anspruch. Beide betrachteten die mit dem Anwachsen

der psychoanalytischen Bewegung einhergehenden diploma-
tischen Manöver als Ärgernis. Freud machte keinen Hehl aus
seiner tiefen Abneigung gegen die Wiener Kollegen. Ständig
mußte er auf Alfred Adler und Wilhelm Stekel – beide Wiener
Analytiker – ein wachsames Auge haben und sie freundlich
stimmen. Aber er mißtraute ihnen. Und Jung gewahrte in Zürich Schwierigkeiten. Kaum einer der Kollegen stimmte ohne
Vorbehalte mit Freuds Theorien überein, so daß er sie ständig
überreden mußte, ihnen größeren Glauben zu schenken. Eugen Bleuler, der innerhalb der akademischen Psychiatrie großen Einfluß besaß, wäre eine willkommene Bereicherung der
psychoanalytischen Bewegung gewesen, aber er hielt sich im
Hintergrund. Seine ambivalente Einstellung zur Psychoanalyse ärgerte Jung, Freud hingegen riet zur Geduld. »Für die
kalt sehr wohlschmeckende Rache kommt dann noch die Gelegenheit.«

Gegenüber den Kollegen vollführten Freud und Jung einen
Balanceakt der Vorsicht und Zurückhaltung, aber untereinander befanden sie sich auf sicherem Boden. Freud hatte Verständnis für Jungs Bemühungen, seinen ehemaligen Chef am
Burghölzli zu überzeugen. Bleuler verstehen zu wollen, fand
Freud, sei, »als ob man Linoleum an sein Herz drücken
würde«. Bei anderer Gelegenheit schrieb er, Bleuler sei »so
etwas wie ein stachliger Aal, wenn es das gibt«. Jung war sich
mit ihm einig, daß Adler paranoid und Stekel, wenngleich
von glänzender Begabung, ein »Schwein« sei. Aber »das
Schwein findet Trüffeln«, wie Freud zugab. Er war oft versucht, Stekel hinauszuwerfen, fürchtete sich aber vor dessen
möglichen Racheaktionen. Außerdem glaubte er, Stekel sei
ihm treu ergeben, und zweitens müsse er ihn ertragen »wie
eine alte Köchin, die nun schon so lange im Haus ist«. Als
Freud Jung mitteilte, wie er einen Gegner der Psychoanalyse
der Lüge geziehen habe, antwortete Jung: »…natürlich hat
der schmutzige Kerl gelogen. Hoffentlich haben Sie den Kerl
so recht ingrimmig und von Herzen geröstet, geschunden und
gepfählt, daß er sich einmal nachdrücklich der Wirkungen
der Ψα vergewissern konnte… Ich möchte ihm am liebsten«,

schrieb er zutiefst überzeugt, »seinen Lausbubenkomplex noch mit einer Tracht Schweizerprügel ›befetten‹.« *

In den Monaten nach der Amerikareise schlichen sich in ihre Briefe und Gespräche natürlich auch Hinweise auf private Probleme ein. Freud war 1909 dreiundfünfzig Jahre alt, hielt sich aber schon seit langem für einen alten Mann, und Jung gegenüber hatte er bekannt, sein Alterskomplex habe eine erotische Grundlage. Möglicherweise begleitete Eitelkeit dieses Gefühl, jahrelang hing neben Freuds Schreibtisch ein prunkvoller Spiegel: ein merkwürdiger Gegensatz für einen bescheidenen Menschen. Freud hatte schon vorher gelegentlich die Sprache auf sein Sexualleben gebracht. 1887 hatte er Fließ geschrieben: »Auch die sexuelle Erregung ist für einen wie mich nicht mehr zu brauchen.« Dieser Zustand plagte ihn schon lange, aber jetzt schrieb er Jung betrübt: »Der Johannestrieb von Erotik, der uns auf der Reise beschäftigt hat, ist vor der Plage der Arbeitszeit kläglich zergangen. Ich finde mich ins Altsein und denke nicht einmal beständig ans Altwerden.«

Dem neunzehn Jahre jüngeren Jung stellten sich die Probleme anders dar. Er fand, daß ihm die Analyse durch Freud auf der Rückfahrt von Amerika sehr gutgetan hatte. Er war auch viel vernünftiger, als Freud glauben mochte. In einem Ausbruch von Optimismus hatte Jung begonnen, seine Frau zu analysieren. Er gab jedoch zu, daß ihm das ethische Problem der Frage der sexuellen Freiheit noch immer zu schaffen mache, und schrieb Freud, es »ist ja wirklich furchtbar groß und des Schweißes aller Edeln wert«. Das Dilemma der sexuellen Freiheit ließ Jung nie wieder los. Sabina Spielrein und danach noch andere Frauen suchten Schutz in der Wärme und Geborgenheit, die er ihnen gab, und entwickelten eine dauerhafte Liebe zu ihm. Jahre später erzählten viele Leute, was sie über Jung wußten, wobei sich ihre Geschichten in einigen

---

* Jung benutzte diese griechischen Buchstaben als Abkürzung für »Psychoanalyse«. Freud schrieb ΨA für Psychoanalyse und klein ψα für psychoanalytisch.

Aspekten allerdings stark voneinander unterschieden, doch in einem Punkt stimmen alle Erinnerungen überein: Jungs Wirkung auf Frauen war überwältigend. Für einen jungen 34jährigen, der dies spürte, muß es eine verwirrende Erkenntnis gewesen sein. Jung schrieb, er leide an einem Ehekomplex, und fügte hinzu: »Die Bedingung einer guten Ehe scheint die Zusicherung der Untreue zu sein.«

Die in jenem Herbst 1909 in ihrer Freundschaft vorherrschende Stimmung hatte neben der gemeinsamen Arbeit in der psychoanalytischen Bewegung, den Neuigkeiten über das Familienleben und den gelegentlichen introspektiven Augenblicken den Reiz des Lebens in noch unerforschtem Grenzland. Die ersten einsamen Axthiebe hatten Freud und Jung ganz neue Perspektiven eröffnet, nun wollten sie gemeinsam ihr Blickfeld erweitern. Jeder neue Erfolg des einen begrüßte der andere großherzig und spontan. Für Freud, der so lange allein gearbeitet hatte, und für Jung mit seiner jugendlichen Unsicherheit, hatte jede Zustimmung große Bedeutung. Freud setzte die Arbeit an seinem Vortrag über den Rattenmann fort, die er unter großem Beifall im Jahr zuvor beim Salzburger Kongreß gehalten hatte. Nachdem er die grundlegenden Gedanken präzisiert und ausgearbeitet hatte, schickte er den Text Jung zu: »Ihr ›Rattenmann‹ erfüllt mich mit Entzücken«, gestand Jung, »er ist furchtbar intelligent geschrieben und voll raffiniertester Wirklichkeit. Um das au fond zu verstehen, werden allerdings wieder viele Leute zu dumm sein. Es sind prächtige Finessen drin. Ich bedaure aus tiefstem Herzensgrunde, daß ich es nicht geschrieben habe.« Freud, der ängstlich in Wien wartete, schrieb nur zurück: »Es freut mich also sehr, daß Sie ihn loben.«

Als Freud seine Vorlesungen an der Wiener Universität neu organisierte, so daß er ein Seminar darüber abhalten konnte, beruhte eines der ersten Themen auf einem Aufsatz Jungs. Die Diskussion über Jungs Arbeit sei so fruchtbar gewesen, freute er sich Jung mitzuteilen, daß er eine weitere Woche darüber sprechen wolle. Als Jung in einer Buchbesprechung die philosophischen Implikationen der Psychoanalyse erörterte, war Freud tief bewegt. »Die Bemerkungen... sind überlegen weise, ein Programm, und zwar eines, das mir aus tiefen Schichten der Seele geschrieben ist. Wir verstehen einander.« Jung fand tiefe Befriedigung darin, Freuds Ansichten auszuarbeiten, da er sie in struktureller und philosophischer Hinsicht als richtig empfand. Dennoch war keine Entdeckerfreude damit verbunden. Die Größe Freuds und Jungs lag zum Teil darin, daß sie schnell das Entscheidende begriffen: geistlose Glaubenssätze lösten sich angesichts ihrer raschen, sicheren Intuition in nichts auf. Beide hatten die Metapher der Entdeckung zur Beschreibung der Psychoanalyse verwandt. Jetzt wollten sie ihre Flagge in einem neuen Land hissen.

In jenem Herbst entdeckten sie dieses Land, und zwar in der Mythologie. »Die Archäologie, resp. die Mythengeschichte hat mich nämlich sehr gefaßt«, schrieb Jung an Freud zwei Wochen nach ihrer Rückkehr aus Amerika. »Daß Sie sich mit der Mythologie eingelassen haben, hat mich hell erfreut«, antwortete Freud. »Ein Stück Einsamkeit weniger... Sie werden, hoff' ich, bald meine Erwartung teilen, daß der Kernkomplex der Mythologie derselbe ist wie der der Neurosen.« Mit einem Streich hatte er mit dieser Einsicht die gesamte Mythologie von den trockenen Konventionen der Geschichte befreit und mit neuem Zauber erfüllt. Vier Tage darauf antwortete Jung: »Es ist für mich schon kein Zweifel mehr, was die ältesten und natürlichsten Mythen sagen wollen. Sie sprechen ›natürlich‹ von dem Kernkomplex der Neurosen.«

Es war, als trügen sie Siebenmeilenstiefel. Sie unternahmen Streifzüge ins Riesenreich der alten Mythen und suchten den Ursprung, den Urquell der ersten mündlichen Überlieferung. Nacht um Nacht, Monat für Monat vertiefte sich Jung in Geschichten über heidnische Riten, rachsüchtige und zornige Götter und die uralten Versuche des menschlichen Geistes, eine sinnvolle Ordnung im Leben zu finden. »Und ich erlebe dort die schönsten Visionen«, schrieb Jung Freud, »es tun sich weite Zusammenhänge auf, die ich allerdings vorderhand zu fassen außerstande bin.« Eines sei ihm dabei jedoch klargeworden: »Das Letzte der Neurose und Psychose werden wir ohne Mythologie und Kulturgeschichte nicht lösen.«

Jungs Leidenschaftlichkeit wunderte Freud. Es überraschte ihn auch, welch große Macht alles Mythologische über den Freund besaß. Aber er war es gewohnt, Jung zu zügeln, kannte Freud doch dessen Eifer. Schließlich war Jungs Begeisterungsfähigkeit einer der Gründe, weshalb Freud ihn so sehr mochte. Zumindest bei einem Anlaß, als Freud eine einfache, scheinbar nicht in den Zusammenhang gehörende Frage stellte, wunderte er sich aber darüber, wie leidenschaftlich Jung an der Mythologie hing. »Eine noch nicht gereifte Idee von mir, die ich Ihnen hiemit vorlege, ist«, schrieb er Jung, »ob wir nicht unseren Anhängern die Anlehnung an eine größere Gruppe mit einem praktischen Arbeitsideal bieten sollen. Es bildet sich ein ›Internationaler Orden für Ethik und Kultur‹, der solche Ziele verfolgt.«

»Ich denke mir für die $\Psi\alpha$ eine weit schönere und umfänglichere Aufgabe als ein Einmünden in einen ethischen Orden«, antwortete Jung vernünftig und fuhr dann fort: »Ich denke, man müsse der $\Psi\alpha$ noch Zeit lassen, von vielen Zentren aus die Völker zu infiltrieren, beim Intellektuellen den Sinn fürs Symbolische und Mythische wiederzubeleben, den Christum sachte in den weissagenden Gott der Rebe, der er war, zurückverwandeln, und so jene ekstatischen Triebkräfte des Christentums aufzusaugen, alles zu dem *einen Ende*, den Kultus und den heiligen Mythos zu dem zu machen, was sie waren, nämlich zum trunkenen Freudenfeste, wo der Mensch in Ethos und Heiligkeit Tier sein darf.« Er habe noch mehr sagen können, wolle es aber vorerst dabei belassen.

»Ja, in Ihnen stürmt und wettert es heute wieder und grollt entfernt zu mir herüber«, antwortete Freud nachsichtig. »Mich aber sollen Sie für keinen Religionsstifter halten, meine Absichten reichen nicht so weit… An Ersatz für die Religion denke ich nicht; dies Bedürfnis muß sublimiert werden. Der Orden sollte so wenig eine Religionsgenossenschaft werden wie etwa die freiwillige Feuerwehr.« Freud kleidete die Warnung in liebevolle Worte. Der Wiener Jude, der sein Leben einem vernunftbestimmten Glauben gewidmet hatte, blickte mit liebevoller Nachsicht auf den Überschwang seines brillanten christlichen Freundes. Jungs Vision der Psychoanalyse, umgewandelt in ein Vehikel, mit dem er dem Christentum »trunkene Freudenfeste« und den Menschen die »Heiligkeit Tier« zurückgeben wollte, rief bei Freud merkwürdig wenig Bestürzung hervor.

Die menschliche Wärme, die Freuds und Jungs Freundschaft kennzeichnete, hatte Jungs leidenschaftlichen Gefühlsausbruch aufgefangen. Schließlich verloren sie kein Wort mehr darüber und ließen das Thema fallen. Dies war inzwischen zu einem festen Verhaltensmuster geworden. Denn trotz der unterschwellig harmonischen Freundschaft und der weiten Bereiche, in denen sie übereinstimmten, ergaben sich immer wieder Schwierigkeiten. Diese bewältigten sie zwar mit Humor und einem kultivierten Understatement; aber es handelte sich um sehr ernste Themen. Ihre Uneinigkeit entsprang auch der Frage der Libido, die zu den bedeutsamsten theoretischen Ideen Freuds zählt: Die Libido ist die Kraft, die einen Menschen zum Handeln veranlaßt. Freud zufolge ist diese Kraft von Natur aus sexuell und schon im Kindesalter gegenwärtig. Die frühesten Erlebnisse des Kindes werden von dem Begehren geformt, den einen Elternteil zu besitzen und den anderen zu beseitigen. Aus diesen Kindheits-Wünschen bildet sich dann das Unbewußte des Erwachsenen. Es ist die Frucht seiner libidinösen und inzestuösen Wünsche und die Quelle seiner Schuldgefühle.

Diese Seite der Freudschen Theorie hatte Jung schon immer Kopfzerbrechen bereitet. Er hatte sie auch nur zögernd akzeptiert. Jetzt schrieb er: »Ich wünsche oft, ich hätte Sie in der Nähe. Ich hätte oft mehreres zu fragen. Z. B. möchte ich Sie einmal um eine Definition der Libido anpumpen. Bis jetzt ist es mir nicht gelungen, etwas Befriedigendes herzustellen.« Freud, den diese Äußerung entsetzt haben muß, bewies Nachsicht und schwieg. Wenige Wochen darauf brachte Jung seine Zweifel zum Ausdruck, ob die Grundlage der Neurosen in der Sexualität zu finden sei: »Die Fragen der ursprünglichen Sexualkonstitution scheinen mir ganz besonders schwierig zu sein. Wäre es nicht vorläufig das einfachste, von einer besondern Empfindsamkeit als allgemeiner neurotischer Grundlage auszugehen?«

Die sexuelle Grundlage der Neurosen nahm, wie Jung wußte, in Freuds Werk eine zentrale Stellung ein, ebenso wie der Libidobegriff. Diesmal antwortete ihm Freud unverzüglich. Er glaube nicht, schrieb er Jung, daß die jungen Männer, die auf dem Gebiet der Psychoanalyse mitarbeiteten, das Werk Sigmund Freuds erhalten würden. Nein, sie würden es niederreißen. Er meine, schrieb Freud weiter mit einer Ironie, die größer war, als ihm selber bewußt wurde, daß »Sie einen Hauptanteil an dieser Liquidation haben dürften«. Trotzdem wolle er, fuhr er nicht ohne Humor fort, »den Versuch machen, einiges, was gefährdet ist, bei Ihnen zu retten«. Von herausragender Bedeutung sei dabei die Libido. »In den ersten Sätzen der ›Sexualtheorie‹«, erklärte er, »findet sich die klare Definition, an der ich nichts zu ändern weiß.« Jung entschuldigte sich. »Mein Kritikversuch, der wie ein Angriff aussah, war eigentlich eine Verteidigung.« Er habe das Gefühl, Freud habe ihn auf dem Gebiet der Mythologie nicht für kenntnisreich genug gehalten, daß er wirklich einen neuen Beitrag leisten könne; nur deswegen habe er so scharfe Kritik geübt. Seine Entschuldigung war allerdings kein volles Anerkenntnis: »Ich merke, daß meine Schwierigkeiten in der Libidofrage... offenbar davon herkommen, daß ich meine Stellung der Ihrigen noch nicht genügend angepaßt habe.«

Und noch etwas schaffte Unruhe zwischen ihnen, wobei es allerdings um Persönliches ging. Freud fand, Jung beantworte seine Briefe nicht schnell genug. »Es ist wahrscheinlich nicht recht von Ihnen«, schrieb er, »mich 25 Tage... auf einen Antwortbrief warten zu lassen, als wären Sie durch die Länge und Beschleunigung meiner letzten Antwort abgeschreckt.« Jung antwortete mit einem Zitat aus dem Lukas-Evangelium: »Pater, peccavi.« Vater, ich habe gesündigt. Zwei Jahre zuvor hatte er bekannt, daß er mit solchen Schreibverzögerungen die Distanz zwischen ihnen habe wahren wollen und daß er aufgrund des Annäherungsversuches eines Homosexuellen in seiner Jugend vor Männerfreundschaften sehr auf der Hut sei. Dieses Eingeständnis war ihm ausgesprochen schwergefallen; es war ihm auch peinlich gewesen, es zu wiederholen. Nun suchte er Zuflucht bei anderen Erklärungen: Er sei sehr beschäftigt gewesen, und das traf unbestreitbar zu. Nicht nur empfing er seine Patienten und unterrichtete zwölf Stunden in der Woche Studenten; in jenem Herbst hatten ihn auch noch vier ausländische Ärzte aufgesucht, weil sie mit ihm zusammenarbeiten wollten. Jung brachte verschiedene neue Ausflüchte vor, wodurch immer größere Pausen zwischen den einzelnen Briefen entstanden. Einmal schrieb er, er habe nach den Karnevalsfeiern einen fürchterlichen Kater gehabt. Aber derlei Ausflüchte ertrug er selber auch nur eine gewisse Zeit. Wie zu erwarten, rief er sich zur Ordnung und meinte aufrichtig: »[Ich] habe immer noch Widerstände, Ihnen zur rechten Zeit zu schreiben... Der Grund des *Wider*standes ist der Vaterkomplex, das nicht Nachkommenkönnen (eigene ›Schundproduktion‹ sagt der Teufel).«

Freud tat sein Möglichstes, Jung nicht zu drängen. Er versuchte, weder zu oft noch zu rasch zu antworten. Er hielt einen Brief zurück und schickte ihn erst ab, als ein längerer Zeitraum verstrichen war. Oder er schickte den Brief sofort ab und erklärte darin, Angelegenheiten der Psychoanalyse hätten dies erforderlich gemacht. Ab und zu tadelte er Jung dennoch: »Ich ärgere mich nur gelegentlich – das darf ich wohl sagen? –, daß Sie mit den Widerständen des Vaterkomplexes nicht fertig geworden sind und darum unsere Korrespondenz so viel mehr einschränken, als es sonst der Fall gewesen wäre. Also sei ruhig, lieber Sohn Alexandros«, schrieb er, wobei er vermutlich auf Alexander den Großen anspielte, »ich lasse Dir mehr zu erobern, als ich selbst bewältigen konnte, die ganze Psychiatrie und die Zustimmung der zivilisierten Welt, die mich als Wilden zu betrachten gewohnt ist.« Nach jedem Aufbrausen kehrte aber wieder Ruhe ein. Sie milderten ihre Uneinigkeit über die richtige Definition der Libido und die Häufigkeit, mit der sie Briefe wechselten, mit Humor, leisen Vorwürfen und unumgänglichen Entschuldigungen ab; denn schon drängten andere, dringlichere Fragen ihre Meinungsverschiedenheiten in den Hintergrund.

Freud war sehr zufrieden mit der Wahl seines Nachfolgers. Jung war es, der seine Lage bisweilen mißlich fand, er schrieb Freud: »...Sie sind aber wie weiland Herakles menschlicher Heros und höherer Gott«, und klagte: »Es ist ein hartes Los, neben dem Schöpfer arbeiten zu müssen.« Mehrmals versicherte Freud dann dem Jüngeren, daß die Zukunft der Psychoanalyse ihm, Jung, gehöre. Trotzdem war Jung insgeheim beunruhigt. Im Dezember 1909 machte er sich gegenüber Sándor Ferenczi Luft, der Freud und Jung drei Monate zuvor nach Amerika begleitet hatte. Jungs Brief begann bescheiden, endete aber in einem ganz anderen Ton:

»Ob ich als ›Thronfolger‹ anerkannt oder nicht anerkannt bin, kann mich zeitweise ärgern oder freuen, oder umgekehrt«, bekannte er Ferenczi. »Seitdem ich auf die akademische Karriere verzichtet habe, ist mein Interesse für die Wissenschaft und die Weisheit ein reinlicheres geworden und kompensiert reichlich die Genüsse äußerer Schätzung, so daß es mir wirklich eine größere Angelegenheit ist, in den Dingen der Wissenschaft klar zu sehen und der zukünftigen Kultur vorzuarbeiten, als mich mit Freud quasi messen zu wollen.«

»Was will man denn eigentlich?« fragte Jung sich und Ferenczi. Plötzlich sei ihm klargeworden, worin sein sehnlichster Wunsch bestehe: »Schließlich ist ja doch stets *der* König, wenn vielleicht auch nur posthum, der eben der Mächtigste wirklich ist oder war. Wie immer, muß man sich auch diesem Naturgesetz vertrauensvoll überlassen, denn dagegen tun läßt sich ja doch nichts.« Einen Augenblick flackerte im Licht von Jungs Ehrgeiz das düstere Bild der beiden großen Rivalen auf, die das Urteil der Geschichte erwarteten, dann verlosch es wieder. Doch es hatte lange genug aufgeleuchtet, um erkennen zu können, daß der reuige Sohn endlich den Thron besteigen wollte.

Anfang September 1910 wurden die ersten Vorkehrungen für den Kongreß getroffen, der am 30. März in Nürnberg stattfinden sollte. Freud und Jung hatten sich im vorangegangenen halben Jahr nicht gesehen. »Werden Mythologie und Pädagogik auf dem Programm nicht vertreten sein?« fragte Freud Jung, als sie das Programm zusammenstellten. Plötzlich und ohne erkennbaren Grund reiste Jung mitten in der Festlegung der letzten Einzelheiten nach Amerika, um einen Patienten aufzusuchen, den er in Zürich behandelt hatte. Freud erfuhr, daß ein weiterer Schweizer Freund, Oskar Pfister, am Kongreß nicht würde teilnehmen können. »Ich habe es immer noch nicht verschmerzt, daß Sie nicht nach Nürnberg kommen sollen«, teilte er Pfister bestürzt mit. »Bleuer auch nicht, Jung ist in Amerika, so daß ich um seine Rückkehr zittere. Was soll werden, wenn meine Züricher mich verlassen?« Gerade noch rechtzeitig kam Jung im Grand Hotel an (seine Ansprache wurde verschoben, wodurch er Zeit zum Ausruhen hatte); insgesamt nahmen an dem Kongreß zwischen fünfzig und sechzig Teilnehmer teil. Auf der Nachmittagssitzung, die um fünf Uhr begann, ging es stürmisch zu. An einem Punkt der Diskussion sah sich der Vorsitzende gezwungen, den Kongreß zu unterbrechen, um den verschiedenen Gruppen Gelegenheit zu geben, sich im privaten zu treffen: Ferenczi hatte unter Freuds Anleitung so etwas wie eine Bombe platzen lassen. Ungläubig hörten Freuds Wiener Kollegen zu, als Ferenczi die Teilnehmer zur Bildung einer Internationalen Psychoanalytischen Vereinigung mit C. G. Jung als auf Lebenszeit gewählten Präsidenten aufforderte. Zudem schlug Ferenczi vor, Jung ein Einspruchsrecht in bezug auf alle die Psychoanalyse betreffenden, von den Mitgliedern der Vereinigung geschriebenen Aufsätze einzuräumen.

Einige Monate zuvor hatte Freud Ferenczi von einem Traum erzählt, in dem Jung die Leitung der psychoanalytischen Bewegung übertragen wurde. Ferenczi, ein großherziger und gutmütiger Mann, hielt Freud die Treue, aber dennoch war sich Ferenczi bewußt, daß es in seiner Beziehung zu Jung ein Element der Rivalität gab. »Ich bin auf Jung nicht eifersüchtig«, schrieb er Freud; und er bemühe sich auch, es nicht zu werden: Er wollte der Vorstellung entfliehen, die sich Freud von der Beziehung der drei Männer machte – Freud und seine zwei Söhne, Ferenczi und Jung. Ferenczi hatte sich in der Angelegenheit sogar Rat bei einer Hellseherin geholt.

Frau Jelinek wohnte in Budapest in einer kleinen, etwas schmuddeligen Wohnung, die Ferenczi ein »Kaffeehaus für sehr arme Leute« nannte. Einer ihrer Ärzte hatte der mageren, gebrechlichen und oft kranken Frau gesagt, sie müsse anderen Menschen weissagen, andernfalls würde sie sterben. Ihr Mann hatte sie in Hypnose versetzt, indem er Kreise in die Luft malte. »*Was ist zu empfehlen bezüglich meiner Beziehungen zu Jung?*« fragte Ferenczi. Frau Jelineks Antwort lautete, wie er sich erinnert: »Das wird sich schon machen. Er ist zwar launisch und gewalttätig.« (Ferenczi war sich nicht sicher, ob er das letztgenannte Wort richtig verstanden hatte.) »Aber am Ende werdet ihr euch in der gemeinschaftlichen Arbeit finden«, fügte Frau Jelinek an.

Die Beschreibung Jungs durch Frau Jelinek sprach etwas bezüglich Jungs Charakter an, was für Freud und Ferenczi bei der Einschätzung, ob Jung zur Leitung der psychoanalytischen Bewegung imstande wäre, von großer Bedeutung war. An Freud schrieb Ferenczi über Jung: »Als Vollblutmensch hat er offenbar auch mit seinem Temperament, besonders aber mit seiner Machtgier und Ambition viel zu kämpfen. Das wird wohl das letzte sein, das er überwindet. Aber zur Tätigkeit, die wir von ihm erwarten, passen diese Affekte sehr gut – vorausgesetzt, daß er sich durch sie nicht zu sehr beherrschen läßt.« Er verglich dann Jung mit den Wienern und räumte ein, daß es von unschätzbarem Wert sei, daß sie in »fortwährendem Verkehr« mit Freud standen. »Was aber den Wienern abgeht«, fuhr er fort, »Jung aber in immer steigendem Maße besitzt, ist die Erkenntnis, daß die Psychoanalyse mit der Selbstkritik beginnen muß, ohne die jede Analyse einen paranoischen Einschlag bekommen kann.« Freud gegenüber kam Ferenczi zu dem Schluß: »Nach reiflicher Überlegung muß ich auch Ihr Urteil über die zukünftige Rolle Jungs in der

Psychoanalytik unbedingt teilen. Seine zwei Großtaten: Das ruhige und selbständige Hervortreten mit der Anerkennung Ihrer Ideen sowie die ersten Versuche in der Psychiatrie sichern ihm diese Rolle, auch wenn er nichts mehr leisten würde.« An dieser ausführlichen Einschätzung fällt auf, daß es Ferenczi unterläßt, den bedeutsamen Umstand anzuführen, daß Jung Christ war. Ferenczis Ansicht nach stand Jung diese Stellung aufgrund seiner individuellen Verdienste zu; daß Jung Nichtjude war, blieb dabei unberücksichtigt.

Ferenczi hatte, als er vor die Zuhörerschaft auf dem Nürnberger Kongreß trat, lediglich den gemeinsam mit Freud gefaßten Entschluß in die Tat umgesetzt, Jung die Führung der psychoanalytischen Bewegung zu überlassen. Warum er die unangenehme Aufgabe, sich den Wienern entgegenzustellen, übernommen hatte, läßt sich nicht beantworten. Freud hatte ihn einmal gebeten, die Rolle »des weisen Ratgebers« an Jungs Seite zu übernehmen. Ferenczi hatte es akzeptiert. »Es hieße kindisch gegen das Schicksal eifern, wollte ich mich dagegen auflehnen.« Überdies glaubte er, Freud brauche seine Unterstützung. Er hatte Frau Jelinek auch nach seinem »Wiener Freunde« gefragt, und sie hatte geantwortet: »*Du sollst ihm treu bleiben ... Nicht nur ist er dir nützlich, auch du ihm, darum lasse ihn nie los.*«

Unter den Wienern erregte Ferenczis Vorschlag, den er in Nürnberg gemacht hatte, nämlich Jung auf Lebenszeit zum Präsidenten der Internationalen Psychoanalytischen Vereinigung zu ernennen, heftigen Zorn. Nun kamen die ganze Eifersucht und das aufgestaute Mißtrauen gegenüber Jung zum Vorschein. Ferenczi war enttäuscht über die Reaktionen. Er wußte, wie stark auch sein Neid auf Jung war, und hatte sich mit Macht dagegen gewehrt. »Doch auf so einen unkultivierten, unanalysierbaren Bruderkomplex wie bei Adler und Stekel gegen Jung war ich nicht gefaßt«, schrieb er Freud später. »Es betrübte mich nicht wenig, das bei Leuten, die seit fast einem Dezennium in Ihrer Nähe leben, konstatieren zu müssen.« Auf der Heimfahrt von Nürnberg machte Ferenczi den Wienern dann vorsichtig den Vorschlag, einander in dieser

Frage zu analysieren, wofür er jedoch nur Hohn und Spott erntete. »Wir haben keine Zeit«, sagten sie, »die Züricher haben freilich Zeit dazu.«

Die Wiener Gruppe war im Grand Hotel hinter verschlossenen Türen zusammengekommen, um die nächsten Schritte zu planen. Freud erfuhr von dieser Protestversammlung und begab sich sofort auf Stekels Zimmer. Über das folgende Geschehen gibt es unterschiedliche Versionen. Am zurückhaltendsten urteilt Fritz Wittels: »Ihr seid zum größten Teile Juden«, erinnert er sich an Freuds Äußerung, »und deshalb nicht geeignet, der neuen Lehre Freunde zu erwerben. Juden müssen sich bescheiden, Kulturdünger zu sein. Ich muß den Anschluß an die Wissenschaft finden; bin alt, will nicht immer nur angefeindet werden. Wir alle sind in Gefahr... Nicht einmal diesen Rock wird man mir lassen... Die Schweizer werden uns retten. Mich und Sie alle.«

Freud hatte bezüglich des Vorsitzes nicht nur für ein, zwei Jahre alles auf C. G. Jung gesetzt – den Mann, der seine Sexualtheorie im Kern in Frage stellte –, sondern mit Jung war Freud eine Wette auf Lebenszeit eingegangen. Er hatte die Zukunft der Psychoanalyse von einem Mann abhängig gemacht, der das Christentum neu beleben und »seinen Hymnus der Liebe, den Schmerz und das Entzücken über den sterbenden und wiedererstehenden Gott, die mystische Kraft des Weines und die anthropophagischen Schauer des Abendmahls zur Vollendung führen wollte«. Daß sich Freud dabei von der Vernunft allein leiten ließ, wird man kaum behaupten dürfen.

# 12. Kapitel

Es war der 1. Weihnachtstag des Jahres 1910, neun Monate nach dem Nürnberger Kongreß, als Freud in München im Park-Hotel saß und auf die Ankunft Eugen Bleulers aus Zürich wartete. Zu jenem Weihnachten freute man sich in Deutschland über die Nachricht, daß die amerikanische Marine nicht in der Lage war, der winterlichen Nordsee zu trotzen und deutsche Häfen anzulaufen. Die eigenen Seeleute ertrügen so etwas jeden Tag, und die Deutschen spöttelten, »die amerikanische Flotte sei wohl aus keinem sonderlich harten Holz geschnitzt«. Auf der anderen Seite des Atlantiks beherrschte am 25. Dezember eine ganz andere, düstere Meldung über militärische Macht die Schlagzeilen. »Als der deutsche Erfinder Graf Zeppelin der zivilisierten Welt sein lenkbares Luftschiff *Zeppelin I* vorstellte«, hieß es in *The New York Times*, »bürdete er der ohnedies überbeanspruchten Kriegskunst ein weiteres Problem auf.« Es war eine völlig neue und höchst beängstigende Aussicht: »Was die massierten Truppen dort unten auf dem Felde anstellen... ist für den geübten Beobachter, der über ihnen schwebt, ganz offenkundig.«

Am 1. Weihnachtstag fiel auf ganz Deutschland ein leichter Nieselregen; auf den mittelalterlichen Rathausplatz in München, auf die von Pferden gezogenen Kutschen auf den gepflasterten Straßen und die geschnitzten Figuren der Ritter und Bauern, die sich mechanisch auf dem Glockenspiel hoch oben im Turm drehten. »Im ganzen Reich ist kaum eine Schneeflocke zu sehen«, schrieb ein Reporter, doch der Liebe der Deutschen zum Weihnachtsfest habe das keinen Abbruch getan: Es war ein Jahr großen Wohlstands gewesen, das Weihnachtsgeschäft war so gut gewesen, daß die Kaufhäuser zeitweise geschlossen werden mußten, damit das Gedränge nicht zu groß wurde. Ein ausländischer Besucher berichtet, daß sich die Familien am Heiligabend unter dem Tannenbaum versammelten, das Weihnachtslied »Stille Nacht« sangen und ausgiebig Geschenke untereinander verteilten.

Freud machte die lange Fahrt nach Bayern zu Weihnachten 1910 nicht zum Vergnügen. Insbesondere in der Schweiz hatte die psychoanalytische Bewegung seit dem Nürnberger Kongreß schwere Rückschläge erlitten. Bleuler hatte als einer der ersten Freuds Theorien anerkannt, lehnte jetzt aber mit den meisten Schweizer Vertretern den Beitritt in diese neugeschaffene Organisation ab, die sich der Freudschen Psychoanalyse verschrieben hatte. Bleuler besaß beträchtlichen Einfluß bei seinen Schweizer Kollegen; durch sein großes Ansehen in den Kreisen akademischer Psychologen hatte er Freuds Vereinigung zu ehrfurchtgebietendem Ruhm verholfen. In München nun, inmitten der festlichen Weihnachtsstimmung, setzte Freud alles daran, Jung zurückzugewinnen.

Nach den Geschehnissen auf dem Nürnberger Kongreß war Freud erschöpft, aber zufrieden. Ein Ergebnis des Treffens war der Beschluß gewesen, eine zweite Zeitschrift ins Leben zu rufen. Das neue *Zentralblatt*, schrieb er, sei »eine zweischneidige Waffe«. Die Zeitschrift sollte in Wien veröffentlicht werden, so wie das *Jahrbuch* in Zürich herauskam. Ferenczi vertrat, so wie Freud, die Meinung, es sei von Vorteil, »zwei Eisen im Feuer zu halten, und die Konkurrenz zwischen Wien und Zürich kann der Sache zugute kommen«. Zudem war Jung zum Präsidenten der neugegründeten Internationalen Psychoanalytischen Vereinigung gewählt worden, allerdings nur für zwei Jahre, und er war auch nicht mit den Machtbefugnissen ausgestattet, die sich Freud gewünscht hatte. Trotzdem war er zufrieden. Einstweilen war die Zukunft gesichert, sie lag im Westen der Schweiz, in den geschickten Händen Carl Gustav Jungs. »Ich hoffe, Sie sind mit den Nürnberger Beschlüssen einverstanden und werden unserem Jung treu zur Seite stehen«, schrieb Freud dem Schweizer Freund Oskar Pfister. »Ich will, daß er die Autorität erwerbe, die zur späteren Leitung der ganzen Bewegung berechtigt.«

Aber schon bald kam es in der Schweiz zu Schwierigkeiten.

Die Schweizer Analytiker stellten in Frage, ob es notwendig sei, daß in die Ortsgruppen ausschließlich Mitglieder der Internationalen Vereinigung zugelassen werden dürften. Sie beschlossen, die Schweizer Gesellschaft allen Interessierten zu öffnen. Freud war erbost über dieses Vorgehen. Die Tür zur Schweizer Gesellschaft so weit aufzustoßen hieß, daß jeder sich Psychoanalytiker nennen durfte, ohne sich seiner Sexualtheorie anzuschließen. Er hatte die Schweizer als »Dickköpfe« bezeichnet und Jung kurz angebunden geschrieben: »Die Züricher Vorgänge scheinen mir dumm. Ich wundere mich, daß Sie nicht die Autorität entwickeln konnten, diese Entscheidung, die ganz unhaltbar ist, auszuschließen... Ich hätte an Ihrer Stelle nie nachgegeben.«

Selbst unter den Schweizern schien Jung keinen großen Einfluß zu genießen. Es war ihm nicht gelungen, Bleuler zum Beitritt in die Internationale Vereinigung zu bewegen. »Der Bruch mit Bleuler ist nicht spurlos an mir vorübergegangen«, gestand Jung Freud. »Ich habe meinen Vaterkomplex wieder einmal unterschätzt.« Er war ihm aber nicht freundlicher gesonnen. Später, als Bleuler ihn einmal bat, einen seiner Träume zu deuten, schrieb er empört an Freud: »Er träumte, *er säuge sein Kind selber...* Endlich hält er *mich*, sein Kind, wieder an die Brust... Er fühlt sich nicht im geringsten homosexuell. Infolgedessen verwandelt er sich mir zuliebe in ein Weib.« Jahre später meinte Jungs Kollege C. A. Meier: »Jung war Männern gegenüber sehr kritisch. Es war fast beängstigend. Es hatte etwas Seltsames.«

Freud meinte, einige der Schwierigkeiten bei Jungs Werben um die auf Unabhängigkeit bedachten Schweizer hätten sich deshalb so entwickelt, weil Jung zu sehr von seiner »neuen spröden Geliebten, der Mythologie« betört sei. Dabei erforderte die Organisation der psychoanalytischen Bewegung, bei allen Einzelfragen auf dem laufenden zu sein. Aber auf Jungs Schreibtisch stapelte sich die unbeantwortete Korrespondenz, er hatte die Dinge schleifen lassen. Das Alltagsgeschäft der Psychoanalyse verstellte, wie er fand, die unverfälschte Schönheit der Arbeit. »Die Verborgenheit ist... wie warmer Regen«, teilte er Freud mit. »Man sollte deshalb die Ambitionen der Öffentlichkeit noch lange von diesem Gut fernhalten. Ich bin deshalb über diese Zeit der Depression nicht im mindesten betrübt, denn sie gewährt unverpöbelten Genuß wie ein schönes Hochgebirgstal, das Thos. Cook und Co. noch nicht entdeckt haben.«

Offenbar strebte Jung weniger danach zu herrschen, sondern er wollte regieren. Die psychoanalytischen Theorien waren Freuds Meinung nach jedoch noch nicht so fest etabliert, daß sie keiner Leitung mehr bedurften. Wie sich herausstellte, hatte er recht damit. 1910 berichtete Sándor Ferenczi über ein Treffen in Hamburg, auf dem man auch über Freuds Theorien diskutierte. Ein Professor der Medizin, Wilhelm Weygandt, hatte mit der Faust auf den Tisch geschlagen und ausgerufen: »Dies ist kein Diskussionsthema für eine wissenschaftliche Versammlung, dies ist Sache der Polizei.« Freud, der mit einigen Hamburger Ärzten in brieflichem Kontakt stand, las zwischen den Zeilen ihrer Briefe, »daß wir Wiener nicht nur Schweine, sondern auch Juden sind«. Als Ferenczi im selben Jahr in Budapest einen Vortrag hielt, bekam er zu hören, »Freuds Werk sei nichts weiter als Pornographie, und der richtige Ort für Psychoanalytiker sei das Gefängnis«.

Freud setzte darauf, daß Jung die internationalen Bestrebungen zur Verbreitung seiner Lehre koordinierte. Bei der Besetzung der Leitung hatte er den getreuen Karl Abraham übergangen. Weil er Jung unterstützte, hatte er sich die anhaltende Verbitterung seiner Wiener Kollegen zugezogen. Er war einsamer, als er wußte. Schließlich hatte Ernest Jones, dessen Schwanken schon während der Amerikareise aufgefallen war, Freuds Anspruch auf die Leitung der psychoanalytischen Bewegung akzeptiert. An Freud hatte er geschrieben: »Sie haben recht, wenn Sie vermuten, daß ich früher einmal hoffte, eine wichtigere Rolle innerhalb der Bewegung in England und Amerika zu spielen, als es mir, wie ich jetzt erkenne, möglich ist – sie soll, sie muß unter Ihrer Leitung stehen, und ich bin zufrieden, wenn ich alles in meiner Macht Stehende innerhalb des von Ihnen vorgeschlagenen Rahmens tun

kann.« Schon bald geriet Jones jedoch erneut in Schwierigkeiten. Im Rahmen seiner ärztlichen Tätigkeit hatte er in Toronto eine Frau behandelt, die ihn danach beschuldigte, er
habe mit ihr Geschlechtsverkehr gehabt. Sie wollte ihn sogar
erschießen. Jones beteuerte zwar seine Unschuld, zahlte der
Frau aber erstaunlicherweise 500 Dollar Schweigegeld; um
einen Skandal zu verhindern, wie er selber sagte. Allerdings
mußte er daraufhin Kanada verlassen, wodurch er Freuds Position in Amerika stark gefährdete.

Nun hing die unsichere Zukunft der psychoanalytischen
Bewegung – aufgrund innerer Spannungen und absichtsvoll
herbeigeführt – von einem Mann ab: C. G. Jung. Aber Jung
hatte Freuds Wiener Kollegen beleidigt, jetzt mußte er beweisen, daß er mit den Seinen in der Schweiz erfolgreicher umzugehen verstand. »Ich wollte«, meinte Freud, »ich wohnte näher an Jung, um ihn in seiner jungen Autorität zu stützen, an
der mir ein Stück Zukunft zu hängen scheint.« Schließlich
schrieb er Jung ausgesprochen herzlich: »So sind die ersten
Monate Ihrer Regierung, mein lieber Sohn und Nachfolger,
nicht strahlend ausgefallen, und manchmal habe ich den Eindruck, als hätten auch Sie es nicht ernst genug genommen und
seien in der neuen Würde noch nicht aufgetreten.«

Jung zeigte sich reumütig. »Ich sehe, Gott sei Dank, ein,
daß mein Debüt als Regens minderwertig ausgefallen ist... Es
ist ein grausamer Genuß, dem Hornvieh um weiß Gott wie
viele Jahrzehnte vorauszusein.« Um den in den voraufgegangenen Monaten ausgerichteten Schaden zu beheben, beschloß Freud, Bleuler persönlich aufzusuchen. Mit der Reise
in die Schweiz wollte er die Probleme vor Ort aus dem Weg
räumen und gleichzeitig Jung in seinem neuen Haus in Küsnacht besuchen. Doch als Bleuler Freud anbot, ihn im Burghölzli unterzubringen, steckten er und Jung in der Klemme.
Beide hatten keine Lust, sich in derselben Stadt aufzuhalten,
ohne daß sie sich ungehindert treffen konnten. »Das wäre für
uns so *betrüblich*«, schrieb Jung. Man beschloß, Freud und
Bleuler sollten sich in München treffen. Jung wollte dann
selbst dorthin fahren und nach Bleulers Abreise auftauchen.

Freud war von der »kleine[n] Intrigue« begeistert. Er bestellte ein Zimmer im Münchner Park-Hotel, Jung desgleichen. »Bitte hinterlassen Sie mir im Hotel Nachricht«, schrieb Jung, »wann Sie mich zu sehen wünschen und wie ich mich eventuell zu verhalten habe, damit ich Bleuler nicht in die Hände laufe.«

München liegt ungefähr auf halber Strecke zwischen Wien und Zürich. Freud und Bleuler begrüßten sich am frühen Morgen des 1. Weihnachtstages und gingen mehrere Stunden in München spazieren, »allerdings mit Unterbrechungen«, wie sich Freud erinnerte, »durch glänzende Mahlzeiten im Park-Hotel«. Er hütete sich, seinen Wunsch, daß Bleuler der Internationalen Vereinigung beitrete, offen auszusprechen, aber sonst war es ein ehrliches Gespräch gewesen. Aus der Bewunderung, die Bleuler Freud entgegenbrachte, entwickelten sich freundschaftliche Gefühle. Später schrieb Freud an Ferenczi, »er ist auch nur ein armer Teufel wie wir und will, daß man ihn ein wenig lieb habe«, und fügte mit Hinweis auf Jung hinzu, »was von der entscheidenden Seite vielleicht vernachlässigt worden ist.« Als Bleuler tags darauf abreiste, meinte Freud, sie seien als Freunde auseinandergegangen. »So wird wohl Zürich jetzt gedeihen«, glaubte er, »worauf ja sehr viel ankommt.«

Am 26. Dezember traf Jung im Park-Hotel ein, kurz vor dem Abendessen, nur wenige Stunden nach Bleulers Abreise. Zu Hause hatte er auf traditionelle Weise Weihnachten gefeiert und – formell gekleidet nebst schwarzer Krawatte – zu Abend gegessen. Für die Kinder stand im Wohnzimmer eine große, mit Süßigkeiten und kandierten Quitten behängte dunkelgrüne Fichte.

Jung begrüßte Freud in bester Stimmung. Zwar unterhielten sie sich wie geplant über Bleuler und die Mythologie, aber Freud vermerkte später, er habe Jung auch das »Herz über vieles ausgeschüttet, die Adlersche Bewegung, meine Schwierigkeiten...«

Adlers Verhalten machte Freud zum Teil auch deshalb

198

große Sorge, weil er ihn an Wilhelm Fließ erinnerte: »Dasselbe Paranoid«, äußerte Freud Jung gegenüber, und an Sándor Ferenczi hieß es: »Adler ist ein kleiner Fließ redivivus [wiedererstanden].« Freud hatte sein erst vor kurzem beendetes Manuskript über Paranoia nach München mitgenommen. Er habe sich sehr schwer getan, gestand er Jung, »dank der dabei vorgefallenen Bekämpfung innerer Komplexe (Fließ)«. Während Freud Jung die Schrift gab, die in ihm Erinnerungen an eine komplizierte Freundschaft wachgerufen hatte, hatte er noch einen Grund, an Fließ zu denken. Denn in diesem Speisesaal des Park-Hotels war Freud im Anschluß an Auseinandersetzungen mit Wilhelm Fließ bei zwei Anlässen ohnmächtig geworden. Daß er eines Tages im selben Zimmer des Park-Hotels noch einmal in Ohnmacht fallen würde, konnte Freud zu dem Zeitpunkt noch nicht ahnen.

Freud glaubte, seine Komplexe überwunden zu haben – das Bedürfnis, seine Schwächen einzugestehen, das Zaudern und die Selbstzweifel. Einige Monate zuvor hatte er Ferenczi geschrieben: »…Seit dem Fall Fließ…ist dieses Bedürfnis bei mir erloschen. Ein Stück homsex. Besetzung ist eingezogen und zur Vergrößerung des eigenen Ichs verwendet worden.« Erst wenige Tage vor seinem Eintreffen in München hatte Freud Ferenczi gegenüber erneut geäußert: »Fließ habe ich jetzt überwunden, worauf Sie so neugierig waren.« Ferenczi hatte sich über Fließ seine Gedanken gemacht und sich manchmal gefragt, ob Freud ihm möglicherweise verschwieg, wie sehr ihn der Verlust des Freundes schmerzte, aber Freud bestritt das.

Als nun an jenem Dezembertag das Gespräch mit Jung auf die Mythologie kam, stellte Freud fest, Jungs »bedeutsame religionsmythologische Untersuchungen« hätten ihn sehr beeindruckt. Es blieb ihm aber nicht verborgen, daß Jung zögerte, ihm von seiner Arbeit zu erzählen. Freud kannte aber nicht die Gründe dafür. Nach seiner Rückkehr nach Wien schrieb er: »Ich weiß nicht, warum Sie meine Kritik in Mythologicis so sehr fürchten. Ich werde mich sehr freuen, wenn Sie dort die Fahne der Libido… aufpflanzen und dann als siegreicher Eroberer in unser medizinisches Mutterland zurückkehren.« Sie besprachen, ob man mit Hilfe des psychoanalytischen Instrumentariums die Phänomene der Gedankenübertragung erforschen solle. Freud lehnte dies ab, das Thema bereitete ihm Unbehagen; aber Jung – wie auch Ferenczi – war fasziniert davon. Jung lachte über Freuds Besorgnis, lobte ihn jedoch wegen seiner Zurückhaltung und erklärte sich bereit, erst in zwei Jahren über okkulte Phänomene zu schreiben. »Ich freue mich«, teilte Freud später Ferenczi mit, »daß er so breite Schultern hat. Ich fand diese Last fast zu schwer für mich.«

Die Gespräche, die Freud und Jung während ihres Besuches in Deutschland führten, hatten beide tief beeindruckt. Wie immer hatte der Zauber, der von der Gegenwart des anderen ausging, Wunder gewirkt und bei der Überwindung ihrer Probleme geholfen. Zurück in Wien, vertraute Freud einem Freund an: »Jung war wieder ganz prächtig und tat mir sehr wohl.« Er habe wieder genug dauerhaftes Vertrauen gewonnen. »Ich bin mehr als je überzeugt, daß er der Mann der Zukunft ist.«

Jung hatte gute Nachrichten, als er Freud aus Küsnacht schrieb, »daß Bleuler nun dem Verein beigetreten ist. Ich verbeuge mich vor Ihrer Kunst.« Aber kaum hatte sich die Lage in Zürich stabilisiert, verschlechterte sich die Situation in Wien. Alfred Adler, der Vorsitzende der Wiener Vereinigung, und der stellvertretende Vorsitzende waren zurückgetreten, weil sie ihre Ansichten nicht mehr mit denen Freuds in Übereinstimmung bringen konnten. Sie blieben aber freiwillige Mitglieder der Gruppe; Freud hielt sie am kurzen Zügel. Er befürchtete, daß Adler die Bedeutung der sexuellen Libido abwerte: »Er hat sich ein Weltsystem ohne Liebe geschaffen, und ich bin dabei, die Rache der beleidigten Göttin Libido an ihm zu vollziehen.«

Sosehr ihn das Ganze auch beunruhigte – Freud duldete, daß Adler und Stekel sich ihm entfremdeten, denn so war der Weg frei für Jung. »Wenn das von mir gegründete Reich verwaist«, berichtete Freud Ludwig Binswanger Anfang 1911, einige Monate nach dem Münchner Treffen mit Jung, »soll kein anderer als Jung das Ganze erben. Sie sehen, meine Politik verfolgt dieses Ziel unausgesetzt, und mein Verhalten gegen Stekel und Adler fügt sich in dasselbe System.« Einige Wochen später schrieb er Binswanger zum gleichen Thema: »Die Schwierigkeiten in Wien dürften sich mit einer Versöhnung mit Stekel und Fallenlassen Adlers lösen.«

Da Freud ununterbrochen mit den Rebellen der »Palastrevolution in Wien« zu tun hatte, verstrich der Sommer 1911, ohne daß ihm viel Zeit für die wissenschaftliche Arbeit blieb. Für Jung mit seiner Liebe zur Mythologie und dem Okkulten war dies eine »Zeit voll Wunder«. Seit fast zwei Jahren durchstieß er bei seinen Forschungen die historischen Schichten der Vergangenheit des Menschen, eilte er zwischen den Erdteilen hin und her, auf der Suche nach Parallelen innerhalb der mythischen Erzählungen. Es war eine ungeheure Arbeit, in den zahlreichen und höchst unterschiedlichen historischen Verweisen ein gemeinsames Muster zu entdecken. Im Sommer 1911 erschien »Wandlungen und Symbole der Libido, Teil I« im *Jahrbuch*. Jung weist darin schlüssig nach, daß Freuds Theorie der kindlichen Sexualität den Mythen in allen möglichen Verkleidungen zugrunde liegt. Freud schien die Lektüre nicht erwarten zu können und schrieb ihm, er »arbeite auf einem Gebiet, wo Sie überrascht sein werden, mich zu treffen. Ich habe sonderbare unheimliche Dinge aufgewühlt und werde beinahe verpflichtet sein, mit Ihnen *nicht* darüber zu sprechen. Ihr Scharfsinn wird alles erraten haben, wenn ich hinzufüge, daß ich auf die Lektüre Ihrer Arbeit ›Wandlungen und Symbole der Libido‹ brenne.«

Jung war außer sich. Was wollte Freud damit sagen? Zehn Tage später klärte Freud ihn auf. Seit mehreren Wochen arbeite er über den Ursprung der Religion – dasselbe Gebiet, das auch Jung in seiner Arbeit behandelte, und deshalb habe er ihn nicht mit den eigenen Überlegungen zu diesem Thema verwirren wollen. Nun habe er erleichtert festgestellt, daß Jung zu denselben Schlußfolgerungen gelangt war. »Sie wissen also auch schon, daß der Ödipuskomplex die Wurzeln der religiösen Gefühle enthält. Bravo!« Jung empfand keine Erleichterung. Zwei Wochen darauf beklagte er sich, daß es »allerdings sehr bedrückend« sei, »wenn Sie auch auf dieses Gebiet der Religionspsychologie herauskommen. Sie sind ein gefährlicher Konkurrent, wenn man von Konkurrenz sprechen will«. Jetzt aber schwieg er und ließ Freuds Brief unbeantwortet. Freud wollte in einigen Wochen nach Zürich kommen, ehe er Ende September 1911 zum Weimarer Kongreß weiterfuhr. Dort würde man alles weitere besprechen können.

Es war frühmorgens, der 16. September 1911. Jung war nach Zürich gefahren, um Freud vom Hauptbahnhof abzuholen. In der Droschke fuhren sie über die Seestraße nach Küsnacht, dann ging es die lange Auffahrt hinauf bis direkt vor die Tür von Jungs Haus. Daß es das einzige Mal sein würde, daß er Jung zu Hause besuchte, konnte er nicht ahnen. Es gab auch keinen Anlaß dazu.

*»Gerufen und nicht gerufen wird Gott da sein.«* Dieser in lateinischer Sprache über der Haustür eingravierte Satz kam für Freud ebensowenig überraschend wie Jungs Erklärung: »Weil ich damit ausdrücken wollte, daß ich mich immer unsicher fühle, als ob ich ständig in der Gegenwart von höheren Mächten wäre.« Es war ein großes Haus, aber sie standen vor der einzigen Tür. »Wir Schweizer leben im Zentrum Europas«, sagte Jung gern, »und da können jede Menge Dinge geschehen.« Die etwas altmodische, gemütliche Einrichtung mit den dunklen Holztäfelungen, den Parkettböden, den Orientteppichen, dem runden Ständer an der Tür mit den Spazierstöcken und die tadellose Sauberkeit im Haus straften Jungs Gefühl der Unsicherheit allerdings Lügen.

Möglicherweise kamen Jungs Töchter und der kleine Sohn herbeigelaufen, um die Männer zu begrüßen, so wie sie oft den Freunden und Patienten, die zu Besuch kamen, entgegengelaufen waren. Freud freute sich darauf, Jungs Kinder kennenzulernen, insbesondere Agathli, das lebhafte kleine Mädchen, dessen sexuelle Neugier Anlaß zu einem der Vorträge Jungs in Amerika gegeben hatte.

202

Emma Jung wird Freud herzlich begrüßt haben, da sie ihn sehr gern mochte. Einmal hatte er ihr ein Paket mit Büchern geschickt, und sie hatten über die Details eines Kongresses korrespondiert. Die Gespräche mit Freud hatten ihr großes Vergnügen bereitet. Trotzdem sorgte sie dafür, daß ihr Mann und Freud Zeit hatten, sich ungestört zu unterhalten. Sie hatte den Eindruck, daß ihr Mann Schwierigkeiten in seinen Beziehungen zu Männern hatte, und wollte ihm deshalb nach Kräften helfen. Außerdem wußte sie, daß ihr Mann unbedingt mehr darüber erfahren wollte, was Freud von seinem letzten Buch – dem ersten Teil seiner »Wandlungen und Symbole der Libido« – hielt. Sie würden also Zeit für sich allein brauchen.

Man führte den Gast im Hause herum, das ein Cousin Jungs, der von Beruf Architekt war, entworfen hatte. Jung war keiner, der gern Arbeiten an andere delegierte, und so hatte das Haus trotz der etwas bieder anmutenden Teppiche und Drucke das unverwechselbare Gepräge seines Besitzers und wies die unvermeidlichen Fehler des Nichtfachmanns auf. Emma Jungs Meinung nach stand der Wäscheschrank an einem ungeeigneten Platz, nämlich zu nahe an dem Zimmer, in dem Jung seine Patienten empfing. Der etwas förmlich wirkende braune Kaminsims aus Marmor im Wohnzimmer paßte überhaupt nicht zu den schwarzen und weißen Fliesen der Feuerstelle. Eines Tages – es war viele Jahre später – führte Jungs Sohn Franz, während er leicht auf den Kaminsims klopfte, einen der Gründe für die Wahl des Berufes des Architekten an: »Der paßt wohl nicht. Manchmal war mein Vater unsicher, was Architektur betraf. Deshalb dachte ich auch, daß mir in diesem Bereich einige Möglichkeiten offenstehen.«

Bei der Gestaltung des kleinen Arbeitszimmers im ersten Stock, das direkt an die Bibliothek anschloß, hatte Jung alles richtig gemacht, auch wenn er es das »Schreckenskabinett« nannte. Es war ein viereckiger Raum mit alten Büchern an den Wänden, in den durch die gelbgrünen, kleinen Fensterscheiben ein etwas trübes Licht fiel. Auf dem Schreibtisch, der früher dem Großvater gehört hatte, lagen Stapel ungelesener Briefe, handschriftliche Notizen, Bücher über weit entlegene Themengebiete, denen Jung nachforschen wollte, und kleine exotische Gegenstände.

An der Wand hinter dem Schreibtisch hin ein zugehängtes Bild, die Photographie des Turiner Grabtuchs, dessen Bild angeblich den Aufdruck des Antlitzes Christi trug. »Selbst wenn es sich nicht um das Antlitz Jesu handelt«, sagte Franz Jung, »in dem Bild spiegelt sich ein großer Schmerz, eine große Erleuchtung. Für meinen Vater brachte es etwas Geheimnisvolles zum Ausdruck.« Gerade deshalb habe er es zugehängt.

Dieses Zimmer gehörte zu dem Bereich der Welt Jungs, den Emma Jung beunruhigend fand. Hier empfing er seine Patienten. Und wenngleich sich Franz Jung auch erinnert, daß »mein Vater sie immer mit einbezog«, fühlte sich Emma Jung oft isoliert. »Die Frauen sind natürlich alle ganz verliebt in ihn«, gestand sie einmal Freud. Hier fanden die Therapiesitzungen statt, in denen Jung seinen Patienten Kraft gab, bis sie ihre eigene wiedererlangt hatten. Die Frauen sagten, daß sie sich in seiner Gegenwart, oft schon nach der ersten Begegnung, wieder ›ganz fühlten‹. Sie reagierten auf Jung mit Gefühlen, die manchmal zeit ihres Lebens anhielten. Viele Jahre später verstand Jungs Sohn die Situation des Vaters: »Es ging nicht so sehr darum, was er tat, sondern vielmehr darum, was er darstellte.« Eine junge Ehefrau empfindet jedoch anders als ein erwachsener Sohn, und 1911 konnte Emma Jung das Verhalten ihres Mannes nicht begreifen. Sabina Spielrein, die junge Russin, die Jung am Burghölzli in Behandlung hatte, hatte ebenfalls dieses kleine Zimmer in Küsnacht betreten. Und jetzt gab es da eine weitere Frau. Antonia Wolff, eine seelisch zutiefst verstörte junge Frau aus einer wohlhabenden Züricher Familie, traf sich hier mit Jung. Auch sie liebte ihn.

Mochte sich Emma auch Sorgen machen, sie führte doch ein großzügiges, freies Leben in Küsnacht. Bei gutem Wetter trank die ganze Familie im Freien Kaffee, dazu aß man selbstgemachten Kuchen und Gebäck. Auf dem Rasen tollten die Hunde, und während die Kinder die Enten fütterten und im

Schilf am Ufer spielten, saß der Vater dabei, rauchte seine Zigarren und las die Nachmittagszeitung. In jenem September blieb allerdings kaum Zeit für solche Stunden häuslichen Glücks. Während Freuds Besuch fanden zahlreiche Empfänge und Seminare mit Jungs Studenten statt, zudem waren noch einige Einzelheiten für den bevorstehenden Kongreß zu regeln. James Putnam war aus Amerika angereist; er wollte die Gruppe nach Weimar begleiten und ging vorher noch einige Stunden bei Freud in Analyse.

Besonders ein Gespräch mit Freud über die Bruderbeziehung in der Mythologie hatte Jung fasziniert. Sie hatten über Paare berühmter Männer in der Mythologie gesprochen; Freud sah einen roten Faden in ihrem Leben. Immer gebe es, so erklärte er Jung, einen Schwächeren, dessen Schicksal es sci zu sterben. Emma hatte zwar große Freude am Besuch Freuds, fand aber, etwas stimme nicht zwischen den beiden Männern. Freud wirkte depressiv und resigniert. Er machte sich Sorgen um seine Kinder und erklärte ihr gleich am ersten Morgen des Besuchs, seine Ehe sei »längst amortisiert, jetzt gibt es nichts mehr als – Sterben«. Im Verlauf der nächsten Tage fiel ihr auf, daß er kein Wort über die neue Arbeit ihres Mannes verlor, der – wie sie wußte – darauf brannte, Freuds Meinung über die »Wandlungen und Symbole der Libido« zu hören. Aber Freud erwähnte das Werk überhaupt nicht.

Zu denen, die Küsnacht besuchten, gehörte auch Alphonse Maeder, ein junger Schweizer Arzt, der mit Jung am Burghölzli zusammengearbeitet hatte. Im September 1911 hatte er die Jungs zu Hause besucht und konnte Jung und Freud unter sich beobachten. Jung »war ein Mann von großer Statur und gewiß eine hochbegabte, geniale Persönlichkeit. Im Vergleich zu Freud hatte er etwas starkes, mächtig Schweizerdeutsches. Freud hatte etwas Nobles«. Das beunruhigte ihn. Wie Emma Jung spürte auch er, daß es zwischen den Männern Spannungen gab. »Es muß zwischen ihnen zu schweren Kontroversen gekommen sein«, erinnert er sich. »Das Verhältnis war wohl schon damals zerstört. Jung hat aber nie ein Wort darüber fallenlassen.« Die Gruppe fuhr dann mit dem Zug zum Weimarer Kongreß, und Maeder stellte fest, daß er mit Freud und Jung im selben Abteil saß. Verflixt, die haben tatsächlich jede Menge Schwierigkeiten, dachte er betrübt.

Der Dritte Psychoanalytische Kongreß fand am 21. September 1911 im Erbprinz statt, in Weimars bestem Hotel. Freuds Arbeit, den »Nachtrag« über den Fall Schreber, sollte allen Zuhörern wegen der gelungenen Verwendung von Erkenntnissen aus der Mythologie in Erinnerung bleiben. Die Zuhörer waren tief von der Geschichte vom Adler und der Sonne – die Sonne als Symbol des Vaters – beeindruckt. Der Adler, so Freud, zwinge seine Jungen immer, ohne zu blinzeln, in die Sonne zu sehen, und verstieß die, die das nicht konnten. Es liegt auf der Hand, was er mit dieser grausamen, mitleidlosen Erzählung sagen wollte: Jeder Sohn muß sich dem Vater stellen und das eigene Leben aufs Spiel setzen, wenn er beweisen will, daß er sein legitimer Erbe ist.

Freud hatte sich bei der Verwendung mythologischer Stoffe von Jungs Beispiel leiten lassen. Auch seine Äußerung, an die sich Ernest Jones erinnert – »das Unbewußte enthalte sicherlich nicht nur infantiles Material, sondern auch Überreste des Primitiven« –, war von Jung beeinflußt. Damit gestand Freud ein, daß das Unbewußte möglicherweise mehr als nur Erinnerungen an Kindheitserfahrungen enthielt und vielleicht doch schon mit festen Verhaltensmustern ausgestattet war. An diesem Tag auf dem Weimarer Kongreß beglich Freud eine Schuld: »Dieser kleine Nachtrag [zum Fall Schreber] mag dartun, wie wohl begründet die Behauptung Jungs ist, daß die mythenbildenden Kräfte der Menschheit nicht erloschen sind...« Als nächster Redner kam Jung an die Reihe, er sprach über seine Arbeiten im Bereich der Mythologie; unter den Zuhörern befanden sich auch Emma Jung, Toni Wolff und Sigmund Freud. Als Jung für die nächste Wahlperiode als Präsident der Vereinigung bestätigt worden war, stand er im Zentrum der höchst unterschiedlichen Träume der beiden Männer.

Neben Emma Jung und Alphons Maeder gab es noch je-

206

manden, dem auffiel, daß in jenem September etwas nicht stimmte in der Beziehung zwischen Freud und Jung. Nie mehr vergaß Ernest Jones den Weimarer Kongreß und das beunruhigende Gespräch, das er dort mit Jung führte. Es sollten fünfzehn Jahre vergehen, bis er fand, er müsse Freud davon erzählen. Einmal, im Jahre 1926, schrieb Freud ihm, um etwas zu korrigieren, was Jones über das Ende der Freundschaft von Freud und Jung geschrieben hatte. »Auf Seite 7 heißt es irrtümlich«, korrigierte er Jones, der geschrieben hatte, daß seine eigene »Opposition gegen Jung auf dem Weimarer Kongreß« entstanden sei, aber »das war natürlich München, nicht Weimar«.

Jones antwortete bekümmert, seit Weimar habe er das Vertrauen in Jung völlig verloren. »Am Ende des Weimarer Kongresses«, schrieb er Freud, »sprach Jung mit mir über die Zeit, da er Sie übertreffen werde. Ich war sehr erstaunt und fragte ihn natürlich, warum er denn nicht seinen Vaterkomplex analysiere, statt ihn auf solch unangemessene Art und Weise auszuleben. Seine mystische Antwort, ›es ist mein Schicksal‹, verriet mir, in was für eine Richtung sich die Dinge bewegten... Meine Widerstände begannen tatsächlich in Weimar.«

Im September 1911 ahnte Freud noch nichts davon. Einige Tage nach seiner Rückkehr nach Wien schrieb er an Jung: »Die Tage in Zürich und Weimar werden jetzt in der Erinnerung noch immer schöner. Zahnschmerz und Anstrengungen sinken in Vergessenheit, der Gedankenaustausch, die Hoffnungen und Befriedigungen, die den Gehalt der Zeit ausmachten, heben sich rein heraus.«

# Teil IV
# Verlust

# 13. Kapitel

Es war im Oktober des Jahres 1911, als Freud einen Brief von Sándor Ferenczi öffnete und beiliegend ein Schreiben von Emma Jung fand. Darin gestand sie Ferenczi, sie habe große Sorge, daß etwas im Verhältnis zwischen Freud und ihrem Mann nicht mehr stimme. Sie spüre bei Freud eine Abneigung, »sich als Freund ganz zu geben«. Ferenczi selber hatte den Eindruck, daß dies mit Freuds Bedürfnis nach Aufrechterhaltung seiner »Autorität« zusammenhing. Zudem hatte sie den Eindruck, Freud stehe den jüngsten Arbeiten ihres Mannes ablehnend gegenüber.

Emma Jung bat Ferenczi, ihre Befürchtungen vor Freud geheimzuhalten, doch Ferenczi lag sehr viel an der Klärung des Mißverständnisses. Er führte Freuds Reserviertheit auf »die tiefe Nachwirkung der Breuer-Fließschen Erlebnisse« zurück und war überzeugt, Freuds Zurückhaltung richte sich nicht gegen Jung persönlich. Seiner Meinung nach könnte Emma bemerkt haben, daß Jungs Interesse am Okkultismus und seine Arbeit über die Libido Freud beunruhigte. Am 19. Oktober 1911 schrieb Ferenczi an Freud: »Mein Vorschlag wäre der, daß ich Frau Jung einen beruhigenden Brief schreibe, in dem ich sie (und mit gutem Gewissen) versichere, daß ich von Widerständen bei Ihnen *nichts* gemerkt habe, und sie zugleich dazu aufmuntere, sich direkt an Sie zu wenden, ohne sich der Gefahr auszusetzen, mißverstanden zu werden.«

Freud antwortete umgehend und teilte Ferenczi mit, was er Frau Jung schreiben solle, wobei Freud ausdrücklich darum bat, »weder Okkultismus noch Libido« zu erwähnen. Ferenczi hatte Freuds Instruktionen nicht richtig gelesen. Denn am 23. Oktober 1911 berichtete er Freud: »Ich schrieb Frau Jung im Sinne meines letzten Briefes an Sie, streifte Occultismus und Libidowandlung.« Wieviel Schaden Ferenczi mit dieser Fehlleistung anrichtete, läßt sich nicht feststellen.

Freud hatte ihn gebeten, jede Erwähnung von Okkultismus und Libido zu »streichen«, da diese Angelegenheit, wie Frau Jung glaubte, Spannungen zwischen ihm, Freud, und Jung erzeugen werde. »Sie können sich aber meine unangenehme Überraschung vorstellen«, schrieb Ferenczi tief beschämt, »als ich jetzt, *natürlich* nach dem Absenden des Briefes an Frau Jung, Ihren Brief nochmals durchlese und sehe, daß ich heute früh statt *streichen streifen* gelesen habe.« So hatte der Brief, den Ferenczi schrieb, irrtümlich ihre Befürchtungen bestätigt.

In jenem Herbst schrieb Emma Jung schweren Herzens eine Reihe von Briefen – Briefe, die sie mehrere Wochen vor ihrem Mann geheimhielt. »Lieber Herr Professor! Ich weiß zwar nicht recht, woher ich den Mut nehme, Ihnen diesen Brief zu schreiben«, begann sie. »Seit Ihrem Besuch bei uns plagt mich nämlich die Idee, Ihr Verhältnis zu meinem Mann sei nicht ganz so, wie es sein könnte.« Sie könne es nicht ertragen, schreibt sie, Freud derart resigniert zu sehen. Freud war in jenem Herbst in der Tat niedergeschlagen. Er kam mit seiner neuen Arbeit über die Religion nicht gut voran. Hatte er sich früher auf seine Intuition verlassen und die mühevollen Recherchen rasch bewältigt, so machten es die Studien über die Religion erforderlich, daß er die Ergebnisse sorgfältig und mit wissenschaftlicher Akribie untermauerte. Manchmal sei ihm zumute, schrieb er Ferenczi, »als hätte ich nur eine kleine Liaison anknüpfen wollen, und entdeckte in meinem Alter, daß ich ein neues Weib heiraten muß«. Es ließ ihm auch keine Ruhe, daß er ein Gebiet, auf das Jung Anspruch erhob, betreten hatte. Es kam ihm fast wie Wilderei vor. »Warum, zum Teufel, mußte ich mich anregen lassen, Ihnen auf dieses Gebiet zu folgen?« fragte er Jung verzweifelt.

Freuds gedrückte Stimmung war echt, und Emma Jungs Besorgnis durchaus begründet. Aber ihre Angst vor Freuds Reaktion auf die »Wandlungen und Symbole der Libido, Teil 1«, die Ferenczis Brief noch geschürt hatte, war fehl am Platze. »…ich wußte, mit welcher Spannung Carl auf Ihr Urteil darüber wartete«, schrieb Emma Jung in ihrem zweiten

Brief an Freud. »... er sagte schon vorher oft, Sie wären gewiß nicht einverstanden damit, und erwartete darum mit etwelcher Besorgnis Ihre Aussprache.« Daß Emma Jung darauf beharrte, etwas sei zwischen ihm und Jung nicht in Ordnung, irritierte Freud. Er und Ferenczi befürchteten, daß sie in Wirklichkeit nur als Sprachrohr ihres Mannes dessen Besorgnis zum Ausdruck brachte, schoben diesen Gedanken aber dann doch weit von sich. Unmittelbar nach dem Weimarer Kongreß war Emma Jung nach Schaffhausen gefahren und Jung nach St. Gallen. An Ferenczi schrieb Freud, daß »das Ehepaar sich wahrscheinlich wochen lange nicht gesprochen hat«. Allmählich habe er begriffen, worum es gehe: Drei Monate lang hatte er es versäumt, Jungs neue Arbeit auch nur zu erwähnen. Als er nun Emmas Brief vor sich hatte, erkannte er, daß sein Schweigen erheblich mißgedeutet worden war. Beim Durchlesen von Emma Jungs Schreiben, teilte Freud Ferenczi mit, daß der Brief »diffuser war als der erste, bestätigte, daß ich außer der Nichterwähnung der ›Wandlungen‹ keine anderen verdächtigen Zeichen von mir gegeben und sonst wirklich eher aus persönlichem Interesse gespeist schien«. Möglicherweise kam in Freuds Schweigen das Dilemma zum Ausdruck, daß er kurz vorher auch bei sich wahrgenommen hatte. Es fiel ihm schwer, wie er selbst merkte, die Ideen eines anderen anzunehmen, zugleich wußte er aber auch um die große Bedeutung der Arbeiten der anderen Analytiker für die Zukunft der Psychoanalyse. Und Jungs Arbeit war die wichtigste.

Als Freud die Arbeit in Händen hielt, war er voll des Lobes. »Eine der hübschesten Arbeiten, die ich jetzt (von neuem) gelesen«, schrieb er Jung am 12. November 1911, »ist die eines bekannten Autors über die ›Wandlungen und Symbole der Libido‹... Es ist aber das Beste, was der hoffnungsvolle Autor bis jetzt von sich gegeben hat... Nicht zum wenigsten freue ich mich der vielen Übereinstimmungen mit dem, was ich schon gesagt habe und noch sagen *möchte*.« Freud erklärte aber nicht, warum er dieses Lob so lange für sich behalten hatte.

Emma Jung irrte sich, als sie glaubte, daß Freud in jenem Herbst 1911 mit den Forschungsergebnissen ihres Mannes nicht einverstanden sei. Aber als sie in ihren Briefen auf Freuds Beziehung zu ihrem Mann zu sprechen kam, klangen ihre Worte wahr: »Und denken Sie an Carl nicht mit dem Gefühl des Vaters: ›Er wird wachsen, ich aber muß abnehmen‹, sondern als Mensch an einen Menschen, der gleich Ihnen sein Gesetz erfüllen muß.« Wie kein anderer war Freud Zeuge von Jungs raschem Aufstieg gewesen. Die Briefe, die sie einander schrieben, sprudelten geradezu über von neuen Ideen, vor allem Jungs Briefe. Freud hielt Jungs jüngstes Werk für bedeutsam; Freud war Jung sogar ins Gebiet der Religion gefolgt. In der Organisation der Psychoanalyse hatte Freud Jung über sich gestellt, und einmal hatte Freud sie beide den »Präsidenten der Internationalen Vereinigung und seinen Mentor« genannt.

Und nun hatte Emma Jung Freud darauf hingewiesen, daß er in der Entwicklung ihres Mannes sein eigenes Ende sah. Blickte Freud jetzt, der sich von der Tatkraft des Jüngeren und der schieren Wucht von dessen neuer Arbeit in den Schatten gestellt sah und auf dem Papier nicht mehr der Leiter der von ihm selbst ins Leben gerufenen Bewegung war, auf Jung so, wie einmal Breuer ihm nachgeblickt hatte – wie die Henne dem Falken? Einen Augenblick in jenem Herbst hatte es jedenfalls den Anschein. Es war, als ob der reglos und niedergeschlagene Freud untätig zusah, wie Jung, den er eines Tages einen jungen Adler nennen sollte, sich der Sonne zuwandte und in die Lüfte erhob. Doch dieser Moment ging schnell wieder vorüber. Freud erholte sich. Inzwischen aber hatte Jung an intellektueller Statur gewonnen, und Freud hatte innegehalten und sich mit ihm gemessen.

Emma Jung hatte ihr möglichstes getan. Sie mochte Freud sehr gern und hatte sich eingeschaltet, weil sie glaubte, man könne offen miteinander sprechen. Sie begriff nicht, warum es ihrem Mann und Freud so sehr widerstrebte, offen miteinander zu reden. Mit erheblichem Risiko für sich und ihre Ehe hatte sie versucht, die Probleme offen auszusprechen. Doch

214

die verwickelte Freundschaft zwischen Freud und Jung war nicht mehr am Leben zu erhalten. Noch vor Ende des Jahres entglitt sie allen Beteiligten und war beendet.

Vielleicht ahnte Freud in den Wochen nach dem Weimarer Kongreß, daß zwischem ihm und Jung etwas nicht mehr in Ordnung war, aber er ließ sich nichts anmerken. Er sagte, er habe die Tage in Küsnacht genossen. Seiner Ansicht nach war der Kongreß ein großer Erfolg gewesen. Die Briefe, die er im Herbst 1911 an Jung schrieb, waren herzlich wie immer. Es finden sich darin auch keine Anspielungen mehr auf die beunruhigenden Briefe, die Emma Jung ihm geschickt hatte. Er hatte sogar nichts dagegen, daß Jung hinsichtlich eines Problems, das ihn schon seit Jahren plagte – der Libidotheorie –, eine andere Meinung vertrat. Freud war der Meinung, daß von Kindheit an alles menschliche Verhalten von zwei Haupttrieben geformt wird: dem Hunger- und dem Sexualtrieb. Diesen nannte er Libido. Die frühesten, von diesen Trieben geformten Erlebnisse des Kindes waren einmaliger Art und wurden bestimmt von seiner Beziehung zu den Eltern. Das Unbewußte des Betreffenden setzte sich somit ausschließlich aus den individuellen Erfahrungen des Kindes zusammen.

Jung war nie ganz mit der Auffassung einverstanden gewesen, daß unser Leben im Kindesalter so stark vom Sexualtrieb durchdrungen sei. Mittlerweile dachte er ernsthaft über eine Richtungsänderung der Freudschen Theorie nach. Diese ergab sich aus seinen mythologischen Studien. In den Mythen hatte er Verhaltensmuster entdeckt, die Freuds Theorie der kindlichen Sexualität recht zu geben schienen. In zahllosen Geschichten erschien in unzähligen Verkleidungen und Symbolen der gleiche Mythos des Ödipus: der Sohn erschlägt den Vater, um die Mutter zu besitzen. Jung war aber zur Auffassung gelangt, daß diese universellen Verhaltensmuster Teil unseres genetischen Erbes und nicht ausschließlich die Folge der Kämpfe des Kindes mit den Eltern waren. Das Unbewußte war seiner Überzeugung nach nicht schlechterdings die Quelle unserer frühen Erfahrungen, sondern enthielt vielmehr von Anfang an genetisch bedingte Verhaltens-muster.

Freud sah es zwar nicht gern, daß man sich an seiner Libi-dotheorie zu schaffen machte, reagierte aber so aufgeschlos-sen wie möglich. Als Jung ihm schrieb: »Das Wesentliche ist, daß ich versuche, an Stelle des *deskriptiven* Libidobegriffes einen *genetischen* zu setzen«, hatte er schnell eine Antwort darauf: »Ich bin sehr einverstanden damit, daß Sie die Libi-dofrage angreifen, und erwarte selbst viel Klärung davon. Ich spüre es oft, daß ich lange kein Bedürfnis habe, einen dunklen Punkt zu erhellen, ehe ich durch den Drang von Tatsachen oder Menschen dazu gezwungen bin.« Freud war sich be-wußt, daß nicht alle Voraussetzungen, auf denen die Psycho-analyse ruhte, in völligen Einklang zu bringen waren. Mehr noch: Jungs Werk verlängerte sie in die Zukunft hinein, und dies war verheißungsvoll. Und Freud schrieb weiter, daß »…Ihr Nachweis der unbewußten Erbschaft in der Symbo-lik… und über die anfängliche Abgrenzung der $\Psi$A weit hin-ausführt und daß wir folgen sollen«.

Zu Beginn des Jahres 1912 kam ein Ton der Verbitterung in den herzlichen wissenschaftlichen Gedankenaustausch zwi-schen Freud und Jung. Immer seltener trafen in Wien Briefe von Jung ein. Manchmal vergingen Wochen ohne eine Nach-richt aus der Schweiz. Im Laufe der Jahre begriff Freud, warum Jung mit solch großer Verzögerung schrieb. Er hatte Angst vor zu großer Nähe. »Der Mensch soll seine Komplexe nicht ausrotten wollen«, hatte Freud einmal Ferenczi ge-schrieben, »sondern mit ihnen sich ins Einvernehmen setzen, sie sind die berechtigten Dirigenten seines Benehmens in der Welt.« Es machte ihm Sorgen, daß Jung mit seinen Komple-xen nicht fertig wurde, mehr noch – es kränkte ihn.

Freud glaubte, er bedeute Jung nichts mehr, und hatte das Gefühl, viel gegeben und nur wenig bekommen zu haben. Jetzt bedauerte er, daß er Emma Jungs Briefe so einfühlsam beantwortet hatte. Hinter seiner Sorge, er zeige sich vielleicht zu reserviert und unnachgiebig in bezug auf ihre Freundschaft, verbarg sich – wie er inzwischen annahm – etwas ganz anderes. »Sie sehen jetzt«, schrieb er Ferenczi, »daß der Brief der Frau an Sie damals wirklich nur Projection des Übelwollens auf mich enthält.« Es ärgere ihn nur, daß er »wieder einmal in törichter Zugebung sehr warm geworden« sei »und daß ich ihm von allen Resultaten der Religionsuntersuchung Mitteilung gemacht habe sowie Ihnen. Wer das Zeug zum gefühlvollen Esel hat, der hört eben auch mit grauen Haaren nicht auf sich zu blamieren«.

Er sei mit seinem Latein am Ende, fand Freud. »Sein Ehrgeiz war mir ja bekannt«, gestand er Ferenczi, »aber ich hoffte, durch die Stellung, die ich ihm geschaffen und noch vorbereite, diese Macht in meine Dienste gezwungen zu haben. Die Aussicht, solange ich lebe, alles selbst zu machen und keinen vollwertigen Nachfolger zu hinterlassen, ist nicht sehr tröstlich.« Sándor Ferenczi nahm Freuds Kummer ernst, meinte aber, die Erfahrungen mit Freunden, die er früher gemacht hatte, habe auch die Wahrnehmung der Beziehung zu Jung verzerrt. Er stimme mit Freud größtenteils überein, in bezug auf Jung habe er jedoch eine andere Meinung: »Ich vermute in ihm... eine unbegrenzte Ambition, die sich Ihnen gegenüber, der Sie ihm so sehr überlegen sind, in kleinlichem Haß und Neid äußert... Sein unbefriedigter Ehrgeiz macht ihn unter Umständen *gefährlich*.« Er glaube aber nicht, daß Freud Jung wegen dessen offensichtlichen Ehrgeizes grollte, sondern fand, Jung solle sich bei Freud in Analyse begeben. Jung habe sie nötig. Und er rate zur Vorsicht in bezug auf ihn. Bestimmt stellte Ferenczi jedoch fest: »Die Übertragung des Fließ'schen Mißtrauens verdient er aber meiner Ansicht nach nicht.« Die letzten Sätze klangen dann allerdings eher entmutigend. »Es bleibt nichts anderes übrig«, meinte er illusionslos, »Sie müssen zeitlebens alles selber machen. Ihr Nachfolger ist noch nicht gekommen.«

Schließlich konfrontierte Freud Jung mit diesen Befürchtungen, aber der verteidigte sich mit Vehemenz. Er fand, Freud habe offenbar das Vertrauen in ihn verloren. »Daß ich in der $\Psi\alpha$-Eschatologie Meinungen habe, die nicht die Ihrigen sind, was nicht einmal sicher ist – denn man kann sich brieflich nicht über alles und jedes auseinandersetzen –, werden Sie mir wohl kaum verübeln.« Dann zitierte er Nietzsche: »Man vergilt einem Lehrer schlecht, wenn man immer nur der Schüler bleibt.« Freuds Güte, wie auch sein Kummer, kam in dem Antwortbrief deutlich zum Ausdruck. »In unser beider Verhältnis zur ΨA liegt die unerschütterliche Basis unserer persönlichen Beziehungen, aber es war doch verlockend, auf dieser Basis etwas Schönes, wenn auch Labileres, von intimer Zusammengehörigkeit aufzubauen, und es soll doch so bleiben?« Dann jedoch verschrieb er sich: »Was Sie dann weiter über die notwendige intellektuelle Selbständigkeit sagen und durch das Zitat aus Nietzsche verstärken, hat in allem meinen Beifall. Wenn aber ein Dritter diese Stelle lesen könnte, würde er mich fragen, warum ich solche Versuche zur geistigen Unterdrückung unternommen habe.« Er hatte aber nicht »warum«, sondern »wann« schreiben wollen.

Jungs wachsende Unruhe, Freuds großer Kummer über die abnehmende Korrespondenz, Jungs Art der Leitung der psychoanalytischen Organisation – das alles war Wasser auf die Mühlen ihrer gegenseitigen Vorwürfe gewesen. Jetzt kam es im Hinblick auf die Libido-Frage erneut zu Meinungsverschiedenheiten. In den ersten Monaten des Jahres 1912 versuchte Jung mit aller Kraft, den zweiten Teil seiner »Wandlungen und Symbole der Libido« zu Ende zu bringen. Zum Teil lagen die Schwierigkeiten darin, daß er in der Inzest-Frage inzwischen eine andere Meinung als Freud vertrat. Die ganze Kraft der Freudschen Libidotheorie lag in der Überzeugung, daß jedes Kind das gegengeschlechtliche Elternteil sexuell begehrte. Freud zufolge handelte es sich weder um einen bloßen Wunsch noch um einen Tagtraum, sondern um ein höchst brisantes sexuelles Gefühl. Jung hingegen war überzeugt, das Kind wünsche den Inzest nicht wirklich, sondern dieser sei vielmehr reine Einbildung.

Es herrschten zahlreiche Spannungen zwischen Freud und Jung, aber im Mai 1912, als sich Freud einer weiteren, naheliegenderen Sorge gegenübersah, traten sie vorübergehend in den Hintergrund. Der Freund Ludwig Binswanger, ein Schweizer, der im Städtchen Kreuzlingen am Bodensee, ungefähr sechzig Kilometer von Zürich entfernt wohnte, hatte sich einer Blinddarmoperation unterzogen, bei der ein bösartiger Tumor entdeckt und entfernt worden war. Es hieß, Binswanger habe nicht mehr lange zu leben. An Jung schrieb Freud: »Ich reise 24. des Monates abends nach Konstanz zu Binswanger und will Dienstag nach Pfingsten zurück sein. Die Zeit ist so beschränkt, daß sich nicht mehr mit ihr anfangen läßt.« Er hatte den Brief in großer Eile geschrieben, in der Hoffnung, Jung würde sich ihm anschließen. Über den Grund der Reise stand kein Wort in dem Brief.

Aus diesem unbedeutenden Vorfall erwuchsen dann allerdings Mißverständnisse, über die der Anlaß völlig in Vergessenheit geriet. Freud begab sich nach Kreuzlingen und nahm eine eineinhalb Tage dauernde Bahnfahrt in Kauf, um zwei Tage bei Binswanger sein zu können. Ob er auf der Fahrt durch die Alpen in jenem Frühjahr, als er einen Mann besuchen wollte, dessen Freundschaft er möglicherweise durch den Tod verlieren würde, auch um den Verlust eines anderen Freundes bangte? Der Zug überquerte den Rhein in der Nähe der Mündung in den Bodensee. Auf dem flachen, grünen Land ging es weiter in Richtung Norden nach Kreuzlingen. Als Freud aus dem aus St. Margrethen kommenden Zug stieg, hatte er allen Anlaß, nach Jung Ausschau zu halten. Doch lediglich Binswanger war an jenem Samstag am Bahnhof. Jung blieb Kreuzlingen fern; er hatte Freud auch keine Nachricht übermittelt, daß er nicht kommen werde.

Einige Tage später schrieb Jung zu Freuds Überraschung: »Daß Sie kein Bedürfnis hatten, bei Ihrem Kreuzlinger Besuche mich zu sehen, muß ich aus der Lage der Theorie erklären, deren Entwicklung bei mir Ihnen unsympathisch ist.« Jung hatte in Freuds kurzem Schreiben keine Einladung, sondern eine Zurückweisung gesehen. Freud war bestürzt. Dem Schweizer Freund Oskar Pfister teilte er mit: »Schade, daß Sie Jung nicht getroffen und gesprochen haben. Sie hätten ihm ja von mir sagen können, daß er sehr wohl von mir abwei-

219

chende Auffassungen entwickeln kann, aber daß ich ihn bitten lasse, es ohne schlechtes Gewissen zu tun.« An Jung schrieb er scheinbar gelassen: »Wenn wir uns zunächst nicht einigen können, ist nicht anzunehmen, daß diese wissenschaftliche Differenz unseren persönlichen Beziehungen Abbruch tun wird.«

Freud erklärte Jung den Grund für seine Fahrt nach Kreuzlingen, äußerte sich aber zurückhaltend in bezug auf Binswangers Erkrankung. »Ich hatte ein besonderes, Ihnen nicht bekanntes Motiv, Binswanger um diese Zeit zu sprechen. Wenn Sie aber herübergekommen wären und einen halben Tag in Konstanz zugebracht hätten, wäre es eine große Freude für uns alle gewesen.« Es hätte mehr als nur eine Freude bedeutet. Gelegentlich hatte der unregelmäßige Rhythmus, in dem sie einander schrieben – Worte, mit denen sich die Aufgabe, etwas zu erklären und zu erneuern, nicht mehr bewältigen ließ –, die Freundschaft gefährdet. Beiden hatte die Nähe des anderen immer sehr viel bedeutet: Ein bestimmter Tonfall, eine inzwischen vertraute Geste, wenn sich Jung für ein Thema begeisterte und mit den Händen gestikulierte, und Freud, mit sparsameren, zurückhaltenderen Gesten und lebhaften Augen dasitzend, während die Stunden verstrichen, in denen sich ihre Freundschaft entwickeln konnte – das alles hatte es in Kreuzlingen nicht gegeben.

Nichts, was bis zu diesem Zeitpunkt geschehen war, hatte Freud auf Jungs nächsten Brief gefaßt gemacht. Dunkel hieß es darin: »Jetzt kann ich nur sagen: ich verstehe die Geste von Kreuzlingen. Ob Ihre Politik die richtige ist, wird sich durch Erfolg oder Mißerfolg meiner nächsten Arbeiten herausstellen.« Freud wußte nicht mehr weiter. Was meinte Jung mit der »Geste von Kreuzlingen«? Freud schickte Jungs Brief an Ludwig Binswanger und fragte: »Ist das bei aller Unverständlichkeit nicht eine regelrechte Aufkündigung?« Es gebe nichts Neues, schrieb Freud mit ungeheurer Untertreibung aus Karlsbad, wohin er zur Behandlung in den Thermalquellen gefahren war. »Das Interessanteste ist wohl, daß ich gestern von Jung einen Brief erhielt, der sich nicht anders als förmlicher Widerruf der bisher freundschaftlichen Beziehungen auslegen läßt.«

In späteren Jahren konnten viele den Entschluß, die Freundschaft aufzukündigen, in Jungs Brief nicht erkennen. Aber Freud hatte ihn darin gesehen; Ferenczi auch. »Nach allem, was mir über Jung's Verhalten bekannt war, konnte mich seine offene Kriegserklärung zwar betrüben, aber nicht überraschen«, schrieb er am 6. August 1912 an Freud. »Die ›Geste von Kreuzlingen‹ und die ›Politik‹, die Ihnen Jung vorwirft, gehören offenbar zu Phantasien, mit denen Jung sein Vorgehen vor seinem Gewissen rechtfertigen will. Er behandelt die Psychoanalyse, als wäre sie eine persönliche Angelegenheit zwischen Ihnen beiden und nicht etwas Objektiv-Wissenschaftliches.« Zu seiner großen Erleichterung sei Freud auf Distanz gegangen. »Es freut mich sehr, daß Sie den Abfall Jungs so leicht nehmen. Das beweist mir, daß Sie die krampfhafte Anstrengung, einen persönlichen Nachfolger zu kreieren, endgültig aufgegeben haben und die Sache der Analyse ihrem Schicksal überlassen, nachdem Sie doch für sie alles getan haben, was in Ihrer Macht stand.« Mag sein, daß Freud distanziert reagierte. Mit Sicherheit war er in jenem Sommer gedrückter Stimmung und bei schlechter Gesundheit.

# 14. Kapitel

In den voraufgegangenen Monaten hatte sich aus verschiedenen, miteinander verknüpften Handlungen sowie aus dem mitunter etwas spröden und stolzen Gedankenaustausch zwischen Freud und Jung etwas Unüberwindbares entwikkelt. Mit jeder Handlung war der Konflikt deutlicher und tiefgreifender geworden. Emma Jung hatte ihr Unbehagen zum Ausdruck gebracht und erst Ferenczi und dann Freud eingeweiht. Und Ferenczi hatte Öl ins Feuer gegossen, indem er versehentlich Emmas Befürchtungen noch bekräftigte. Nun ließ Freud Jungs Briefe, die voller Verbitterung waren, unter seinen Freunden kursieren. Jung bot an, seinen Vorsitz ruhen zu lassen, bis man auf dem nächsten Kongreß die Angelegenheiten besprechen konnte. Freud und Jung war der Streit über den Kopf gewachsen. Hellsichtig schrieb Freud an Sabina Spielrein, »es fehlt ohnedieß nicht an Anderen, die sich bemühen, eine solche Rhagade zum Riß zu erweitern«.

Während sich im Sommer 1912 die Anzeichen mehrten, es könnte zu Schwierigkeiten kommen, besprachen Jones und Ferenczi, ob man aus den treuen Verfechtern der Psychoanalyse ein Geheimkomitee bilden sollte. Diesen Gedanken legte Jones Freud vor, der ihm entgegnete: »Was mich augenblicklich fesselte, ist Ihre Idee eines geheimen Rates, der sich aus den besten und zuverlässigsten Männern zusammensetzt... Sie sagen, es sei Ferenczi gewesen, der diese Idee vorbrachte, es könnte meine eigene sein, geformt in besseren Zeiten«, fuhr Freud betrübt fort, »als ich hoffte, Jung werde einen solchen Kreis um sich selbst scharen... Nun muß ich leider sagen, daß eine solche Vereinigung unabhängig von Jung gebildet werden müßte.« Vielleicht kam Jones' Vorschlag zu früh und verstärkte nur noch den unterschwelligen Groll, vielleicht verfolgte er auch lediglich eigene Interessen. Wenn man Jung aus dem Kreis um Freud ausschloß, würde er schließlich selbst näher an Freuds Seite rücken.

Ludwig Binswanger reagierte auf diese mißliche Lage mit einer versöhnlicheren Antwort. Er rechtfertigte Jungs Verhalten damit, daß dieser in letzter Zeit große schöpferische Leistungen vollbracht hatte. Aber Freud ließ das nicht gelten. Als Binswanger fragte, ob Jungs Verhalten Freud vielleicht gekränkt hätte, kam aus Wien die brüske Antwort: »Zum Glück täuschen Sie sich völlig in der Annahme, daß ich irgendwie unter seinem Benehmen leide. Ich bin ganz unbeteiligt.« Dennoch hatte er Verständnis für Binswangers Sorgen: »Seien Sie aber ruhig, ich werde nichts tun, was einem Bruche zutreiben kann.« Zu dem Zweck setzte Freud alles daran, die Probleme im Griff zu behalten. Er bezweifelte, daß Jungs neue Ideen einen unversöhnlichen Gegensatz zu seinen eigenen bildeten; Jung glaubte das auch nicht. »Nichts«, informierte Freud Ferenczi am 8. August 1912 über eine Antwort an Jung, unmittelbar nachdem er einen Brief von Jung erhalten hatte, »berechtige zur Annahme, daß seine Abänderungen eine solche Entfremdung von unseren Grundanschauungen involvierten... Das Problem, weshalb solche Abänderungen unter Affektstürmen und mit Einbuße an menschlichen Beziehungen entstehen müßten, behielten wir uns für später vor.«

Am 7. September 1912 saß Freud, der gerade eine Kur in den Thermalquellen in Karlsbad hinter sich hatte, mit Ferenczi im Zug auf dem Weg nach Italien. Er wollte in den nächsten Wochen Ernest Jones in London besuchen, hatte sich jedoch wegen einiger Krankheitsfälle in der Familie und seiner niedergedrückten Stimmung dagegen entschieden. »Seit Karlsbad verspürte ich eine zunehmende Abgespanntheit und Trägheit, schlief schlecht, und die Stimmung war gedrückt... war unfähig, mich in gescheiter Gesellschaft zu produzieren«, schrieb er Jones entschuldigend mit etwas zittriger Schrift aus dem Zug. »Selbst Ferenczi, freundlich wie er ist, will nicht gehen, um sich allein zu vergnügen und zu erholen, und ist mir manchmal zuviel. Er sitzt im Nachbarabteil und liest, er darf nichts davon wissen. Ich kann mich an keinen vergleichbaren Zustand erinnern und bin geneigt, ihn der kräftigen Einwirkungen der heißen Quellen zuzuschreiben.«

Ernest Jones war kurze Zeit vorher in Zürich gewesen, wo er Teil II von Jungs »Wandlungen und Symbole der Libido« gelesen hatte. Er hatte Freud einen ausführlichen Bericht über die Arbeit geschickt, der sich sofort ein Exemplar kaufte. Jetzt saß er allein im Zug und überflog rasch Jungs Arbeit. Er wollte sie später in aller Ruhe gemeinsam mit Ferenczi lesen, aber auf den ersten Blick war er durchaus zufrieden. Allerdings fiel ihm sofort die Seite ins Auge, auf der Jung ein Fehler unterlaufen war: Jung hatte eine von Freuds Arbeiten so gedeutet, als ob sie Aussichten auf die Existenz einer nicht-sexuellen Libido eröffne, und sich diesen Gedanken in »Wandlungen und Symbole der Libido, Teil II« zunutze gemacht. Dieses Mißverständnis ließ sich aber, wie Freud fest glaubte, leicht ausräumen.

Nach mehreren Wochen, in denen es ihm gesundheitlich schlechtging, kam Freud in Rom an. Sein Herz, meinte er, vertrug auf einmal weder Tabak noch Wein. Ihm war klargeworden, daß man psychische Einflüsse für seine jüngste Erkrankung verantwortlich machen würde. An Ludwig Binswanger schrieb er: »...nur bitte ich, Jung nicht zuviel zu beschuldigen.« Er sehnte sich danach, allein zu sein. Ferenczi war nach Neapel weitergereist; deshalb ging Freud stundenlang allein auf dem Palatin inmitten der Ruinen des Altertums umher. Täglich suchte er die Stille einer Kirche auf, um sich von der römischen Sonne zu erholen. Es war nicht um des Trostes willen, daß Freud San Pietro in Vincoli aufsuchte. In einer dämmrigen Nische der Kirche stand Michelangelos *Moses*-Statue. Der zornige Prophet verkörperte Gefühle, die Freud nur zu gut kannte. Zwar war er eine andere Art von Prophet, und es waren auch andere Zeiten. Freud spürte aber, daß man etwas daraus lernen konnte, wenn man sich ganz nah an den Moses stellte. Als Jones einige Monate später Rom besuchte, schrieb ihm Freud: »Richten Sie dem Moses meine tiefste Ergebenheit aus, und schreiben Sie mir von ihm.«

In Rom fand Freud auch Zeit, Jungs neues Werk durchzulesen. »...gewiß, das ist alles diskussionswürdig und hochinteressant, und es enthält keinen Keim der Feindschaft«, teilte er Jones mit; in einem Brief an Binswanger findet sich eine ähnliche Formulierung: »Die Abhandlung habe ich endlich, sie ist durchaus diskutabel, gäbe gar keinen Anlaß zu einem persönlichen Konflikt, so wenig wie seine früheren Irrtümer.« Freud hatte die Hoffnung auf den Fortbestand der Freundschaft zu Jung noch immer nicht aufgegeben, so wie er auch zu anderen Zeiten weiter gehofft hatte, als es zwischen ihnen wegen theoretischer Fragen zu Differenzen gekommen war. Mit großer Sicherheit sah er noch keine Gefahr, daß es zur Trennung von Jung kommen würde.

Außerdem hatte er nun Zeit, über Jones' Besuch in Zürich nachzudenken, wo die Beziehung zwischen Jung und Freud ins Gerede gekommen war. Jones fand, daß sich Jung für »groß« hielt. Seine Persönlichkeit, schrieb er Freud, seine Züricher Quellen zitierend, sei »wirklich ›zu arg‹« für jede weitere Zusammenarbeit. Die Schweizer meinten aber auch, so Jones, daß Freud Jung unnötig provoziert hatte. Freud verteidigte sich gegen die Vorwürfe, sein Verhalten habe zu dem Streit beigetragen. Jones schrieb er: »Ich bin ganz sicher, [Jungs] Freunde befinden sich im Irrtum, was meine Provokation seiner Empfindlichkeiten betrifft. Ich habe ihn nichts als verwöhnt, und er benahm sich in Details, die Ihnen nicht bekannt sind, ganz abscheulich gegen mich. Er wollte einen Zwist, und den hat er provoziert… Wenn er sich für so groß hält, wie Sie es schildern, dann wird er nicht mehr geeignet sein, mit uns zusammenzuarbeiten, und eine Gefahr für unsere Arbeit werden.« Er wolle einer Versöhnung nicht im Wege stehen, zögere jedoch, die freundschaftliche Beziehung wiederaufleben zu lassen. Er wisse nicht, ob sich die ehemaligen Gefühle wieder einstellen würden.

Freuds Spaziergänge zwischen den Ruinen, der tägliche Besuch des *Moses* und das warme, sonnige Wetter taten ihm gut, so wie Rom ihm immer gutgetan hatte. Ungeachtet der Kritik Jones' an Jung hatte er selbst am Ende keinen hinreichenden Grund für einen Bruch mit Jung entdeckt und hoffte deshalb auf den Fortbestand der Freundschaft. Jeden Tag trug Freud eine frische Gardenie im Revers, langsam ging es ihm wieder besser.

In jenem Jahr fand kein Kongreß mehr statt. Freud hielt sich im September 1912 mit Ferenczi in Italien auf, Jung war zu einer Vortragsreise nach Amerika gefahren. Da er längere Zeit fort sein würde, hatten er und Freud beschlossen, den Kongreß bis zum folgenden Jahr zu verschieben. Selbst den Vorsitz zu übernehmen, kam für Freud nicht in Frage. Das sei ihm gar nicht in den Sinn gekommen, bekannte er Ferenczi, und außerdem: »...ein solcher Vorschlag hätte nur von Jung selbst ausgehen können.« Zunächst sei ihm Jungs Amerikareise gar nicht so unsinnig vorgekommen. Denn sie würde ihm erlauben einzuschätzen, wieviel Einfluß die Psychoanalyse inzwischen dort gewonnen hatte, und ihm die Möglichkeit geben, die Bekanntschaft mit den amerikanischen Kollegen zu erneuern. Doch mit dem Streit war auch eine Neubewertung einhergegangen. Freud hielt nicht mehr viel von der Einladung. Es handele sich um eine »kleine und unbekannte *katholische*, von Jesuiten gehaltene Universität, die Jones abgelehnt hatte«, teilte er Ferenczi mit. Jung hielt dann neun Vorlesungen und gab über ein Dutzend Seminare an der Fordham University in New York.

Im Mai 1912 hatte die New York Psychoanalytic Society unter dem Vorsitz Abraham Brills dafür gestimmt, im Herbst zu Ehren Jungs ein Festessen zu geben. Die Mitglieder der Gesellschaft hatten keine Ahnung, daß sich Jung unter ihrer Schirmherrschaft entschieden gegen Freuds Theorien wenden würde. »Ich glaube nicht fehlzugehen«, erklärte Jung im September 1912 seinen über neunzig Zuhörern, »wenn ich den eigentlichen Wert des Libidobegriffes nicht in seiner sexuellen Definition, sondern in seiner *energetischen Auffassung* erblicke.« Jungs krasse, von jeglicher sexuellen Bedeutung entkleidete Neudefinition der Libido gefiel mit Sicherheit vielen unter seinen Zuhörern: »Libido soll der Name sein für die Energie, die sich im Lebensprozeß manifestiert.« Als Freud von Jungs Umschwenken in bezug auf die Libidotheorie erfuhr, reagierte er schnell. Er organisierte die Veröffentlichung einer Kritik und teilte Ferenczi ergrimmt mit: »Wir eröffnen also die Feindseligkeiten.« Ernest Jones hatte Freud Aufsätze von Bleuler, Maeder und Adler gezeigt; in Freuds Augen stellten sie »drei bedauerliche Mißverständnisse... unserer Psychoanalyse« dar. Schon einmal hatte er von »Jungs Auflehnung« gesprochen; nun entwickelte er einen »Kriegsplan«. Da Jung im *Jahrbuch* veröffentlicht hatte, wollte Freud das *Zentralblatt* zum »Sprachrohr« seiner Auffassungen machen. Er wollte die Artikel zwar nicht selber schreiben, informierte aber Ferenczi Anfang Oktober 1912: »Es soll kein Geheimnis sein, daß ich dahinter stecke. Auf Sie rechne ich aber als Generalstab bei diesem internen Feldzug.« Jungs Persönlichkeit – besonders seine Besessenheit –, so meinte Freud, würde viele seiner potentiellen Anhänger abschrecken, zudem glaubte er, daß sich aus Jungs Fehler Kapital schlagen ließ. »Wenn er klug wäre«, schrieb er Jones, »hätten wir keine Chance.« Aber nicht nur Jung gab Freud in diesem Herbst Anlaß zur Sorge. Stekel, der das *Zentralblatt* herausgab, »macht hier auch neue, freche Schwierigkeiten«. Freud glaubte, Stekel führe etwas im Schilde. »Vielleicht will er es auf eine Kraftprobe beim Zentralblatt ankommen lassen, der ich gewiß nicht ausweichen werde. Wenig Opfer wären mir zu groß, um ihn loszuwerden.«

Jung war während seines zweimonatigen Amerika-Aufenthalts zu beschäftigt, als daß er Freud schreiben konnte. Er hatte auch keine Neigung dazu verspürt, und der Brief, den er nach seiner Rückkehr schrieb, enthielt ausgesprochen provozierende Äußerungen. Nachdem Jung die Wirkung seiner Änderung der Freudschen Theorie auf seine amerikanische Zuhörerschaft geschildert hatte, schloß er den Brief mit einem mittlerweile vertrauten Seitenhieb: »Ihre Kreuzlinger Geste hat mich nachhaltig gekränkt.« Als Freud am 14. November 1912 antwortete, ließ er abermals die inzwischen übliche Anrede »Lieber Freund« fort. Jetzt schrieb er: »Lieber Herr Doktor! Ich begrüße Sie zu Ihrer Heimkehr aus Amerika nicht mehr so zärtlich wie zuletzt..., ich habe dieselbe Ansicht von der Berechtigung persönlicher Variationen und dasselbe Bedürfnis nach Fortsetzung der Arbeitsgemeinschaft... Ihr Beharren auf der ›Geste von Kreuzlingen‹ ist mir zwar ebenso unverständlich als kränkend, aber es gibt Dinge, die sich schriftlich nicht erledigen lassen.«

19. XI. 1912

Sehr geehrter Herr!
Durch allseitiges Übereinkommen ist die Zusammenkunft in München beschlossen. Die Sitzung wird 9 Uhr Vormittags, den 24. XI im Park-Hotel stattfinden...

Mit vorzüglicher Hochachtung
der Präsident:
Dr. Jung

Freud gehörte zu jenen, die Jungs förmlichen, maschinengeschriebenen Brief erhielten. Die Sitzung wurde einberufen, um Freuds Entscheidung zu billigen, den Wiener Analytiker Wilhelm Stekel gehen zu lassen und auch das von ihm herausgegebene *Zentralblatt* aufzugeben. »Wir trennten uns in Freundschaft«, äußerte Freud bezüglich Stekel, »aber der Teufel mag wissen, was für dunkle Pläne er hat.« Stekels Abfall war nur ein weiteres Kapitel in der stürmischen Geschichte der jungen Wiener Psychoanalytischen Vereinigung. Die Sitzung begann um 9 Uhr morgens im Parkhotel. Schnell kam man überein, Freuds Wünsche hinsichtlich Stekel zu erfüllen. Das Münchner Treffen bot Freud und Jung zum erstenmal seit mehreren Monaten die Gelegenheit zu einem Treffen, und am Ende der Sitzung brachen sie gemeinsam zu einem Spaziergang auf.

Im Vorjahr hatte Jung seine eigene Libido-Definition veröffentlicht. Freud und einige stille Teilnehmer, unter ihnen Jones und Ferenczi, hatten daraufhin ein Geheimkomitee gegründet, aus dem sie Jung bewußt ausschlossen. In dem Briefwechsel zwischen Freud und Jung waren Spannungen aufgetreten, besonders in Jungs Briefen mit ihren ständigen

Verweisen auf die »Geste von Kreuzlingen«. In den zurückliegenden Monaten hatte es keinen Augenblick gegeben, in der die einstmals sehr vitale Freundschaft erneut aufgelebt war, und auch jetzt war es kein vielversprechender Moment. Freud machte sich deshalb an die Lösung des Geheimnisses von Kreuzlingen, und dies dauerte eine Weile. Warum, fragte Freud, hatte Jung so gekränkt auf Freuds Besuch bei Binswanger reagiert? Weil er sich dadurch, sagte Jung zunächst, zurückgesetzt gefühlt habe. Jung habe geglaubt, Freud habe ihn nicht in Kreuzlingen haben wollen und ihm daher die Einladung so spät zugesandt, daß er nicht mehr hinfahren konnte. Er habe Freud in Verdacht, so Jung, daß er sich mit seinen »Feinden« verschworen habe. Freud war fassungslos. »Nun kam er mit der Klage«, bekannte er Ferenczi später, »ich sei zu seinen Feinden, Binswanger und Häberlin, gefahren und hätte es verhindert, daß er mich sähe, indem ich ihm von dem Besuch erst Mitteilung machte, als ich schon zurück war.« Ludwig Binswanger war ein langjähriger Kollege Jungs. Vor Jahren hatten sie gemeinsam am Wortassoziationsexperiment gearbeitet, und 1907 waren sie nach Wien gereist, weil sie die Bekanntschaft Sigmund Freuds machen wollten.

Möglicherweise wurde Jungs Argwohn auch noch durch Freuds rätselhafte, im nachhinein gegebene Erklärung bestärkt: »Ich hatte ein besonderes, Ihnen nicht bekanntes Motiv, Binswanger um diese Zeit zu sprechen.« Was Freud auf dem Herzen hatte, als er Jung wegen seines mangelnden Vertrauens zur Rede stellte, läßt sich nur erahnen. Freuds Geheimkomitee, ein Kreis, der sich gegen Jung und seinesgleichen abgrenzte, hatte etwas Verschwörerisches. Jungs Feindseligkeit entstammte der Furcht, daß sich Freud gegen ihn verschworen hatte. Ob die Ironie, die darin lag, daß dies tatsächlich der Fall war, Freud entging?

»Was würden Sie sagen, wenn ich Ihnen nachträglich schriebe, ich sei in Wiener Neustadt [eine Stadt in der Nähe Wiens] gewesen?« fragte Jung Freud. »Ich gab zu, daß das gemein von ihm wäre«, antwortete Freud, »aber es sei nicht mein Fall.« Freud hatte Jung den Brief noch am gleichen Tag geschickt, als er auch Binswanger schrieb, der seinen Brief rechtzeitig erhalten hatte und daher zum Bahnhof kommen konnte. Plötzlich erinnerte sich Jung wieder. »Ich war Samstag und Sonntag abwesend, auf einer Segelpartie.« Erst an dem Montag, als Freud wieder aus Kreuzlingen abgefahren war, sei er nach Küsnacht zurückgekommen und habe die Post geöffnet. Warum habe er denn nicht das Datum des Poststempels geprüft? fragte Freud nach. Und warum habe er nicht seine Frau gefragt, wann der Brief angekommen sei? Jung konnte ihm keine überzeugende Antwort darauf geben.

Später schrieb Freud Ferenczi, Jung sei »absolut geschlagen« und »beschämt« gewesen, als ihm klar wurde, daß er keinen Anlaß zum Argwohn hatte. Weiter berichtet Freud: Jung »...gab dann alles zu, daß er schon lange gefürchtet, Intimität mit mir oder anderen schade seiner Selbständigkeit, und darum beschlossen, sich zurückzuziehen; daß er mich allerdings nach dem Vaterkomplex konstruiert und sich gefürchtet, was ich zu seinen Modifikationen, zu seiner besonderen Ausdrucksweise sagen würde«. Jahre später hörte Jung schweigend zu, als eine Freundin, die Analytikerin Jolande Jacobi, von einem Patienten erzählte, der geträumt hatte, er und Jung wären im Zürichsee schwimmen gewesen, und Jung wäre ihm zur Hilfe gekommen. Frau Jacobi erklärte, der Mann sei homosexuell, und fragte Jung, ob er ihn behandeln wolle. »Nein«, erwiderte Jung, »das möchte ich nicht.« Dann sagte er ihr, daß sich ihm einmal ein homosexueller Freund der Familie genähert habe: »Sehen Sie, das ist auch der Grund, weshalb ich vor Freuds Annäherungen Angst hatte.« Dasselbe habe er empfunden, als Freud ihn zu seinem Erben und Nachfolger küren wollte. »Nein, nein, nein, ich möchte zu niemandem gehören.«

In jenem Gespräch am Morgen des 24. November 1912 in München ließ ihn Freud allerdings nicht so leicht davonkommen. Er sei außerstande, erklärte er Jung, die Freundschaft aufrechtzuerhalten, da Jung »selbst die Intimität heraufbeschworen«, sie dann aber »brutal« beendet habe. Freuds Ansicht nach verhielt sich Jung so zu allen seinen Freunden. Spä-

231

ter schrieb Freud an Ferenczi, er habe Jung gesagt: »Er stoße alle nach einiger Zeit ab.« Es war kein leichtes Gespräch gewesen; Freud zog tiefgreifende Schlüsse daraus. »Ich hätte mich an dem einen Punkt mit ihm getäuscht«, habe er Jung gesagt, »indem ich ihn für einen geborenen Herrscher gehalten, der durch seine Autorität den anderen viel Irrtümer ersparen könne; das sei er nicht.« Das Gespräch hatte Jung gutgetan, fand Freud, aber er selbst war immer noch ganz verstört. An Ferenczi schrieb er: »Wäre er einer, an dem Eindrücke haften, so würde ich an einen dauernden Umschwung glauben. Aber es ist ein Kern von Unaufrichtigkeit in seinem Wesen, der ihm gestatten wird, die Eindrücke wieder abzuspülen.«

Dennoch hatte Freud nicht alle Hoffnung aufgegeben. Binswanger teilte er mit: »Jung war sehr liebenswürdig und hat sich in einer Stunde privater Unterhaltung von der geringen Berechtigung seiner Beschwerden gegen mich voll überzeugen lassen. Die ›Geste von Kreuzlingen‹, die er mir immer vorgeworfen, beruhte auf einer unglaublichen Symptomhandlung... Ich glaube, es wird jetzt alles gutgehen. Die theoretischen Differenzen sollen nur bestehen bleiben, bis sie durch Diskussion in Arbeiten und auf dem Kongreß aufgehoben werden können.« An James Putnam schrieb er mehr oder weniger das gleiche. »Die Kollegen sind reizend zu mir, Jung nicht am wenigsten. Eine persönliche Angelegenheit zwischen uns hat eine Menge überflüssiger Empfindlichkeiten weggeräumt. Ich hoffe auf ein weiteres erfolgreiches Zusammenwirken. Theoretische Differenzen brauchen es nicht zu trüben.«

Als Freud und Jung sich im Speiseraum des Park-Hotels wieder zu den anderen Teilnehmern gesellten, war Freud guter Dinge. Er hatte Jung noch einmal für sich gewonnen. Wie schon einmal, als ein Glas Wein, das Jung in Bremen getrunken hatte, Freuds Sieg symbolisierte, gab auch das Mittagessen im Park-Hotel Anlaß zum Feiern. Aber wie in Bremen empfand Freud auch jetzt wieder ein wachsendes Unbehagen. Er beschuldigte die Züricher – unter ihnen Jung –, sie hätten es versäumt, in ihren Arbeiten seinen Namen zu erwähnen. Dann begann die Diskussion über die Abhandlung von Karl Abraham über den Sohn des ägyptischen Königs Amenhotep. In einem Brief an Abraham hatte Freud bereits eingestanden: »Zweitens trage ich Bedenken, den König so scharf als Neurotiker hinzustellen, was mit seiner außerordentlichen Energie und Leistung scharf kontrastiert... Diese Complexe haben wir ja alle und müssen uns hüten, nicht alle Neurotiker zu heißen. Wenn wir uns ihrer erwehrt haben, sollten wir von dem Namen verschont bleiben.«

Mittlerweile dachte Freud anders darüber. Ernest Jones fiel auf, daß er das Ganze recht persönlich nahm. Amenhotep IV., erinnerte sich Freud laut, hatte den Namen des Vaters von allen Denkmälern entfernen lassen. »Ja, das tat er«, entgegnete Jung, »aber damit können Sie ihn nicht abtun. Er war der erste Monotheist unter den Ägyptern. Er war ein großes Genie, sehr menschlich, sehr individuell. Das ist sein Hauptverdienst. Daß er den Namen seines Vaters auskratzte, ist gar nicht die Hauptsache.« Im November 1912 war das gar keine unwichtige Frage. Einige Monate zuvor hatte Jung Freud mit einem Nietzsche-Zitat gewarnt: »Hütet euch, daß euch nicht eine Bildsäule erschlage.« Jetzt verteidigte er den König, der den Vater symbolisch ermordet und den Namen von den zu seinen Ehren errichteten Denkmälern gelöscht hatte. Das mußte bei Freud den Eindruck erwecken, daß Jungs Handlungen die des rebellischen Sohns des alten Ägypters widerspiegelten.

Vielleicht hätte nur Ferenczi, der alles vorausgesehen hatte, die Nachricht nicht überrascht, daß, mitten in einer erregten Diskussion über böse gesonnene Väter und ihre respektlosen Söhne, Freud ohnmächtig auf den Steinfußboden des Speisesaals stürzte.

# 15. Kapitel

Am 24. November 1912 saß Ernest Jones mit den Kollegen am Tisch im Münchner Park-Hotel und hörte ein leises Rascheln, als Freud langsam zu Boden glitt. Aber Jung war es, der ihm zu Hilfe kam. Auf dem gemeinsamen ausgedehnten Spaziergang vor dem Mittagessen war er Freud wieder näher gekommen. Er hatte das Gefühl, Freud erst jetzt richtig verstanden zu haben, und sich für seine Fehler entschuldigt. Jung war Freud liebevoll zugetan, aber die tiefe Zuneigung war oft stumm geblieben, verdeckt von den eigenen Schwierigkeiten, die er mit sich selbst hatte. Nun ließ er zu, daß die tiefen Gefühle, die er für Freud hegte, in seiner besorgten Zuwendung Ausdruck fanden. Er wehrte alle Hilfsangebote ab und trug Freud in den Armen aus dem Zimmer. Gleichzeitig hielt er sich, als Freud zu ihm hochsah, für seinen Vater. Als er Freud in der Halle auf eine Couch legte, hörte Jones Freud ausrufen: »Es muß süß sein zu sterben!« Ihm sei übel geworden, und er habe sich deshalb auf die Couch gelegt. Der Kopf täte ihm weh, und mehr als alle anderen wisse er um die Bedeutung dieses letzten Ohnmachtanfalls. Im Gegensatz zu allen Erwartungen endete das Treffen in München mit einem tieferen Verständnis zwischen Freud und Jung. Als man sich abends um fünf Uhr voneinander verabschiedete, sagte Jung: »Sie werden mich ganz bei der Sache finden.«

Auf der Fahrt mit dem Nachtzug nach Wien schlief Freud sehr gut. Die Zusammenkunft in München sei alles andere als ruhig verlaufen, schrieb er seiner Tochter Anna nach Italien; man habe stundenlang von neun Uhr morgens bis kurz vor Mitternacht diskutiert. Seine Gespräche mit Jung erwähnte er ebensowenig wie seinen Ohnmachtsanfall. Dennoch war er guter Laune und gratulierte ihr herzlich zum 17. Geburtstag. Er versprach, ihr ein Überraschungspäckchen mit Büchern zu schicken und ihr Zimmer neu einzurichten, »Schreibtisch und Teppich sind gewiß«. Vor anderen

Menschen mußte er aber doch näher auf die Münchner Ereignisse eingehen.

Bekannten gegenüber gebrauchte er leichthin Mark Twains Satz: »Nachrichten über meinen Tod sind stark übertrieben.« Aber Ludwig Binswanger gestand er, daß Erinnerungen, die das Park-Hotel ausgelöst hatten, eine wichtige Rolle gespielt hätten. Weiter hieß es im selben Brief: »Zurückgehaltene Gefühle, diesmal gegen Jung wie früher gegen einen Vorgänger von ihm, spielen natürlich die Hauptrolle.« Und Ernest Jones schrieb er: »Ich sah München zuerst, als ich Fließ während seiner Krankheit besuchte, ...und die Stadt scheint eine starke Verbindung mit meiner Beziehung zu diesem Mann eingegangen zu sein.« Freimütig fügte er hinzu: »...ich kann es nicht vergessen, daß ich vor sechs und vor vier Jahren in *demselben* Zimmer im Park-Hotel unter sehr ähnlichen, obgleich nicht so intensiven Symptomen gelitten habe. In beiden Fällen mußte ich vom Tisch aufstehen.«

Das war aufrichtig geschrieben, dennoch bargen Freuds Aussagen einige Geheimnisse. Er behauptete nämlich, vier oder sechs Jahre zuvor im Parkhotel ohnmächtig geworden zu sein – wenigstens fast –, und deutete an, dies hätte im Zusammenhang mit seiner Beziehung zu Fließ gestanden. Aber sechs Jahre zuvor, also 1906, lag Freuds letzte Begegnung mit Fließ schon in weiter Vergangenheit, und vier Jahre zuvor, 1908, noch länger. Zudem läßt sich nicht mit absoluter Sicherheit feststellen, wann sich Freud wo aufhielt. Eines scheint aber festzustehen: Freud war allem Anschein nach weder 1906 noch 1908 in München gewesen. Und um alles noch komplizierter zu machen: Er stellte nicht ganz klar, in wessen Beisein er bei den beiden vorherigen Anlässen ohnmächtig geworden war. So glaubte Ernest Jones, Freud sei einmal während eines Streits mit Wilhelm Fließ zu Boden gestürzt. Zum zweiten Ohnmachtsanfall war es laut Jones im Verlauf einer höchst schmerzlichen Szene mit Oscar Rie, dem Schwager von Wilhelm Fließ und einem guten Freund Freuds, gekommen. Sosehr die anderen Beteiligten bei diesen Ereignissen auch im ungewissen blieben, und so ungeklärt die ge-

naueren Umstände blieben: über das, was er bei diesen Ohnmachtsanfällen empfand, war sich Freud im klaren. Er führte
den Anfall zurück auf ein »Stück eines unbeherrschten homosexuellen Gefühls«. Er schrieb Ernest Jones, er habe recht »in
der Annahme, daß ich aus einem anderen Bereich homosex.
Gefühle auf Jung übertragen habe«. Der Kindheitswunsch,
sein kleiner Bruder Julius möge sterben, und das schlechte
Gewissen, als dieser Wunsch in Erfüllung ging, seien die
psychologische Ursache für die Ohnmacht gewesen, gestand
er Jones. Sein Schuldgefühl darüber, seinen Bruder überlebt
zu haben, habe sich auf das Schuldgefühl über den Triumph
verschoben, Jung für die Psychoanalyse zurückgewonnen zu
haben. Ernest Jones fand, Freud ähnele etwas den Patienten,
die Freud selber einmal als Menschen, »die am Erfolg scheitern«, charakterisiert hatte. Sein Erfolg bestand darin, den
Widersacher besiegt zu haben, wobei das früheste Beispiel
dafür der Tod seines kleinen Bruders Julius und das letzte der
Sieg über Jung war. Daß Freud nun erneut ohnmächtig geworden war, beunruhigte seine Kollegen. Ferenczi hoffte,
Freud werde die Gründe hierfür analysieren können, verbarg
jedoch kaum seine Zweifel, als er Freud mitteilte: »Trotz aller
Mängel der Selbstanalyse (die sicher langwieriger und
schwieriger ist als das Analysiertwerden) müssen wir ihnen
die Fähigkeit zumuten, Ihre Symtome in Zaum zu halten.«
Freud war ein Mensch, der seine Leidenschaften mit Macht
beherrschte. Viermal war er – wenigstens beinahe – in erregten Diskussionen mit Männern, die ihm sehr viel bedeuteten,
ohnmächtig geworden. Bei einem dieser Anlässe hatte er das
Gefühl gehabt, Jung wünsche ihm unbewußt den Tod. Vielleicht meinte er auch, jede Gefühlsreaktion auf einen Mann,
den er liebte und von dem er meinte, er wünsche ihm Böses,
könnte die grenzenlose Leidenschaft entfesseln, die er selbst
fürchtete. Er wollte seinen Zorn unterdrücken und zugleich
den Schmerz für sich behalten, weder drohend die Faust
schütteln noch einfach seiner Wege gehen. Freud war von seinen Gefühlen überwältigt worden, weil diese Gefühle keinen
Ausdruck gefunden hatten. So war er in Ohnmacht gefallen.

Lou Andreas-Salomé wußte nicht, was sie davon halten sollte, als Freud aus München zurückkam und den Mitgliedern der Wiener Psychoanalytischen Vereinigung mitteilte, er habe sich Jung wieder angenähert. 1911 hatte sie Freud auf dem Weimarer Kongreß kennengelernt. Inzwischen hörte sie Freuds Vorlesungen und nahm regelmäßig an den Sitzungen der Psychoanalytischen Vereinigung teil. Das Leben der europäischen Intelligenz faszinierte die behütete einzige Tochter eines ehemaligen Generals der Armee des russischen Reiches; sie fühlte sich stark zu Freud hingezogen. Sie war eine scharfsichtige Frau mit einem wachen Verstand und glaubte, Freud zu verstehen. Als sie sah, auf welche Weise er den Raum betrat und etwas zur Seite trat, deutete sie dies allerdings so: »...es ist ein Einsamseinwollen darin, ein Sich-bergen in seine eigensten Ziele.« Ihrer Meinung nach hatte sich Freud seit der Weimarer Zeit verändert und machte einen älteren, etwas abgespannten Eindruck, und sie fragte sich, was er wohl Gutes aus Deutschland mitgebracht hatte. Am 27. November 1912 schrieb sie in ihr Tagebuch, ein rotes Ringbuch: »Von seiner Münchener Reise... ist Freud fast zu frisch und befriedigt zurückgekehrt. Sollte die Verständigung mit Jung eine so sichere Sache sein, wie sie sich am Mittwoch offiziell anhörte?«

Es war keine sichere Sache. Denn kaum war Jung nach Küsnacht zurückgekehrt, machte er sich von neuem Sorgen um Freud: »Ich habe mir noch sehr viel Sorgen gemacht, wie Sie wohl wieder nach Wien zurückgelangt seien, ob Sie sich doch nicht wieder überanstrengt haben durch die nächtliche Reise. Bitte, lassen Sie mich wissen, wie es Ihnen geht, wenn es auch nur ein paar Worte auf einer Karte sind.« Freud antwortete ihm umgehend. Über die psychologischen Ursachen für seinen Ohnmachtsanfall äußerte er sich allerdings nicht so offen, wie er Jones darüber informiert hatte. »Nach meiner privaten Diagnostik war es wieder eine qualifizierte Migräne..., nicht ohne psychische Ausfüllung, der nachzuspüren mir jetzt leider die Zeit fehlt. Der Speisesaal des Parkhotels ist mir übrigens verhängnisvoll. Vor sechs Jahren habe ich dort einen ersten solchen Zustand gehabt, vor vier Jahren einen zweiten. Also ein Stückchen Neurose, um das man sich doch kümmern sollte.«

Jung schrieb Freud, sein »Stück« Neurose müsse in der Tat sehr ernst genommen werden, da es »bis zum Abbild eines freiwilligen Todes« führe. Er wisse noch, daß Freud in Bremen zusammengebrochen sei, als er, Jung, so angeregt über die Moorleichen gesprochen hatte. Jungs Überzeugung nach lag beiden Fällen eine Vatermords-Phantasie zugrunde. Freud glaubte, Jung hege Todeswünsche gegen ihn, und nahm einen Moment lang an Jungs Phantasien über seinen psychischen Tod teil. Diese neurotische Wahrnehmung, gab Jung zu, habe ihre Beziehung in Mitleidenschaft gezogen und Freud dazu gebracht, Jungs Arbeit zu unterschätzen. Mit »helvetischer Klotzhaftigkeit« verfällt Jung dann in seinem Brief an Freud in einen anderen Stil. »Ich schreibe Ihnen hier, wie ich *einem Freunde* schreibe«, bekannte Jung, der zornig die Seiten mit Unterstreichungen gefüllt hatte, »so ist *unser* Stil.« Er erinnerte Freud daran, daß er die *Traumdeutung* »mit dem Mollakkord des Eingeständnisses der eigenen Neurose...« begonnen habe, der »Identifikation mit dem behandlungsbedürftigen Neurotiker, was sehr vielsagend ist«. Schließlich erwähnte er nochmals den Grund, mit dem sich Freud geweigert hatte, auf der Überfahrt nach Amerika 1909 die Analyse mit ihm fortzusetzen. »›Sie können sich, *ohne Ihre Autorität zu verlieren*, nicht analytisch preisgeben.‹« Diese Sätze hätten sich ihm »ins Gedächtnis gegraben als ein Symbol alles Kommenden«.

Freud beschränkte sich in seiner Antwort auf andere, weniger brisante Themen und gab sich mit der Warnung zufrieden, »daß sich jeder von uns mit der eigenen Neurose eifriger beschäftige als mit der des Nächsten«. Der Brief klang zwar kühl und ungerührt, seine Äußerungen gegenüber Ernest Jones sprachen aber eine deutlichere Sprache. »...er benimmt sich wie ein vollkommener Narr, er scheint sich für Christus persönlich zu halten. Die Briefe, die ich von ihm erhalte, sind bemerkenswert, sie wechseln auffällig zwischen Zärtlichkeit und anmaßender Unverschämtheit. Er verlangt nach einer

Behandlung, doch leider habe ich durch meinen letzten Anfall einen Teil meiner Autorität verloren.« Aber er wollte nicht zu scharf reagieren. An Jones schrieb er: »Schließlich glaube ich doch, wir sollten freundlich und geduldig mit Jung umgehen und, wie der alte Oliver sagt: keep our powder dry.« Jung lohnte die Mühe, fand Freud; zumindest sei er ein *Aiglon*, ein kleiner Adler. Vielleicht bezog er sich damit auf den Mythos, den er im Vorjahr beim Weimarer Kongreß vorgestellt hatte: Wenn der junge Adler sich beweisen und als legitimer Erbe des Vaters anerkannt werden will, muß er es wagen, direkt in die Sonne zu schauen.

Nun wechselten die Briefe zwischen Freud und Jung in rascher Folge, wobei beide fast noch am selben Tag zurückschrieben, bis Jung schließlich ein Fehler unterlief. »Selbst Adlers Spießgesellen wollen mich nicht als einen der Ihrigen erkennen.« Aber das hatte er nicht gemeint, sondern vielmehr sagen wollen, daß Adlers Anhänger ihn nicht zu den *ihrigen* zählten. So gering der Unterschied schriftlich erscheinen mag, Jungs Fehler sprach doch Bände. Freud konnte es sich nicht versagen, Jung auf die Fehlleistung hinzuweisen: »Sind Sie nun ›objektiv‹ genug, ohne Ärger nachstehendes Verschreiben zu würdigen?« Jungs Proteststürme stellten das, was von der Freundschaft übriggeblieben war, auf eine harte Probe. Verbittert schrieb er, »daß Ihre Technik, Ihre Schüler wie Ihre Patienten zu behandeln, ein *Mißgriff* ist... Sie weisen rund um sich herum alle Symptomhandlungen nach, damit setzen Sie die ganze Umgebung auf das Niveau des Sohnes und der Tochter herunter, die mit Erröten die Existenz fehlerhafter Tendenzen zugeben... Sehen Sie, mein lieber Professor, solange Sie mit diesem Zeugs laborieren, sind mir meine Symptomhandlungen ganz wurscht, denn die wollen gar nichts bedeuten neben dem beträchtlichen Balken, den mein Bruder Freud im Auge trägt. – Ich bin nämlich gar nicht neurotisch – unberufen! Ich habe mich nämlich lege artis et tout humblement analysieren lassen, was mir sehr gut bekommen ist. Sie wissen ja, wie weit ein Patient mit Selbstanalyse kommt, nämlich nicht aus der Neurose heraus – wie Sie.«

Über diesen Brief war Freud so beschämt, daß er zunächst zögerte, ihn Jones zuzusenden, dem er schon mehrere andere geschickt hatte: »Was Jung betrifft, so scheint er völlig den Verstand verloren zu haben, er benimmt sich ganz verrückt. Nach einigen zärtlichen Briefen schrieb er mir einen von äußerster Frechheit, der zeigt, daß sein Erlebnis in München keine Spur in ihm hinterlassen hat.« Ferenczi teilte er mit, Jung habe die Lektion, die er in München bekommen hatte, bereits wieder vergessen, und benehme sich wie ein »florider Narr und brutaler Kerl, der er ja ist«. In seiner Antwort an Jung schrieb Freud lediglich, es sei bedauerlich, daß der Hinweis auf das Verschreiben Anlaß zu einer derart großen Verärgerung gegeben habe. Freud war unsicher geworden und legte den Brief erst einmal zur Seite. Jung, schrieb er an Jones, »könnte eine so kleinmütige Reaktion als Zeichen von Feigheit nehmen und sich um so bedeutender vorkommen«.

Freud wußte nicht recht, wie er Jungs Brief beantworten sollte. »Schwierig ist die Reaktion darauf«, teilte er Ferenczi mit. »Er [der Brief] ist ja offenbar angelegt, mich zu provozieren, so daß die Schuld des Abbruchs auf mich fällt und er sagen kann, ich vertrage die Analyse nichte.« Als Grund für Jungs provozierenden Brief führte Freud an, daß sich Jung wohl gerade in Analyse befinde. An Ferenczi schrieb er: »Der Meister, der ihn analysiert hat, kann nur Frl Moltzer gewesen sein.« Düster schloß er: »Wahrscheinlich ist sie es, die ihn sofort, wie er nach Zürich zurückgekehrt ist, aufgehetzt hat.« Freud versagte es sich, seinem Ärger über Jung Luft zu machen. »…ich lasse mich durch den Brief nicht so sehr provozieren, wie er es verdiente, unsere gemeinsamen Interessen stehen doch gegen die offizielle Trennung.« Aber er fühlte sich herausgefordert. An Ferenczi schrieb er: »Der Brief an Jung ist nicht abgegangen und wird durch keinen anderen ersetzt werden. To hell with him, ich brauche ihn so wenig… wie seine Falschheiten.«

Allmählich überwand Freud seine Unentschlossenheit. Jetzt wußte er, wie Jung am besten zu antworten sei. »Ich bin dabei«, berichtete er Ferenczi, »mir eine ganz revidierte Haltung gegen Zürich zurechtzulegen, aber von Werbung wird keine Spur mehr sein.« Und Binswanger kündigte er zum Jahreswechsel auf 1913 an, nichts Gutes verheißend: »Das in München hergestellte Einvernehmen wird kaum von langer Dauer sein.« Freud verwandte zum Schreiben gern große Briefbögen, es gab ihm ein Maß an Freiheit in einem Leben, das sonst voller Einschränkungen war. Am 3. Januar schrieb er, zwei Wochen nachdem er den ersten Brief an Jung entworfen hatte: »Im übrigen ist Ihr Brief nicht zu beantworten. Er schafft eine Situation, die im mündlichen Verkehr Schwierigkeiten bereiten würde, im schriftlichen Wege ganz unlösbar ist. Es ist unter uns Analytikern ausgemacht, daß keiner sich seines Stückes Neurose zu schämen braucht. Wer aber bei abnormem Benehmen unaufhörlich schreit, er sei normal, erweckt den Verdacht, daß ihm die Krankheitseinsicht fehlt. Ich schlage Ihnen also vor, daß wir unsere privaten Beziehungen überhaupt aufgeben.«

Als Freud den schwarzen Füllfederhalter mit der breiten Spitze aus der Hand legte, die großen Bögen mit seiner deutschen Schrift vollgeschrieben und Jung mitgeteilt hatte, er wolle die Freundschaft beenden – ob er da zögerte? Überlegte er, welchen Entwurf er abschicken sollte? »Ich teile Ihnen mit, daß ich einige gute, höfliche, aber unzweideutige Sätze gefunden habe«, schrieb er an Ferenczi. »Sein Benehmen ist neurotisch und kindisch. Wenn er in meiner Behandlung wäre und dafür bezahlte, müßte ich mich natürlich mit seinen Äußerungen abgeben..., aber so kann ich es mir ersparen und meine Kraft auf anderes verwenden.« Mehrere Tage später bekam er Jungs Antwort. »Ich werde mich Ihrem Wunsche, die persönliche Beziehung aufzugeben, fügen, denn ich dränge meine Freundschaft niemals auf. Im übrigen werden Sie wohl am besten selber wissen, was dieser Moment für Sie bedeutet.« Sehr ernst schloß er: »Der Rest ist Schweigen.«

Erste Zeichen für ein Zerwürfnis zwischen Jung und Freud hatte es schon seit dem September 1912 gegeben, als sie sich in Amerika aufhielten. »Es ist sehr bedauerlich, daß es zu einem kleinen (und wie ich finde, ganz unnötigen) Zerwürfnis zwischen [Jung] und Freud gekommen ist, zum Glück aber wohl zu keinem ernsthaften«, schrieb James Putnam Fanny Bowditch in die Schweiz, im Dezember desselben Jahres. Fanny Bowditch war die Tochter von Henry Pickering Bowditch, Putnams Kollegen und engem Freund. Die beiden Familien verbrachten seit vielen Jahren gemeinsam ihre Ferien in den Adirondack Mountains im Camp der Putnams. Im Winter des Jahres 1911 hatte Fanny nach dem Tod des Vaters einen psychischen Zusammenbruch erlitten. Im verzweifelten Bemühen, sie zu retten, hatte Putnam sie daraufhin nach Zürich zu Jung geschickt, wo sie sich Anfang 1913 noch immer aufhielt.

Putnam besaß eine unerschöpfliche Zuversicht und Menschlichkeit. Die vielen Briefe, die er Fanny in die Schweiz schickte, bezeugen auf zärtliche Weise seine Liebe und seine tiefe Sorge. Cousin Jim, wie sie ihn nannte, hielt in ihr das Bild von ihrem Zuhause und der Heimatstadt Boston lebendig. »Wir haben heute einen kalten Sonntagmorgen, mit blauem Himmel und strahlendem Sonnenschein«, schrieb er, »nach dem Frühstück gehen wir dieser oder jener Beschäftigung nach... Ich will Dir nur einen kleinen Eindruck vom Leben in Newengland geben, gleichsam aus dem Inneren einer amerikanischen Familie, damit Du Dich wie zu Hause fühlst... Die anderen räumen gerade den Tisch ab, bis auf die arme Molly, sie liegt oben im Bett und hat eine akute Erkältung, ohne die keine anständige Familie Newenglands, die etwas auf sich hält, lange auskommt.«

Putnam bemühte sich aber auch, Fannys Ängste zu zerstreuen, zu denen gehörte, so zu werden wie Ethel, eine nahe Verwandte, die in einem Bostoner Krankenhaus ihrer Tobsuchtsanfälle durch das Zerreißen von Stoff- und Papierfetzen Herr zu werden suchte. »›Manisch-depressives Irresein‹ kannst Du Dr. Jung sagen«, schrieb Putnam Fanny, nachdem er ihr Ethels Verhalten geschildert hatte, und fügte hinzu, »ich glaube nicht im geringsten, daß Dir solche Attacken wie ihr drohen... Dein Temperament und das ihre sind ganz verschieden. Ich hoffe, Dr. Jungs Urteil wird in dieser Hinsicht mit meinem übereinstimmen.«

Putnam machte sich immer größere Sorgen, daß die sehr verletzliche, selbstmordgefährdete und unter Depressionen leidende Fanny vielleicht nicht stark genug sein würde, sich gegenüber Jung zu behaupten. »Es ist ein Fehler von Dr. Jung *entre nous*«, schrieb er ihr, »daß er zu aggressiv ist, und ich vermute, daß ihm eine bestimmte notwendige Art der Vorstellungskraft fehlt, und er ein starker, aber auch eitler Mensch ist, der wohl viel Gutes tut, aber vielleicht auch dazu neigt, einen Patienten zu zerbrechen.« Als er erfuhr, daß Fanny auch bei Maria Moltzer, einer Kollegin Jungs, eine Analyse machte, versuchte er sie zu beruhigen: »Vielleicht nimmst Du die Analyse, Dr. Jung, Schwester M. [Maria Moltzer] und das Ganze zu ernst und kommst Dir viel zu sehr wie eine hilflose Fliege auf Klebepapier vor«, schrieb er. »Schließlich sind sie auch nur Menschen und haben ihre Fehler und Mängel, so wie Du und ich.« Er blieb aber beunruhigt. Es hätte ihm wohl kaum geholfen, wäre ihm bekannt gewesen, daß Jung zu der Zeit, als er Fanny Anfang 1913 behandelte, unter einem starken Gefühl der Desorientierung litt.

Jahre später schrieb Jung: »Nach der Trennung von Freud hatte für mich eine Zeit innerer Unsicherheit begonnen.« Jung hatte das Gefühl, unter wachsenden Druck zu geraten, das bisweilen so stark wurde, daß er sich für geistig gestört hielt. Er wußte weder ein noch aus. Selbst die gründliche Analyse seiner Träume verschaffte ihm nur wenig Erleichterung. Schließlich entschied er: »Ich weiß so gar nichts, daß ich jetzt einfach das tue, was mir einfällt.« Er wandte sich einem Spiel zu, das er schon als Junge immer gern gespielt hatte. Er fing an, am Seeufer, das in den Wintermonaten zurückwich, Steine zu sammeln, aus denen er kleine Häuser baute. Am Ufer lagen genug kleine Steine, und langsam vollendete er seine Bauten. »Jeden Tag baute ich nach dem Mittagessen, wenn das Wetter es erlaubte. Kaum war ich mit dem Mittagessen fertig, spielte ich, bis die Patienten kamen; wenn ich mit der Arbeit früh genug fertig war, machte ich mich wieder ans Bauen.« Dieser Beschäftigung ging er mehrere Jahre nach, und manchmal half ihm sein Sohn Franz dabei. »Vater war unten am See und setzte die Steine zusammen. Darin war er genial. Er baute Türme und Häuser und Kirchen, bis ganze Dörfer entstanden waren. Ich schnitt den Schilf für die Dachbalken zurecht und füllte die kleinen Häuschen mit Sand, damit sie nicht einstürzten. Im Frühjahr, wenn der See anschwoll, waren diese kleinen Dörfer dann wieder verschwunden.«

Der Vater vermochte die Freude des kleinen Jungen nicht zu teilen. Als sich Jung, ein großer, kräftiger Mann, und sein kleiner Sohn mit großem Ernst über ihre Arbeit am Ufer des Zürichsees beugten, hatte er »das schmerzhafte Erlebnis der Demütigung, nichts anderes tun zu können, als zu spielen«. Die Erkenntnis, daß seine Freundschaft mit Freud nicht mehr bestand, betrübte ihn und verursachte schließlich ein Gefühl des Desorientiertheit. Im Jahr 1913 empfing er seine Patienten, darunter Fanny Bowditch, mit einer unüberwindlichen inneren Unsicherheit.

# 16. Kapitel

Freud ahnte nichts von der persönlichen Krise, die Jung Anfang 1913 durchmachte. Ihm war nur bewußt, daß es in Wien viel zu tun gab. Jung stellte eine tödliche Bedrohung seiner Theorien dar. Jung bot einen Ausweg aus Freuds Lehre mit ihrer Betonung der Sexualität und war zur beherrschenden Gestalt einer großen Anzahl loyaler Anhänger geworden; und er war kein Jude. In Zürich und Wien hatte man derart unterschiedliche Richtungen eingeschlagen, daß es – wie er glaubte – auch nach Ablauf von zwei, drei Jahren zu keiner Verständigung mehr zwischen ihnen kommen würde. Ihre theoretischen Differenzen waren unübersehbar. In seiner kurzen Autobiographie schrieb er: »Jung versuchte eine Umdeutung der analytischen Tatsachen ins Abstrakte, Unpersönliche und Unhistorische, wodurch er sich die Würdigung der infantilen Sexualität und des Ödipuskomplexes sowie die Notwendigkeit der Kindheitsanalyse zu ersparen hoffte.«

In Wien unternahm man gemeinsame Anstrengungen, den Streit zwischen Freud und Jung und den Gegnern der Psychoanalyse, die aus dem Schisma Nutzen ziehen könnten, vor der Öffentlichkeit geheimzuhalten. Die Mitglieder der Wiener Psychoanalytischen Vereinigung, notierte Andreas-Salomé in ihrem Tagebuch, wurden gebeten, »sich ›politisch‹ zur Jungsache zu verhalten; aber tatsächlich ist München schon Bruch gewesen«. Als Lou Salomé nach einem Besuch bei Freud an einem kalten Wintertag 1913 in ihr Hotel in Wien zurückkehrte, warf sie einen Blick durch die Spiegelscheiben des Alserhof und sah mehrere Analytiker in eine hitzige Diskussion verwickelt. Sie ging hinein, hörte sich die Gespräche über Jungs theoretische Kehrtwendung an und dachte: »Aber es beginnt sich zu zeigen, daß die rein sachliche Auseinandersetzung wegen Jung sich sehr kompliziert durch die Frage, ob man nicht über die Spaltungen hinwegsehen müsse zu Einigungszwecken.«

Die Gemüter hatten sich erhitzt. Zumal einem loyal zu Freud haltenden Analytiker fiel es schwer, Jungs Ansichtsänderung kommentarlos durchgehen zu lassen. »Ich erinnere mich lebhaft an den Augenblick«, schrieb Jones Jahre später, »als Freud mir sagte, Jung habe großen Zweifel am Vorhandensein der infantilen Sexualität geäußert, einem der Hauptelemente der psychoanalytischen Lehre. Das verblüffte mich, und ich fragte: ›Wie ist das möglich? Er hat doch erst vor kurzem eine analytische Studie über die eigene Tochter herausgebracht, in der er mit allem Scharfsinn und so kritisch wie möglich die Entwicklung ihres Sexuallebens im Kindesalter schildert.‹«

Manche haben bestritten, daß Jungs neue Ideen ausreichend Anlaß für einen Bruch boten. Lou Andreas-Salomé hatte miterlebt, daß auch Freud, ohne sich zu rechtfertigen, seinen theoretischen Standpunkt änderte, und geschrieben, »daß das Theoretische« für ihn »keineswegs festgenagelt ist, sondern sich weiter nach den Erfahrungen regelt«. Als sie einmal Freuds Aufmerksamkeit auf die Diskrepanz zwischen dem, was er geschrieben, und dem, was er soeben in einem Vortrag geäußert hatte, lenkte, entgegnete er nur: »…meine *letzte* Formulierung.« In ihr Notizbuch schrieb Lou Salomé, die sonst loyal zu Freud hielt, »darin hat Jung allerdings recht, daß in den ›Inzest‹-deutungen der Libidocharakter oft viel zu eng sexuell gefaßt wird«. Ihr gefiel Jungs neuer Libidobegriff, sie fand auch, daß »grade [Jung] die schönsten Entdeckungen bezüglich des Zusammenhangs von Libidoregressionen und archaischem Denken zu verdanken ist«. Betrübt merkt sie an: »Dies argwöhnt man manchmal: daß auf einen Terminologiestreit hinauslaufen soll, was doch ein viel tieferer, gar nicht terminologischer Streit ist.« Im April nahm Lou Andreas-Salomé dann zum letztenmal an einer Sitzung der Wiener Psychoanalytischen Vereinigung teil. Sie saß da, wie sie es einige Monate getan hatte, hörte zu, wie sich die Männer ringsum heftige Streitgespräche lieferten und diskutierten, vernahm die leise, ruhige Stimme von Freud. Daß sich die Vereinigung so sehr zu dem Prinzip der Ehrlichkeit bekannte, hatte sie tief beeindruckt: »...und wo es nur dem Haupt-prinzip, der ehrlichen Gemeinschaft, treu bleibt, da ist es – wenigstens für Frauenaugen – auch schön und eine Freude, Männer im Kampf gegeneinanderstehen zu sehn.«

Lou Andreas-Salomé war eine schöne Frau, sie hatte offene Gesichtszüge und trug das Haar hoch aufgesteckt. Sie war Rainer Maria Rilkes Geliebte und Gefährtin gewesen, und Nietzsche sagte einmal, er habe keinen begabteren und verständnisvolleren Menschen gekannt. In ihrer Persönlich-keit verbanden sich auf vielschichtige Weise ein brillanter Geist und erotische Verführungskraft. »Ihre Interessen sind wirklich rein intellektueller Natur, sie ist eine sehr bedeut-same Frau«, schrieb Freud an Ferenczi, »wenn auch alle Spuren bei ihr in die Höhle des Löwen führen.« Als Anna Freud sie einmal viele Jahre später besuchte, erklärte sie ih-rem Vater: »›Meine neue Freundin‹, wie Du schreibst, ist wirklich sehr großartig und mir ist im Grunde immer noch etwas unheimlich, wie ich zu ihr komme. Aber andererseits lebt man so leicht, einfach und selbstverständlich mit ihr wie mit wenig anderen Menschen, die ich kenne.« Nachdem sie Lou aus einer Arbeit vorgelesen hatte, an der sie gerade saß, schrieb sie ihrem Vater: »Sie [Lou] behauptet, daß ich sie ganz alleine mache, aber ich glaube, daß sie sie mir auf eine merkwürdige und okkulte Weise eingibt, denn wenn ich alleine bin, weiß ich doch von solchen Dingen gar nichts.«

Zu Beginn ihrer Bekanntschaft hatte sich Freud Lou Sa-lomé mit großer Vorsicht genähert und sie gegenüber Fe-renczi als »ein Frauenzimmer von gefährlicher Intelligenz« bezeichnet. Aber allmählich begann er sie zu mögen. Als sie eine seiner Vorlesungen in der Psychiatrischen Klinik ver-säumte, »starrte er... wie gebannt« auf ihren leeren Stuhl. Und als sie bei einer anderen Gelegenheit fehlte, schrieb er ihr später, habe er »unsicher« gesprochen. Häufig trafen sich Salomé und Freud in der Berggasse 19, wo sie sich gele-gentlich bis spät in die Nacht unterhielten und er sie immer zurück in ihr Hotel begleitete. An ihrem letzten Tag in Wien lud er sie zum Tee ein und schenkte ihr einen Strauß Rosen zum Abschied. Bei ihrem nächsten Treffen wurde der intellektuelle Kampf, den Lou Salomé auf den Treffen der Mittwochgesellschaft so sehr bewunderte, allerdings in einer größeren Arena ausgefochten. Im September 1913 traf sie Freud wieder, als sie am Vierten Internationalen Kongreß in München teilnahm.

Jung hatte Freuds Position ohne Zweifel ernsthaft in Frage gestellt. »Der Erfolg von Jungs Feldzug hat mich tief beeindruckt«, schrieb Ernest Jones Freud im April 1913. »Er appelliert an furchtbare Vorurteile. Meiner Meinung nach befindet sich die Psychoanalyse in der kritischsten Phase, die sie je durchlaufen wird.« Als Freud Sándor Ferenczi mitteilte, Jung sei nach Amerika gefahren, um dort ein Mitglied der Familie Rockefeller zu behandeln, antwortete Ferenczi: »Die Berufung zu den Rockefellers hätte ich lieber Ihnen gegönnt, doch die Amerikaner verdienen's nicht besser.« Es waren düstere Aussichten. Betrübt schrieb Freud: »Natürlich hat alles, was von unseren Wahrheiten wegstrebt, den öffentlichen Beifall für sich. Es ist ganz gut möglich, daß man uns diesmal wirklich begräbt, nachdem man uns so oft vergeblich das Grablied gesungen hat.«

Sofort kam die Frage auf, wie das problematische Verhältnis zwischen Juden und Nichtjuden zu behandeln sei. Alphonse Maeder, der von sich selber sagte, er verehre Freud, schrieb, die jüngsten wissenschaftlichen Meinungsverschiedenheiten hätten sich unvermeidlich aus den Unterschieden zwischen »Ariern« und Juden ergeben. Ferenczi schrieb Maeder zurück, wobei er sich an Freuds Ratschläge hielt: »Es gebe gewiß große Unterschiede vom arischen Geist. Wir überzeugen uns alle Tage davon... Besondere arische oder jüdische Wissenschaft dürfe es aber nicht geben.« Freud billigte Ferenczis Antwortbrief: »Er ist sehr würdig und angemessen.« Nur habe er Zweifel, daß sich dadurch viel erreichen lasse. »Gegen den entfesselten Antisemitismus unserer Züricher wird allerdings keine Diplomatie mehr nützen. Aber nicht werben, fest bleiben.« Freud blieb gelassen. Ein

Jahr zuvor hatte er Ferenczi getröstet: »Dazu aber sind diese Kämpfe gut, sie erhalten einen in Spannung.«

Die Auseinandersetzung innerhalb der Psychoanalyse um »christlich« gegen »jüdisch« beschränkte sich jedoch nicht nur auf die Rationalisierungen wissenschaftlicher Meinungsverschiedenheiten, sondern berührte auch die Frage, ob Freud seine engsten nichtjüdischen Mitstreiter weiter um sich scharen sollte. Monate zuvor hatte Ferenczi ihm geschrieben: »Auch Putnam kann leicht rückfällig werden; Jones müssen Sie stets im Auge behalten und ihm die Rückzugslinie abschneiden.« Freud war der gleichen Meinung. In einem Brief an Sabina Spielrein, die jüdischen Glaubens war, schrieb er: »Wir sind und bleiben Juden. Die Anderen werden uns immer nur ausnützen und uns nie verstehen oder würdigen.«

Im Frühjahr des Jahres 1913 stand es also keinesfalls fest, wer sich letztlich auf Freuds und wer sich auf Jungs Seite schlagen würde. Diese Frage schloß nicht nur Männer wie Oskar Pfister und Ludwig Binswanger ein, von denen man annahm, daß sie als Schweizer hin- und hergerissen sein würden in ihrer Treue zu ihrem Landsmann Carl Gustav Jung und Sigmund Freud, dem Mann, den sie liebten und verehrten. Sogar die Mitglieder von Freuds geheimem Rat wurden von der Loyalitätsfrage betroffen. Denn erst drei Jahre zuvor hatte Ernest Jones geschwankt, als es um Freuds Sexuallehre ging. Jetzt bot sich ihm und anderen Analytikern unter Jungs Führerschaft eine überzeugende Alternative. Jones war offenbar voll und ganz für die Sache der Psychoanalyse. Dennoch war Freud immer noch unbehaglich zumute. »Ich bin nicht zufrieden«, beklagte er sich bei Jones, »daß Sie Jungs Unverschämtheit so widerspruchslos ertragen.« Vorübergehend zweifelte er sogar an Abrahams Unterstützung. »Abraham ist drei Tage hier gewesen«, schrieb Freud. »Ich bin nicht davon unterrichtet, wie weit es Rank [ein Kollege Freuds] gelang, ihn zum Anschluß an unseren Bund zu gewinnen.« (Freud hatte jedem Mitglied des Geheimkomitees einen Goldring als Symbol ihrer Treue geschenkt; Karl Abraham hatte ebenfalls einen Ring bekommen.)

Freud und Jung wollten keine Anzeichen ihres Streites nach außen dringen lassen. Deshalb wurden die Vorbereitungen für den Kongreß im September 1913 unter der Voraussetzung getroffen, daß beide daran teilnahmen. Freud ging sogar soweit, seinen Kollegen zu empfehlen, für die Wiederwahl Jungs zum Präsidenten der Internationalen Vereinigung zu stimmen. Um den Schein der Einheit zu wahren, sollten die Wiener und Schweizer in München im gleichen Hotel Zimmer beziehen. Im Mai teilte Freud Ferenczi mit: »Ich glaube, es ist recht, wenn ich es nicht zu einem persönlichen Duell zwischen Jung und mir kommen lasse.« Allerdings gab es auch für ihn Grenzen, die nicht überschritten werden durften. An Sabina Spielrein schrieb er: »Grüße an Jung werde ich in München nicht ausrichten, das wissen Sie.«

Es war bestenfalls eine sehr zerbrechliche Einheit. In ihren Briefen an Sabina Spielrein bekannten Freud und Jung, daß sie sich sehr unbehaglich fühlten. Jung schilderte die Spaltung so: »Ich war ganz muthlos, da damals Alles über mich herfiel, und ich zudem die Gewißheit erhielt, dass Freud mich niemals verstehen und die persönliche Beziehung zu mir aufgeben werde. Er will mir Liebe geben, ich wünsche Verständnis. Ich will ein gleich berechtigter Freund sein, er wünscht mich aber als Sohn zu haben. Desshalb beurtheilt er Alles, was ich thue, und was nicht in den Rahmen seiner Lehre geht, als Complexhandlung.« Auch in einem Brief Freuds an Sabina Spielrein klang Verbitterung durch. »Es thut mir leid zu hören, gerade jetzt, daß Sie sich in Sehnsucht nach J. verzehren, wo ich besonders schlecht mit ihm stehe und beinahe bei der Überzeugung angelangt bin, daß er das große Interesse nicht wert ist, das ich ihm geschenkt habe. Ich sehe voraus, daß er binnen Kurzem unser mühselig aufgebautes Werk zerstören und selbst nichts Besseres machen wird.«

In den Monaten vor dem Kongreß bemühte sich Freud, unter seinen Kollegen eine von Vernunft und Objektivität geprägte Atmosphäre zu schaffen, aber das war gar keine so leichte Angelegenheit. Nach Jungs Reise in die Vereinigten Staaten im Jahre 1913 hatte Jones an Freud geschrieben:

»Aufgrund seines jüngsten Benehmens glaube ich mehr denn [je], daß er nicht wie ein normaler Mensch reagiert und in ernstlichem Maße geistig gestört ist. Auf einige der auf Ward's Island anwesenden analytischen Psychiater machte er einen recht paranoischen Eindruck.« Freud ließ sich gelegentlich zu ähnlichen Charakterisierungen hinreißen. An Karl Abraham schrieb er: »Jung ist verrückt, aber ich lege es nicht auf Trennung an, möchte ihn erst abwirtschaften lassen.«

Die Hauptsache blieb aber die Wahrung der Einheit der Psychoanalyse. Freud bemühte sich, derartige Bekundungen auf den eigenen Kreis zu beschränken und gegenüber allen neuen Entwicklungen in Jungs Theorien Objektivität zu wahren. Jung empfand schon seit einiger Zeit, daß den unbewußten Phantasien der Patienten in der Therapie erhebliche Bedeutung zukam. Freud war skeptisch gewesen. Doch im August 1913, inmitten der von den gegnerischen Fraktionen und den Unsicherheiten des bevorstehenden Kongresses ausgelösten Spannungen, erklärte er Jones leidenschaftslos: »Was die Bedeutung... der unbewußten Phantasien betrifft, so erkenne ich keinen Grund, warum wir uns dem willkürlichen Urteil Jungs, anstatt dem notwendigen des Patienten selbst unterwerfen müßten. Wenn letzterer diese Produktionen als seine kostbarsten Geheimnisse schätzt..., haben wir diesen Standpunkt zu akzeptieren und müssen ihnen in der Behandlung die wichtigste Rolle zubilligen.«

Im Sommer 1913 gab es also eine ganze Reihe von Schwierigkeiten. Freud mußte irgendwie den Verlust seines engsten Freundes verkraften, immer wieder seine erzürnten Kollegen besänftigen und zugleich seine Integrität hinsichtlich der wissenschaftlichen Wahrheit wahren, in deren Dienst er soviel geopfert hatte. »Es ist wie bei einem hereinbrechenden Unwetter«, bekannte er Ernest Jones. »Man muß ausharren und warten, wer es besser erträgt – man selbst oder der böse Geist dieser Zeiten.« Dieser Sommer war die einzige Zeit in Freuds Leben, da Anna sich erinnern konnte, ihren Vater niedergeschlagen gesehen zu haben.

Diesmal wollte man nicht im Müncher Parkhotel Zimmer nehmen. »Vergessen Sie nicht«, schrieb Freud Jones am 29. August des Jahres 1913, »wir sind im Bayrisch. Hof und hoffen, am Freitag, dem 5. abends (neun Uhr) einzutreffen.« Tags darauf traf Lou Salomé in dem kleinen Hotel ein, das dreißig Zimmer hatte, und verbrachte den Abend gemeinsam mit Freud, Abraham und einigen anderen Analytikern. Anderswo im Hotel herrschte eine gespannte Atmosphäre. Man traf sich häufig zu Sitzungen im kleinen Kreis, die 87 Teilnehmer kamen zusammen, um über das Schisma zu sprechen und sich hinsichtlich der jeweiligen Parteinahme auszuhorchen. Eines Morgens ging Alphonse Maeder im Foyer auf und ab und probte seinen Vortrag über Träume, als er Freud sah, der eine zum Flur führende Tür öffnete: »Guten Morgen, Herr Professor!« rief er und streckte Freud die Hand entgegen, der sich aber weigerte, den Gruß zu erwidern.

Jung saß im Konferenzsaal am Tisch der Schweizer. »Wo bei Jung vor zwei Jahren«, erinnerte sich Lou Salomé an den Weimarer Kongreß, »eine Art robuster Leichtfertigkeit, strotzender Vitalität aus seinem dröhnenden Lachen redete, da ist jetzt in seinem Ernst reine Aggressivität, Ehrgeiz, geistige Brutalität.« Salomé saß bei Freud am Tisch, gegenüber dem Jungs. »Wer der Dogmatischere, Machtliebendere ist«, meinte sie, »lehrt ein einziger Blick auf diese beiden.« Ihr fiel auf, daß sich Freud mit aller Macht beherrschte. Aber nach den monatelangen Kämpfen und Manövern galt doch, »…man konnte, sollte, durfte donnern«. Schließlich hatte Freud zeit seines Lebens bewußt Gelassenheit gezeigt. Die Aufgabe, mit Aggressivität Freuds Sache zu verteidigen, fiel Victor Tausk zu, einem hochbegabten und streitbaren Analytiker, der neben Freud saß. Tausk war Salomés Geliebter, »ein blonder Dickschädel«, und Freud war froh, ihn dabei zu haben; er war »gescheit und gefährlich«, und »bellen und beißen kann er«.

Ihre Einschätzung Jungs sowie ihre Treue gegenüber Freud ließen Salomé schreiben: »Mir war Freud noch nie so nahe wie hierbei: nicht nur wegen dieses Bruches mit dem ›Sohn‹

Jung, den er liebte, für den er seine Sache gleichsam nach Zürich übertragen hatte, sondern grade wegen der Art des Bruches – als begehe *Freud* ihn in engherziger Starrheit.« Alphonse Maeder seinerseits fand, daß sich der Kollege Jung im Verlauf der stundenlangen Diskussionen seltsam ruhig verhielt. Nachdem Maeder seinen Vortrag gehalten hatte, der in theoretischer Hinsicht stark von Freuds wie Jungs Auffassung abwich, mißfiel ihm, daß Jung sich kaum äußerte. »Da ging mir auf, daß er ein wenig Freud ähnelte. Er konnte nicht wirklich die Unabhängigkeit seiner Mitarbeiter ertragen; im Grund hatte er dieselben Fehler, die er Freud vorhielt.«

Freud empfand Jungs Verhalten, so wie das der Schweizer, als Beleidigung. Salomés Ansicht nach verkürzte Jung unrechtmäßig die Zeit für die Vorträge. Im Vortrag eines Schweizers tauchten so viele Statistiken auf, daß sich Freud zu dem Satz veranlaßt sah: »Alle Arten Kritik sind schon gegen die Psychoanalyse vorgebracht worden, aber dies hier ist das erstemal, daß sie langweilig genannt werden kann.« Freuds Anhänger hatten für Jung stimmen wollen; man hatte es in Wien lange besprochen und war sich schließlich einig geworden. Doch als man sich an die Stimmenauszählung machte, waren mehrere Stimmzettel leer. Ungefähr zehn Teilnehmer hatten ihren Einspruch durch Stimmenthaltung gekennzeichnet, aber mit einem Ergebnis von 52 zu 22 Gegenstimmen wurde Jung erneut zum Präsidenten gewählt. Keiner war zufrieden mit dem Verlauf des Kongresses. Ein Freund Salomés ging sogar soweit zu behaupten, »es wäre jetzt die Sprengung der ganzen Vereinigung das Beste; so fänden sich ehrlich die Geister, die zusammengehören; und Freud wäre nicht gezwungen, sich kämpferisch zu schützen gegen Angriffe im eignen Lager oder anderseits zu schützen, was zu ihm steht«.

Am Tag nach dem Kongreß verbrachte Freud einige ruhige Stunden mit Lou Andreas-Salomé im Hofgarten, dem Schloßgarten in München, mit seinen gepflegten Pflanzenornamenten und den geraden Kieswegen zwischen gestutzten Sträuchern. Nachdem man sich über die Ereignisse vom Vortag unterhalten hatte, entwickelte sich ein Gespräch über Fälle von Gedankenübertragung, »die ihn«, wie sie feststellte, »entschieden quälen«. Jahre zuvor hatte das Thema der Telepathie schon einmal Anlaß für Spannungen zwischen Freud und Jung gegeben und zu Auseinandersetzungen geführt. Freud hatte Jung die weitere Erforschung dieses Phänomens auszureden versucht, an das er selbst glaubte, das er jedoch auch fürchtete. Die Gedankenübertragung, stellte Lou Andreas-Salomé fest, sei »ein Punkt, von dem er hofft, daß er nicht mehr zu seinen Lebzeiten aufgerührt zu werden brauche«. Niemals vergaß Lou Salomé die Geschichte, die ihr Freud auf dem Münchner Kongreß erzählt hatte. Sie paßte gut zu der in diesen Tagen vorherrschenden Atmosphäre der Endgültigkeit. Als kleiner Junge, so Freud, habe sein Sohn Ernst einmal am Ende eines Familienurlaubs »bei der Abreise der Familie aus Italien vom Postwagen aus das Meer angeblickt und, obwohl der Wagen mit ihm davonfuhr, immerfort konstatiert ›ich bleibe da, – ich bleibe da, – ich bleibe da!‹ Erst als durch eine Wegbiegung das Meer seinen Augen entschwand, griff die Erkenntnis seiner Ohnmacht in ihm Platz, machte ihn still und blaß – und nun sagte er leise vor sich hin, ebenso ungezählte Male: ›adieu Meer, adieu Meer, adieu Meer –‹«.

Der Kongreß war vorüber, die anstrengenden Vormonate waren endlich zu Ende. »Man schied voneinander«, schrieb Freud, »ohne das Bedürfnis, sich wiederzusehen.« In den vielen Jahren, die Jung und Freud noch lebten, trafen sie sich kein einziges Mal mehr. »Wenn ihnen die wahren Umstände vertrauter wären«, schrieb Freud an Stanley Hall, bei dem er mit Jung in besseren Zeiten zu Gast gewesen war, »so hätten Sie höchstwahrscheinlich nicht geglaubt, daß es sich wieder einmal um den Fall handelte, bei dem der Vater die Söhne sich nicht entwickeln ließ, sondern Sie hätten erkannt, daß die Söhne den Vater eliminieren wollten, wie in alten Zeiten.« Allerdings war er im Anschluß an den Kongreß nicht in der Lage, Jungs Namen auszusprechen, sondern sprach aus Versehen immer von Jones.

Jung kehrte nach Zürich zurück, und Freud fuhr weiter nach Rom. »Ich habe wieder den alten Moses besucht«, schrieb er Jones. In seinem Brief kam nichts von der tragischen Begegnung mit Michelangelos hoch aufragender Statue zum Ausdruck – eine Begegnung, die sein Ringen mit Jung verkörperte, das noch immer nicht zum Ende gekommen war. Am 13. Dezember nahm Jung, der nach außen so wirkte wie immer, den Füllfederhalter zur Hand und vertraute sich dem Tagebuch an, in das er seit der Zeit, als Emma schließlich in die Heirat einwilligte, nichts mehr notiert hatte. Jetzt hielt er darin den Kampf fest, der durch den Verlust der Freundschaft Freuds entstanden war; ein Kampf, der Jahre währte, und fast hätte Jung dabei sein Leben verloren.

# 17. Kapitel

Minna Bernays war froh, als ihr Schwager sie nicht bat, gemeinsam mit ihm in den heißen, staubigen Ruinen auf dem Palatin herumzuklettern. Unmittelbar nach Beendigung des Münchner Kongresses war sie in Bologna zugestiegen und in Begleitung Freuds nach Rom weitergefahren. Bislang war er immer tagelang zwischen den umgestürzten Tempeln des Altertums in der Sonne gewandelt und hatte seine Ruhe »im unvergleichlich schönen Rom« wiedergefunden. Doch im Herbst 1913 stieg er nicht mehr so oft auf den Palatin, sondern ging die steile Treppe vom Corso Cavour hinauf, »zu dem einsamen Platz, auf dem die verlassene Kirche steht«. Dort hielt er, wie schon während seines letzten Besuchs in Rom, erneut Wacht. Was ihn in die Kirche zog, war die gewaltige *Moses*-Statue, die Michelangelo vierhundert Jahre zuvor aus Stein gemeißelt hatte.

Stundenlang stand der Begründer der Psychoanalyse schmächtig, fast gebeugt vor dem sitzenden Riesen, auf der Suche nach sich selbst. Sein einsames Verweilen an der Seite des Moses hatte etwas mit der Beziehung zu Jung zu tun. In Freud wie in Moses lag eine ganz besondere Leidenschaft verborgen. Mit großer Leidenschaft hatte Freud die grundlegenden Begriffe der Psychoanalyse zu etwas geformt, wofür er bereitwillig sein Leben geopfert hätte. Diese Leidenschaft hatte Carl Gustav Jung aus einem Freund zu seinem Sohn und Erben werden lassen. Daß Jung ihn verlassen hatte, war der tiefere Grund der langen Besuche in der menschenleeren Kirche geworden. Jeden Tag wurde Freud von neuem Zeuge des furchterregenden Zorns des Moses, der sich mit seinem eigenen verband. Die Geschichte des Moses ließ Freud nicht mehr los. Im Alten Testament heißt es, Moses habe sich voll Zorn gegen die Israeliten erheben und die Tafeln zu Boden schmettern wollen, auf denen die zehn Gebote gemeißelt waren. In einem Augenblick unbeherrschbaren Zorns habe Moses das

Werk eines ganzen Lebens aufs Spiel gesetzt. Darin lag Freuds größte Furcht. Er war ein Mensch, der über ein hohes Maß an Selbstbeherrschung verfügte. Doch hatte er kein Vertrauen mehr in sich, da er so bittere Gefühle gegen Jung hegte. Während Freud im Schatten der großen Statue stand, fürchtete er, er werde es dem biblischen Moses gleichtun und durch einen einzigen Wutausbruch die Zukunft der Psychoanalyse gefährden.

Es heißt, Michelangelo habe auf seiner Suche nach einem vollkommenen Marmorblock für seinen *Moses* sieben Monate allein in einem Steinbruch gehaust. Als er die Arbeit an der Statue beendet hatte, soll er den Blick gehoben, Moses ins Gesicht gesehen und ausgerufen haben: »Sprich! Warum sprichst du nicht?« Schließlich habe er mit aller Kraft mit dem Hammer auf das Knie der Statue eingeschlagen. Noch vierhundert Jahre später sah Freud die »Narbe« auf dem Knie und verstand den Grund für Michelangelos Verzweiflung. Jetzt machte er sich auf die Suche nach der geheimnisvollen Bedeutung der Statue, bis schließlich auch das Rätsel seines Kampfes gelöst war. Allmählich begann er einen Widerspruch in der Statue zu erkennen: Die Bewegung des Oberkörpers – die zornig gerunzelte Stirn, der zerzauste lange Bart, die muskulösen Arme und das fließende Gewand – kam auf unerklärliche Weise an dem mächtigen Knie zur Ruhe, das so fest verwurzelt und reglos war wie ein Baum. Warum ließ sich in der unteren Körperhälfte keinerlei Bewegung erkennen, wenn sich Moses doch in seinem schrecklichen Zorn gerade erheben wollte? Freud setzte sich vor die Statue, »in der Erwartung, ich werde nun sehen, wie sie auf dem aufgestellten Fuß emporschnellen, wie sie die Tafeln zu Boden schleudern und ihren Zorn entladen werde. Nichts davon geschah; anstatt dessen wurde der Stein immer starrer, eine fast erdrückende heilige Stille ging von ihm aus«.

So stand Freud im September 1913 vor der Statue und fand seinen Verdacht bestätigt, daß Moses die heiligen Tafeln auf den Kopf hielt, was für jeden gottesfürchtigen Menschen ein völlig undenkbares Tun darstellte. Die prekäre Position, in

260

der Moses die Gesetzestafeln hielt, überzeugte Freud davon, daß Moses' Selbstbeherrschung gesiegt hatte, auch wenn er die Tafeln fortschleudern wollte. Die Tafeln lagen schräg in der Hand, weil Moses sie vor lauter Erregung aus der Hand geglitten waren. Der untere Teil des Körpers erschien nur deswegen so sorglos, weil er seinen Zorn schließlich doch beherrscht hatte. Michelangelos *Moses* war, dessen war Freud sicher, ein ganz anderer Mensch als der biblische Moses: Er war der Inbegriff von Selbstbeherrschung. Freud räumte ein: »Er wollte es [die Tafeln von sich schleudern] in einem Anfall von Zorn, aufspringen, Rache nehmen, an die Tafeln vergessen, aber er hat die Versuchung überwunden, er wird jetzt so sitzen bleiben in gebändigter Wut, in mit Verachtung gemischtem Schmerz. Er wird auch die Tafeln nicht wegwerfen, daß sie am Stein zerschellen, denn gerade ihretwegen hat er seinen Zorn bezwungen, zu ihrer Rettung seine Leidenschaft beherrscht.«

Wie Moses, bezwang auch Freud seine Leidenschaft und folgerte daraus, »...die gewaltige Körpermasse und kraftstrotzende Muskulatur der Gestalt wird nur zum leiblichen Ausdrucksmittel für die höchste physische Leistung, die einem Menschen möglich ist, für das Niederringen der eigenen Leidenschaft zugunsten und im Auftrage einer Bestimmung, der man sich geweiht hat«. Die eigene Leidenschaft, das war sein Zorn über Jungs »Abfall«, die Sache war die Psychoanalyse. In Moses hatte er einen Ausdruck für den unsagbaren Schmerz des Opfers und die Leidenschaft gefunden, die er sich selbst versagte.

Aber der Vergleich ging noch weiter. Michelangelo und Papst Julius II., zu dessen Ehre Michelangelo den *Moses* aus Stein gemeißelt hatte, verband eine enge Freundschaft. In ihrer Freundschaft hatten heftige unterschwellige Spannungen geherrscht, die Freuds Aufmerksamkeit nicht entgingen. »Julius II war Michelangelo darin verwandt«, schrieb Freud, »daß er Großes und Gewaltiges zu verwirklichen suchte.« Die Beziehung zwischen Julius und Michelangelo wies allerdings einen Makel auf. Julius »ließ [Michelangelo] oft leiden unter seinem Jähzorn und seiner Rücksichtslosigkeit«. Und weiter schreibt Freud, Michelangelo »mag als tiefer blickender Grübler die Erfolgslosigkeit geahnt haben, zu der sie beide verurteilt waren«.

Freud hielt seine Beobachtungen dann in seinem kurzen Aufsatz mit dem Titel »Der Moses des Michelangelo« fest. Als er Ende Dezember 1913 die Arbeit abgeschlossen hatte, entschloß er sich, sie anonym zu veröffentlichen, auch wenn sich Abraham lebhaft erkundigte: »Glauben Sie nicht, daß man die Klaue des Löwen doch erkennen wird?« Zwanzig Jahre später schrieb Freud: »Ich habe zu dieser Arbeit eine Beziehung wie etwa zu einem Kinde der Liebe. Durch drei einsame September-Wochen bin ich 1913 alltäglich in der Kirche vor der Statue gestanden, habe sie studiert, gemessen, gezeichnet, bis mir jenes Verständnis aufging, das ich in dem Aufsatz doch nur anonym auszudrücken wagte. Erst sehr viel später habe ich dies nicht analytische Kind legitimiert.« Seine düstere Verzweiflung kam in dem Aufsatz deutlich zum Ausdruck. In seinen Augen hatte Michelangelo das Unerreichbare angestrebt, nämlich ein Bild von Moses' ganz persönlicher Leidenschaft zu vermitteln und gleichzeitig die innere Ruhe zu gestalten, die dieser empfand, als er diese Leidenschaftlichkeit opferte. Vielleicht, schloß Freud, sei es selbst Michelangelo nicht »völlig geglückt, den Sturm heftiger Erregung aus den Anzeichen erraten zu lassen, die nach seinem Ablauf in der Ruhe zurückblieben«. Vielleicht war auch Michelangelo nicht fähig, derart große Qualen in Stein zu hauen. Aber er hatte sie doch gespürt.

In den Dezemberwochen des Jahres 1913, als Freud an seinem Aufsatz über Moses schrieb, hatte Jung das Gefühl, daß ihm die Macht über sein Leben entglitt: »Ich lebte ständig in einer intensiven Spannung, und es kam mir oft vor, als ob riesige Blöcke auf mich herunterstürzten.« Um seiner Gefühle wieder Herr zu werden, machte er Yoga-Übungen. Jahre später schildert ein Freund, welche Übungen Jung für solche Zeiten empfahl: Es sei ratsam, sich hinzulegen und für einen Moment ganz ruhig zu atmen, und zwar mit dem Gefühl, daß »der Wind über einen hinwegblies – der Wind des Aufruhrs blies über einen hinweg«.

Im Traum erschienen Jung seltsame Wesen, die ihm keine Ruhe mehr ließen. »Es war in der Adventszeit des Jahres 1913«, erinnert sich Jung später, »als ich mich zum entscheidenden Schritt entschloß (12. Dezember). Ich saß an meinem Schreibtisch und überdachte noch einmal meine Befürchtungen, dann ließ ich mich fallen.« Jahre später urteilte sein Sohn Franz zurückhaltend: »Mein Vater schreibt, daß er sich *entschloß*. Ich glaube nicht, daß er sich entschloß. Ich glaube, es blieb ihm keine Wahl. Können Sie sich vorstellen, wie es sein muß, wenn man denkt, man könnte wahnsinnig werden? Daß man vielleicht für immer in die Leere fällt.« Bis auf die Analysesitzungen mit seinen Patienten war Jung unfähig, seiner Arbeit nachzugehen. Er war nicht mehr in der Lage, wissenschaftliche Bücher zu lesen, und gab seine Stellung an der Züricher Universität auf, an der er acht Jahre lang Vorlesungen gehalten hatte.

Immer wieder sah Jung nun diabolische Bilder, mal im Wachzustand, dann wieder im Traum. Im Namen ihm unbekannter Geister beging er Mordtaten, und fortwährend floß Blut. Ein kleiner Junge mit blondem Haar ertrank, eine schwarze Schlange schlängelte sich heran, ein Zwerg mit lederiger Haut suchte ihn heim. Jung sah Höhlen und Schlamm, Leichname, und immer wieder empfand er eine unerträgliche Schuld. Die Bilder versetzten ihn in Todesangst. Ihm blieb nichts übrig, als sich ihnen hinzugeben und ihr unheimliches Verhalten in seinem Tagebuch zu schildern oder den Aquarellkasten zu nehmen und die Bilder zu malen, die in seinen Träumen aufgetaucht waren. Alphonse Maeder erzählte Jung einmal von einem merkwürdigen und beängstigenden Vorfall, einer Halluzination, die er gehabt habe. Jung war beeindruckt von dem, was Maeder erlebt hatte, und erwiderte: »Was, Sie auch?«

»Noch Jahre nach seiner Trennung von Freud«, sagt Franz Jung, »konnte mein Vater nicht arbeiten. Er legte einen Revolver in den Nachttisch und sagte, wenn er es nicht mehr ertragen könne, werde er sich erschießen. Weitere Leute zogen sich von ihm zurück, und er war allein. Sieben Jahre lang hat er eigentlich nichts anderes getan, als zu malen.« Jungs Kinder ahnten nur wenig von seinem inneren Aufruhr. Nur die älteste Tochter Agathli, die 1913, als Freud und ihr Vater sich trennten, neun Jahre alt war, sollte eines Tages sagen, »ganz vage hatte ich das Gefühl, daß da etwas geschehen war«. Franz Jung war damals noch zu jung, als daß er die seelische Not seines Vaters wahrnehmen konnte; aber er hatte sein ganzes Leben im selben Teil der Schweiz verbracht und noch immer sehr gute Erinnerungen an den Vater. So wie Franz Jung, ohne es zu wissen, dem Vater unten am See beim Bau der kleinen Dörfer aus Stein half, so saß der kleine Junge am alten Tisch in der Bibliothek, wo Jung seine Bilder malte. »Dort malte auch ich«, erzählt Franz Jung. »Manchmal durften wir, wenn wir versprachen, kein Wort zu sprechen, zeichnen und malen. Aber ich war nicht so gut darin, und es fiel mir nicht leicht, meinem Vater gegenüber im Stuhl zu sitzen, denn er konnte sehr gut malen.«

Während dieser Jahre verbrachte Jung viel Zeit allein. Seine Kinder vermißten ihn, zuweilen in bedrohlichem Maße. »Meine Schwester Marianne wurde zwei Jahre nach mir geboren«, sagt Franz Jung. »Da ich ein kleiner Junge war, verbrachte mein Vater mehr Zeit mit mir. Eines Tages – ich war wohl ungefähr zehn, Marianne acht Jahre alt – sind wir alle segeln gegangen. Wir legten an, um in einem Dorf etwas zu besorgen, und Vater kaufte für uns alle kleine Kekse. Als wir wieder nach Hause kamen, lief Marianne über den Rasen zu Mutter und rief: ›Sieh mal! Franz' Vater hat mir einen kleinen Keks gekauft.‹ Mutter hat natürlich sofort geantwortet: ›Sieh mal, Marianne, versteh doch, Franz' Vater ist auch *dein* Vater!‹«

Im Sommer fuhr die ganze Familie nach Schaffhausen, wo sie bei Emmas Mutter wohnten und die Kinder viel Zeit mit ihrem Vater verbrachten, wie sie es das übrige Jahr nicht konnten. Franz Jung sagt: »Meine Großmutter besaß mehrere Kutschen und zwei Pferde, ein sehr schönes Haus und viele Morgen Grundbesitz. »Den ganzen Sommer spielten wir mit meinen Cousins Trapper und Indianer. Vater war unser Anführer. Er trug einen Pfadfinderhut und ein Paar Cowboystiefel, die er von der Amerikareise mit Freud mitgebracht hatte. Er sah aus wie ein Sheriff. Wir haben Indianerzelte und Hütten gebaut, die so groß waren, daß man darin schlafen konnte; außerdem besaß jede Partei ein Pferd. Wir haben Lagerfeuer gemacht, unsere Zelte gegeneinander angezündet und gegenseitig die Pferde gestohlen. Das war Vaters Einfall. Er hat die ganze Zeit mit uns gespielt, obgleich sein Schwager nicht damit einverstanden war.« Franz Jungs Großmutter war erst recht nicht einverstanden damit, daß Jung mit den Kindern Tunnel in die weiche, gelbliche Erde grub. Die Tunnel waren so groß, daß man hineinkriechen konnte, und Frau Rauschenbach fürchtete, die Kinder könnten darin verschüttet werden.

Als kleiner Junge machte Franz Jung mit dem Vater oft ausgedehnte Wanderungen, manchmal in den Bergen ringsum von Schaffhausen, dann wieder in der Nähe ihres Hauses in Küsnacht. Später wanderte Franz Jung mit seinen vier Söhnen auf den Wegen, die er seit seiner Kindheit kannte. Noch heute geht er auf einigen davon mit seinen eigenen Familienangehörigen. Er wählt die Routen sehr sorgfältig aus; das wichtigste Kriterium ist, wie abwechslungsreich beziehungsweise schön sie sind. Franz Jung steigt gern bergauf, aber noch lieber geht er mit großem Tempo wieder hinunter. Nachdem wir mehrere Stunden lang auf den dunklen Waldwegen gegangen waren, kamen wir plötzlich an ein Flußbett voller Geröll, es lag in einem weiten Tal mit herrlichen Frühlingsblumen. Auf unseren Ausflügen war das Gebiet stets menschenleer und immer von großer Schönheit. An einem Tag ging Franz mit mir in die schneebedeckten Wälder hoch über dem Zürichsee. Eine Gruppe riesiger Buchen, deren Geäst erst in dreißig Meter Höhe begann, wölbte sich dem winterlichen Himmel entgegen, das Sonnenlicht brach sich in den Schneekristallen, die wirkten wie Buntglasfenster in einem alten Gewölbe. »Versetzen Sie sich einmal in die Lage meiner Mutter«, sagte Franz Jung in die Stille hinein, »denken Sie doch einmal an sie. Können *Sie* sich vorstellen, mit einem Mann zusammenzuleben, der mit einem Revolver am Bett schläft und den ganzen Tag Bilder voller Kreise malt?«

Freud wußte nicht, daß der Mann, den er einmal wie seinen Sohn geliebt hatte, ums Überleben kämpfte. Und er wußte nicht, daß der Mann, den er inzwischen als gefährlichen Rivalen fürchtete, nicht mehr arbeiten konnte und Stunden für sich verbrachte, kleine Dörfer aus Steinen errichtete und Bilder malte, die er geträumt hatte. Freuds Zorn lastete auf Jung wie kaltes Metall. An Karl Abraham schrieb Freud, ihm sei »die volle Analogie aufgefallen, welche sich dem ersten Davonlaufen Breuers vor der Entdeckung der Sexualität hinter den Neurosen und der letzten Jungs nachweisen läßt. Um so fester steht es, daß dies der Kernpunkt der Psychoanalyse ist«. Ernest Jones reagierte ebenso kompromißlos. »Man ist wütend auf Jung«, teilte er Abraham mit, »bis man entdeckt, daß er auf krasse Weise dumm ist, ›emotionale Dummheit‹, wie es die Psychiater nennen.« Mit Bergson, fand Freud, hatte sich Jung einen anderen Juden als Vaterfigur gesucht. »Ich bin nicht mehr eifersüchtig«, erklärte er Jones eisig im Juni 1914. Sein Zorn hielt an. Ein Jahr später schrieb Freud James Putnam: »[Jung] war mir ein sympathischer Mensch, solange er blind dahinlebte wie ich. Dann kam bei ihm die religiös-ethische Krise, mit höherer Sittlichkeit, Wiedergeburt und Bergson und gleichzeitig Lüge, Brutalität und antisemitische Überhebung gegen mich. Es war nicht das erste, nur das letzte Erlebnis, das meine Abneigung gegen die heiligen Bekehrten bestärkt hat.«

Schon eine Zeitlang machten sich Freud und Jones Sorgen, die psychoanalytische Bewegung könnte sich Jung anschließen. »Es scheint ganz unmöglich, daß Wien und Zürich sich auf irgendeine Art werden einigen können«, hatte Jones im November 1913 einem Kollegen unmittelbar nach dem Münchner Kongreß geschrieben. »Es wird also besser sein, wenn wir uns ganz trennen und jeder sich in die Richtung entwickeln kann, die ihm am meisten liegt – und der Beste gewinnt!« Freud hatte gemischte Gefühle, was die Stärke von Jungs Position betraf. »Es mag sein, daß wir Jung und sein Tun überbewerten«, schrieb er an Jones. »Vor der Öffentlichkeit steht er in keinem günstigen Licht da, wenn er sich von mir, d.h. vor seiner eigenen Vergangenheit abwendet«, schrieb er Jones. Noch im selben Brief schwand jedoch sein Selbstbewußtsein, der Brief endete in einem ganz anderen Ton: »Ich rechne nicht mit einem sofortigen Erfolg, sondern mit dauerndem Kampf. Wer der Menschheit die Befreiung von den Banden der Sexualität verspricht, den wird sie als Helden grüßen, und mag er noch soviel Unsinn daherreden.«

Bisweilen zweifelte Freud sogar an der Loyalität seiner engsten Freunde. An Jones schrieb er: »Ich bin sehr froh, daß Sie sich Jung unzugänglich zeigen, wenn er nach London kommt. Er könnte versuchen, Ihnen zu schmeicheln und den Streit beizulegen.« Schon seit langem mache er sich Sorgen wegen der amerikanischen Kollegen. »Zweifellos neigen alle diese Männer stark zu Jung hin, oder richtiger gesagt, sie streben fort von der ΨA.« In einem anderen Brief an Jones heißt es: »Wir wissen, daß [Jungs] Position sehr stark ist; unsere einzige Hoffnung ist immer noch, daß er sich selbst zugrunde richtet. Um den Einfluß in England und Amerika werden Sie mit ihm ringen müssen; es kann ein langer und harter Kampf werden.« Im Frühjahr 1914 vertraute Freud nur noch einigen wenigen loyalen Freunden, einer von ihnen war Ernest Jones. Im Stil eines Telegramms schrieb Freud an Ferenczi: »Sonst nur Verluste: Stanley Hall wie gesagt ganz Adlerianer, die Spielrein meschugge, schreibt, ich habe etwas gegen sie.« Und Ferenczi schrieb, daß nach einer Reihe von »Flitterjahren« der Widerstand gegen die Psychoanalyse in Budapest stark zugenommen hatte.

Auch Bleuler kehrte der Psychoanalyse den Rücken. Ein Amerikaner, der in Deutschland studierte, war unwissentlich Zeuge seines Abfalls geworden. W. J. Sweasey Powers nahm an einem Kongreß deutscher Psychiater in Breslau teil. Am

Ende war er wenig beeindruckt von den abgedroschenen Einwänden, die man dort gegen die Psychoanalyse ins Feld führte. Erst später erfuhr er, warum das Treffen so wenig ergiebig gewesen war. »Wir beabsichtigen daher«, erklärte man Powers, »Bleuler Gelegenheit zu geben, sich öffentlich von der Freud-Schule zurückzuziehen, da sein Name angeblich einen großen Einfluß auf die Aufrechterhaltung der Freudschen Theorien habe. Und wir hatten auch vor, zu Protokoll zu nehmen, daß die deutschen Psychiater gegen die Freudschen Theorien waren.« Es hätte Freud nicht gewundert, daß sich Bleuler von der Psychoanalyse lossagte.

In jenem düsteren Sommer 1914 versuchte Ferenczi einen Silberstreif am Horizont zu erkennen, allerdings mit mäßigem Erfolg. An Freud schrieb er: »Das Loswerden von Jung bedeutete für Sie die Rückkehr zu Ihrer ursprünglichen Arbeitsweise: alles selbst in die Hand zu nehmen und sich nicht auf die ›Mitarbeiter‹ zu verlassen. Die Devise ›Après moi le déluge‹ scheint in der Wissenschaft die einzig richtige zu sein.«

Einen Augenblick in jenem Sommer schien es Freud, als verliere er auch noch seine jüngste Tochter. »Ich weiß aus den besten Quellen, daß Dr. Jones ernsthafte Absichten hat«, schrieb er Anna, die in England Ferien machte. Der Gedanke, daß seine junge und labile Tochter weit weg von zu Hause in England mit einem sexuell sehr aktiven und schwierigen Mann leben würde, war ihm eine Qual. Zärtlich schrieb er: »Jones ist außerdem im Leben viel unselbständiger und anlehnungsbedürftiger, als man nach seinem Eindruck glauben sollte. Er bedarf einer erfahrenen, vielleicht sogar älteren Frau. Sich selbst überlassen – und das ist das Schlechteste, was ich über ihn sagen kann – zeigt er eine Neigung, sich in gewagte Situationen zu begeben und in ihnen alles aufs Spiel zu setzen, die nun keine Sicherheit für Dich verbürgen würden.« Er forderte Anna auf, sich nicht allein mit Jones zu treffen, weil »er nicht der richtige Mann für ein feines geartetes weibliches Wesen« sei. »Er hat sich aus sehr kleiner Familie und schwieriger Lebenslage herausarbeiten müssen... und versäumt, den Takt und die feinen Rücksichten zu erlernen, die ein verwöhntes, noch dazu sehr junges und sprödes Mädchen von ihrem Mann erwarten wird. Um ihn zu schätzen und um ihm allerlei zu vergeben, müßtest Du gut fünf Jahre älter sein, und dann würde er zu alt für Dich.«

Trost suchte Freud in jenem Sommer in den Dramen Shakespeares. »Sonderbar, den Macbeth habe ich vor Jahren Jones abgetreten und nehme ihn jetzt gleichsam zurück«, teilte er Ferenczi mit. »Da sind dunkle Mächte im Spiel.« Er führte die »Learstimmungen« auf seine Erschöpfung zurück, doch stand er im Schatten Lears, als er Ferenczi schrieb, daß er Anna, seine »Cordelia«, nicht durch »einen deutlichen Racheakt« verlieren wolle. Freud gelang es, Ernest Jones von Anna abzubringen, und er schrieb, daß sie, wenngleich die begabteste seiner Kinder, »keinen Anspruch darauf erhebt, als Frau behandelt zu werden, denn ihr sind sexuelle Sehnsüchte noch fern und sie steht dem Mann eher abweisend gegenüber. Zwischen uns besteht die ausdrückliche Übereinkunft, daß sie weder eine Heirat noch die Präliminarien davon in Erwägung zieht, ehe sie zwei, drei Jahre älter ist. Ich glaube nicht, daß sie unseren Vertrag brechen wird.« Dann aber überlegte er, ob sich Jones' Interesse nicht auf eine andere Frau umlenken ließ, »auf die Schwester von Mabel, die Dir so gefällt«. Freud sorgte sich liebevoll um Anna, die er brauchte und die nie geheiratet hat.

In dieser Zeit der wechselnden Loyalitäten hielt Lou Andreas-Salomé weiter treu zu ihm; sie hatte vor den Toren Göttingens eine psychoanalytische Praxis eröffnet. Dort sei es »sehr nett«, schrieb Anna an Freud, »ganz Mama's Ideal von einer kleinen Universitätsstadt mit Vorgärtchen und kleinen Bäumen«. Lou Salomé bewohnte ein hoch am Hang gelegenes Haus, züchtete Blumen und zog Gemüse in dem von Mauern umgebenen Garten. Im Jahre 1914 änderte sich jedoch allmählich dieses bukolische Leben, in Deutschland und in ganz Europa. Ein Engländer, der in dem Jahr in Deutschland seine Ferien verbrachte, entdeckte Gebilde, die er nur schwer beschreiben konnte. Mit einem Fernglas betrachtete er sie vom Dach eines Hauses – flache Konstruktionen, die allerdings eher Kriegsschiffen oder Häuserdächern ähnelten. Wozu sie dienten, wurde ihm dunkel bewußt, als die ersten deutschen Zeppeline über ihn hinwegflogen: »Auf die Ziele ließen sie Gegenstände von ungeheurem Gewicht fallen, die... wohl eine Art Lufttorpedo darstellen.« Im Sommer 1914 begann der Erste Weltkrieg; die Zeppeline hatten im offenen Feld das Schießen auf feindliche Ziele geübt und Bombenattrappen abgeworfen.

Im Ausland wurde das ganze Ausmaß des Krieges beängstigend klar, als es am 3. August 1914 in einer Zeitungsüberschrift hieß: RUSSLAND MARSCHIERT IN DEUTSCHLAND EIN; DEUTSCHLAND MARSCHIERT IN FRANKREICH EIN, ERKLÄRT ABER NICHT DEN KRIEG; HEUTE ERWARTET – ENGLANDS ENTSCHEIDUNG; BELGIEN BEDROHT, TRUPPEN IN LUXEMBURG UND DER SCHWEIZ; DEUTSCHE SCHARFSCHÜTZEN SCHIESSEN FRANZÖSISCHES FLUGZEUG AB. In den folgenden vier Jahren kamen Millionen Menschen ums Leben, ganz Europa litt große Not. Nach dem Krieg schickte Freud an Lou Salomé Geld, da sie sich kein Brennholz leisten konnte, um auch an den kalten Winterabenden zu schreiben. Doch wurde, wie Freud im November 1914 schrieb, »vor Kanonendonner die Stimme der ΨA in der Welt nicht gehört«.

# 18. Kapitel

Jemand beschrieb Toni Wolff einmal als dunkle Schönheit. Jung hätte diesem Urteil wohl sofort zugestimmt. Antonia Wolff wurde 1888 geboren und wuchs in einer wohlhabenden Familie in Zürich auf. In ihrer Jugend hatte sie unter großen psychischen Problemen gelitten und sich bei Jung in Behandlung begeben. Nach Abschluß ihrer Analyse war sie stärker und gefestigter. Nun hatte sich Jung in seiner Verzweiflung an sie gewandt. Während die Schrecken des Ersten Weltkrieges die Grenzen der Schweiz umtosten, war er in eine ganz persönliche Schlacht verwickelt.

Kaum jemand schildert Toni Wolff, der nicht als erstes ihre Augen erwähnt. »Toni hatte dunkle Augen, von großer Tiefe«, erinnert sich Carl Gustav Jungs Sohn Franz. »Sie war ganz und gar Geist. Es schien fast, als ob sie keinen Körper besäße.« Toni war anders als die Züricher Hausfrauen, »verführerisch, nicht sexy«, meinte eine Analytikerin ohne Bitterkeit, »sie hatte ein wunderschönes Lächeln«. 1914 war Toni Wolff sechsundzwanzig Jahre alt. Später wurde sie eine hochbegabte Analytikerin. Das Bild, das sich aus den Schilderungen ihrer Patienten ergibt, läßt aber darauf schließen, daß in ihrem Charakter ein gewisser Zug zur Einsamkeit lag. So vergaß ein Patient nie, wie Toni sich eine Zigarette ansteckte: Sie legte das Streichholz sorgsam in den Aschenbecher und ließ die Flamme bis zum Ende brennen, wie eine kleine Opfergabe für einen Gott, den nur sie kannte. Ein anderer Patient entsinnt sich, daß während der Analysestunde Erfrischungen gebracht wurden: »Das Dienstmädchen brachte immer eine Tasse Tee herein – nur eine, für Fräulein Wolff –, nie zwei Tassen.«

Jungs Kollege C. A. Meier wurde einmal erzählt, Jung habe davon gesprochen, Toni Wolff sei der einzige Fall von Schizophrenie gewesen, den er zu heilen vermochte. Aber trotz der äußerst großen Besserung fiel Freunden doch auf, daß sie immer wieder in seelische Not geriet. Dennoch konnte sie Jung helfen: Sie kannte das unheimliche Terrain, das ihm so große Angst einflößte, weil sie die dort lauernden Schrecken selbst erlebt hatte. Als Jung sich bemühte, die psychotischen Bilder zu verstehen, die ungebeten aus der Tiefe seines Unbewußten aufstiegen, war Toni seine Führerin. Sie war eine etwas unheimliche Frau, direkt und sehr eigenständig; Jungs Liebe zu ihr war von Dauer. Als er einer Patientin einmal einen Analytiker empfehlen sollte, sagte er: »Sie brauchen jemanden, der klug ist wie eine Schlange«, und damit meinte er Toni. »Nicht jemanden, der ohne Fehler ist, wie eine Taube«, fügte er noch hinzu, womit seine Frau gemeint war, die damals ebenfalls als Analytikerin arbeitete.

Nach dem Bruch mit Freud, berichtete Jung einem Freund, habe er an nichts mehr glauben können. Der Ansturm der Halluzinationen sei furchtbar gewesen: »Angst beschlich mich«, schrieb er, »daß die Reihe solcher Gestalten vielleicht endlos sein und ich mich in Abgründe bodenloser Unwissenheit verlieren könnte.« Als er Gefahr lief, wahnsinnig zu werden, mußte er sich in Erinnerung rufen, daß er Carl Gustav Jung hieß und ein allseits geachteter Arzt mit Frau und Kindern war, wohnhaft in Küsnacht, in der Seestraße 228. Im Rückblick auf jene Jahre schreibt Jung: »Es ist natürlich eine Ironie, daß ich als Psychiater bei meinem Experiment sozusagen auf Schritt und Tritt demjenigen psychischen Material begegnet bin, das die Bausteine einer Psychose liefert und das man darum auch im Irrenhaus findet.« Noch Jahre später schätzten Kollegen seinen Zustand als sehr bedrohlich ein. »Er war einer Psychose sehr nahe«, meinte die Analytikerin Liliane Frey-Rohn. »Er wußte nicht, wie die Sache ausgehen würde.« Und C. A. Meier meinte, Jungs Zusammenbruch habe sich »phänomenologisch« sehr leicht als »schizophrene Episode« einordnen lassen.

Nach Jahren des emotionalen Aufruhrs kehrte Jung schließlich in die Welt zurück. Er war Medizinprofessor gewesen, Präsident der Internationalen Psychoanalytischen Vereinigung, ein ausgesprochen produktiver Autor und guter

Bürger. Mehrere Jahre später, als er auf dem Zürichsee segelte, war er kein Professor mehr, kein Präsident und kein Muster mehr an Schweizer Wohlanständigkeit, was ihm merkwürdigerweise immer sehr viel bedeutet hatte. Dafür hatte er einen verlorenen Teil seines Selbst wiedergefunden und bleibenden Respekt für die Macht des Unbewußten gewonnen.

Jung schuf sein Lebenswerk aus dem, was ihn der Schrecken und die Schönheit des Unbewußten gelehrt hatten. Erst zwanzig Jahre später verstand er das ganze Ausmaß dessen, was er erlebt hatte. Ursprünglich hatte er etwas anderes angestrebt. »Als junger Mann war mein Ziel, etwas in meiner Wissenschaft zu leisten«, schrieb er. »Aber dann stieß ich auf diesen Lavastrom, und die Leidenschaft, die in seinem Feuer lag, hat mein Leben umgeformt und angeordnet.« Im Rahmen der reichen Bilderwelt seiner Halluzinationen und Träume – Szenen voller Grauen, aber auch von unbeschreiblicher Schönheit – und in den durchwachten Nächten voller Schrecken und Reue, war er zu mannigfaltigen Erkenntnissen gelangt, die ihm in den bevorstehenden Jahren einen großen Dienst erwiesen. Als er in hohem Alter einmal gefragt wurde, welche Begriffe in seinem Leben die größte Bedeutung gehabt hätten, antwortete er ohne Zögern: »Ach, das ist das kollektive Unbewußte.« Jung blieb überzeugt, daß sich die untersten Schichten der Psyche aus universellen und vererbten Verhaltensmustern zusammensetzten. »Die tieferen ›Schichten‹ der Psyche«, fand er, »verlieren mit zunehmender Tiefe und Dunkelheit die individuelle Einzigartigkeit. Sie werden nach ›unten‹... zunehmend kollektiver..., um universal zu werden.«

Ganz allein war Jung allerdings nicht gewesen, als er sich anschickte, seinen Ideen eine Ordnung zu verleihen. Seine Frau Emma und Toni Wolff waren eingeweiht in sein Innenleben. Um seine neuen Begriffe, auch um ihre komplizierte Beziehung zu verstehen, unternahmen Jung, seine Frau und Toni Wolff ein heikles Experiment. »Sie studierten ihre Träume in bezug auf dieses Problem«, meint die Frau C. A. Meiers. »Es handelte sich nicht bloß um eine Dreiecksbeziehung, so wie bei anderen Leuten.« Das Ehepaar Meier war mit Toni Wolff und Emma Jung befreundet. Über Emma Jung sagt C. A. Meier: »Ich glaube, sie hat in ihrer Ehe eine höchst auffällige Wandlung durchgemacht, eine größere als jede andere Frau, die ich kannte. Sie war ein ganz außergewöhnlicher Mensch.« Jahre später sprachen Toni Wolff und Emma Jung einmal mit Meier über ihren Kummer und ihre Konflikte. »Es war etwas Wechselseitiges… Ungefähr ein Jahr lang machten wir eine Gruppenanalyse.« Emma Jung und Toni Wolff waren ausgesprochen unterschiedliche Frauen. Emma Jung bewältigte den Alltag mit Weisheit und Würde, ihre Warmherzigkeit war für jeden spürbar. »Meine Mutter war sehr selbstbewußt«, erinnert sich Franz Jung, »und da sie ihrer Weiblichkeit sicher war, konnte sie mit Toni Wolff gut umgehen.« Nicht selten verwirrten die alltäglichsten Dinge Toni Wolff. Sie konnte keinen Nagel in die Wand schlagen und wußte nicht, wie man Pflanzen setzte. Über dreißig Jahre war die unterschiedliche und mißliche Lage der beiden Frauen – und die C. G. Jungs – unentwirrbar miteinander verbunden. »Für mich besteht nicht der geringste Zweifel«, meint ein Freund der Familie, Fowler McCormick, »daß diese Beziehung für Frau Jung qualvoll und schmerzlich war und daß sie sie nur schwer ertrug.« Es schockierte ihn, was er einmal bei den Jungs miterlebte: »Frau Jung half gerade, das Essen vorzubereiten, Fräulein Wolff half, das Essen vorzubereiten, Dr. Jung war anwesend, und alles verlief ganz ruhig. Da waren zwei Menschen und bereiteten das Essen vor, als ob sie beide im Haus lebten.« McCormick wußte, daß das nicht zutraf. Aber Franz Jung und seine Schwestern nannten Toni Wolff »Tante«, weil sie so oft bei ihnen zu Hause war.

»Als ich ein reifer Mann war«, sagt Franz Jung, »tat mir Toni leid. Sie hat nie erfahren, was es heißt, Frau und Mutter zu sein.« Aber so kompliziert die Beziehungen auch waren, er konnte sich nur an eine beunruhigende Szene erinnern: Als sein Vater 1925 von einer mehrmonatigen Afrikareise zurückkehrte, konnten sich Emma und Toni nicht darauf einigen, wer ihn am Hafen von Genua in Empfang nehmen sollte. Emma beendete die Meinungsverschiedenheit durch die Entscheidung, daß der damals achtzehnjährige Franz seinen Vater in Italien abholte.

Jahre später wirkten Emma und Toni als aktive Mitglieder des Psychologischen Clubs in Zürich. Als einmal beide Frauen vor dem Club sprachen, war der Schriftsteller und Afrika-Experte Laurens van der Post anwesend. »Auf dem Tisch vor Frau Jung stand ihr zu Ehren eine Vase mit wunderschönen dunkelroten Rosen«, erinnert er sich. »Als sie zu Ende gesprochen hatte, kam Toni Wolff nach vorn, weil sie nun mit ihrem Vortrag an der Reihe war, und wissen Sie was – die Blumen waren nicht mehr da. Wenn das immer so gewesen war, dann muß es für Toni sehr schwer zu ertragen gewesen sein.«

Erst nach mehreren Jahren lockerte sich schließlich das enge Band von Liebe und Schmerz, das diese drei Menschen verband. Jungs Liebe zu beiden Frauen blieb aber bestehen. Einmal, als alle schon in hohem Alter waren, saß eine junge Freundin bei Kaffee und Kuchen mit den Jungs im Garten in Zürich. »Sie war so lieb«, erinnert sich Sabi Tauber an Emma Jung, »und ließ ihn alles das tun, von dem er meinte, er als Mann müsse so etwas erledigen… Manchmal lächelte sie, es war ein ganz flüchtiges Lächeln; er bemerkte dieses Lächeln nicht, aber es war so lieb. Ich hatte das Gefühl, daß sie ineinander verliebt waren, trotz aller Schwierigkeiten.«

Eine Freundin, die Toni Wolff gut kannte, sagte über Jung: »Man kann sagen, er war wie ein großer Löffel: Er trank ihre Seele.« Fowler McCormick wurde einmal gefragt, warum Jung denn eigentlich so offen gehandelt habe, wo er doch soviel Leid damit ausgelöst hatte. »Er besaß eine so große Kraft. Für schöpferische Menschen – und es gibt sie tatsächlich – gibt es in vielerlei Hinsicht keine Gesetze. Das Gesetz, dem Jung vor allen anderen die Treue hielt, war der innere schöpferische Drang. Dafür hätte er alles aufgegeben.«

Die Krustenplatten, die sich unter dem Meeresboden bewegen, sind im Inneren völlig starr und wandeln sich nur an den äußeren Rändern. Dort, wo diese Platten aneinanderstoßen, bilden sich Berge und Vulkane; wo sie sich trennen, öffnen sich große Becken im Meer, und neue Meeresböden entstehen. Einen kurzen Augenblick in einer langen Geschichte hatten sich Freud und Jung in einer Freundschaft von ungeheurer Kraft angenähert. Als sie sich voneinander zurückzogen, war ein neues Terrain entstanden.

1915, zwei Jahre nach dem Bruch mit Jung, schrieb Freud in einem halben Jahr zwölf Abhandlungen, denen er den Titel »Einleitung zur Metapsychologie« gab. In großen Teilen stellten sie den Versuch dar, das Meer des Unbewußten mit all seinen Wandlungen zu vermessen; sie sollten die Zusammenfassung seines Denkens, sein Erbe werden. Doch eine Abhandlung gibt es, in der im einzelnen wie auch in der Entstehung Gedanken C. G. Jungs ihren Widerhall finden. In seinem Aufsatz »Übersicht der Übertragungsneurosen« vertritt Freud die Auffassung, daß bestimmte Geisteszustände, wie zum Beispiel Angst und Paranoia, Überreste der Reaktionen darstellen, die vor und während der Eiszeit die Anpassung an die herrschenden Lebensverhältnisse gewährleisteten. Auch Jung vertrat diese Ansicht, wonach, grob gesagt, derartige Gefühle sich nicht nur aus frühen familiären Konflikten entwickeln, sondern aus dem Quell der vererbten Erfahrungen aufsteigen. Dies war eine Vorstellung im Jungschen Denken, die Freud bezweifelt hatte, jetzt aber – wie flüchtig auch immer – in seinen eigenen Gedanken gespiegelt sah. Und Jungs Einfluß war ebenso im Hintergrund spürbar, als Freud in seiner Abhandlung die verschiedenen Evolutionsstufen des Menschen darstellte. Freud sprach von einer »spielerischen Vergleichung«, als er behauptete, daß der Urvater die rebellierenden Söhne kastrierte, einen Augenblick lang aber hatte er den Ödipus-Mythos auf den Kopf gestellt.

Freud entschloß sich, die Schrift nicht zu veröffentlichen, und auch sechs weitere Abhandlungen erschienen dann nicht. Mitunter stritt er ab, sie überhaupt geschrieben zu haben. Vielleicht war ihm klargeworden, daß er sich zu stark von seinen Gefühlen leiten ließ, als er solch bedeutenden Mitstreiter wie Jung verlor, und nicht in ausreichendem Maße von der ihm eigenen schöpferischen Intuition. Freud führte bis zum Lebensende ein bedeutsames Werk von großer Originalität fort. Zumindest in einer seiner 1915 geschriebenen Abhandlungen hatten die Erinnerungen an Carl Gustav Jung die Grenzen dieses Terrains scharf umrissen.

Das Scheitern der Freundschaft zu Freud hatte Jung tief beunruhigt. 1921, nach acht Jahren voller Selbstzweifel und Zeiten, als er einer psychotischen Erkrankung nahe gewesen war, erschien von Jung dann eine Arbeit – *Psychologische Typen* –, die auf enge Weise mit seinem Bruch mit Freud zusammenhing. Wie konnte es geschehen, fragte sich Jung, daß sich zwei intelligente und verantwortungsvolle Männer denselben Wissenschaftsfragen widmen und schließlich zu völlig entgegengesetzten Antworten gelangten? Es gab, folgerte er, zwei Arten von Menschen. Beide vermochten mit gleicher Sicherheit in der ihnen eigenen Welt leben. Sie unterschieden sich lediglich im Charakter dieser Welten. Dem Introvertierten – so wie ihm selbst – war alles, was das Fortschreiten im Leben bestimmte, subjektiver Natur: das Leben und der Zusammenhalt des eigenen Denkens. Dem Extravertierten – wozu Jung damals auch Freud zählte – lag das Reale außerhalb der Psyche. Nicht Freuds Gedanken bestimmten seine Forschungen, sondern das, was er in der Welt außerhalb seines Geistes sah und hörte. Als Jung zu verstehen suchte, was sich zwischen ihn und Freud stellte, hatten sich ihm höchst unterschiedliche Welten enthüllt. Später hat er offenbar in dem, was Freuds Orientierung betrifft, umentschieden und ihn zum »ursprünglich introvertierten Gefühlstypus« gerechnet. Doch zu dem Zeitpunkt stand seine Lehre längst fest, und die Revision des Freudschen Typus hat darin keine Spur hinterlassen.

Jungs neue Arbeiten, die er Jahren voller Qualen abgerungen hatte, wurden nicht zuletzt von Freud mit beträchtlichem Spott überzogen. 1921 schrieb er Ernest Jones: »Eine neue Produktion von Jung, ungeheuer umfangreich, 700 Seiten dick, betitelt ›Psychologische Typen‹, das Werk eines Snobs und Mystikers, keine einzige neue Idee darin. Er klammert sich an den Ausweg, den er 1913 entdeckt hatte, als er aufgrund der persönlichen Unterschiede in der Konstitution im Beobachter jede objektive Wahrheit in der Psychologie abstritt.« Jahre später äußerte sich Freud gegenüber dem französischen Schriftsteller Romain Rolland, der ein Buch über den Mystizismus der Hindu geschrieben hatte. »Die Unterscheidung zwischen ›extravertiert‹ und ›introvertiert‹ stammt von C. G. Jung, der selbst etwas von einem Mystiker hat und seit Jahren nicht mehr zu uns gehört. Wir messen dieser Unterscheidung keine große Bedeutung zu und sind uns wohl bewußt, daß Menschen beides zur gleichen Zeit sein können und es normalerweise auch sind.«

Als sich Smith Ely Jelliffe 1921 in Europa aufhielt, berichtete er seinem Freund William Alanson White, Freud habe Jungs letzte Arbeiten als »Schund« bezeichnet. »Besonders interessiert mich, was Sie zu Jung sagen«, antwortete White. »Ich hätte gern ein klares Bild von dem bekommen, was er macht, aber zahlreiche Hinweise deuten auf etwas Verwirrtes.« Und nach Jahren der Unentschlossenheit schrieb Oskar Pfister: »Mit der Jungschen Manier bin ich gründlich fertig. Diese Deutereien, die allen Dreck für höhere Seelenmarmelade, alle Perversitäten für heilige Orakel und Mysterien ausgeben und in jede verkorkste Seele einen kleinen Apollo und Christus einschmuggeln, taugen nichts.« Schon seit langem glaubte sich Jung von Gegnern umstellt und mißverstanden. 1913 hatte er dunkel an Jelliffe geschrieben: »Meine Ansichten scheinen für einen wissenschaftlichen Magen zu unverdaulich zu sein.« Jahre danach schrieb er ihm: »Es gibt eine große Gruppe von Freudianern, die mich bekämpfen, als wäre ich der Leibhaftige.«

Freud hatte jedoch erfahren, daß man »jenseits des Teichs«, wo er das ihm wenig sympathische Amerika ansiedelte, Jungs neue Ansichten offenbar wohlwollend positiv aufnahm. »Sollte Amerika den Jungismus wirklich mit offenen Armen empfangen, so bekommt es das, was es verdient«, hieß es in einem Brief an Ernest Jones. Verborgen unter diesem bitteren Humor machte er sich allerdings Sorgen. Auf

Jones' Vorschlag hin sollten seine gesammelten Werke in englischer Übersetzung erscheinen, was er jedoch zunächst ablehnte. »Dann wurde mir plötzlich klar«, schrieb er an Jones, »daß Sie recht hatten und daß die ΨA in England besser durch Jungs Werk als durch meines bekannt ist und daß für die ψα Bewegung von großer Bedeutung wäre, wenn meine gesammelten Schriften der englischen Öffentlichkeit zugänglich gemacht würden.« Als Freud erfuhr, daß Jones die Neuauflage einer »blasphemischen Abhandlung über die heilige Jungfrau« in englischer Sprache plane, riet er zu größter Vorsicht. »Ich halte es für töricht, Gott und die fromme Dummheit des alten England herauszufordern, solange unsere Situation auf dieser erstaunlichen Insel nicht besser abgesichert ist. Die ΨA hat persönliche Gegner, so wie Sie auch.«

Auch wenn die Differenzen zwischen Freud und Jung offenbar mit jedem neuen theoretischen Schritt weiter zunahmen, mancher sah darin doch tiefgreifende Ähnlichkeiten. »Ich war tief betrübt, als sich Freuds und Jungs Wege trennten«, äußerte Abraham Brill vor der New York Academy of Medicine Jahre später, 1947. »Auch wenn sich Jungs analytische Psychologie theoretisch in vielerlei Hinsicht von Freuds Gebäude unterscheidet, so ist es doch psychoanalytisch ausgerichtet.« Brill blieb zeitlebens ein loyaler Freudianer, doch an jenem Abend gab er zu, daß »Freud am Anfang sagte, ›es gibt viele Mittel und Wege in der Psychoanalyse. Alle Methoden sind gut, die das Ziel der Theorie herbeiführen.‹« Und Sabina Spielrein gab nie ihre Überzeugung auf, daß die Übereinstimmungen zwischen Freud und Jung von großer Bedeutung seien. An Jung schrieb sie: »Sie können Freud sehr gut verstehen, wenn Sie es wollen, d. h. wenn Sie Ihre persönliche affektive Einstellung nicht daran hindert.« Gegenüber Freud hatte sie voller Überzeugung geäußert: »Sie, Herr Professor und er wissen es gar nicht, dass ihr beide viel inniger zusammengehört, als man es glauben könnte.«

»Es kommt oft vor«, schrieb Freud an Oskar Pfister 1922 in bezug auf einen Kollegen, »daß prächtige und ernsthafte

Menschen einander quälen müssen, weil sie ihre Liebe sonst nicht vollständig ausdrücken könnten. Nicht zu tragisch zu nehmen.« Beide, Freud wie Jung, waren ernstgesinnte Menschen, und jeder hatte dem anderen auf sehr schwere und dauernde Weise Kränkungen zugefügt. Einstmals glich die Freundschaft, die sie verband, dem Sichten des Landes. Mit der Zeit war der sichere Hafen, den der eine dem anderen gewesen war, außer Sicht geraten, aber in ihrer Erinnerung existierte er noch immer.

Fast zwölf Jahre nach dem Bruch zwischen Freud und Jung warnte Karl Abraham Freud vor dem Abfall Otto Ranks, einem Mitglied des Geheimkomitees. Freud wollte nichts von Ranks abtrünnigem Verhalten wissen, was er Abraham auch mit großer Strenge mitteilte. Ernest Jones tröstete daraufhin Abraham mit den Worten: »Das wahrhaft Tragische ist dies: Ich fürchte, der Prof. kann aufgrund seines klaren Verstandes nicht völlig blind gegen die unbewußte Tendenz in Otto sein.« Es sei aber so, fuhr er fort, daß »er es kaum verkraften würde, möglicherweise noch einmal die gleiche Situation wie die mit Jung durchzustehen«.

Aber das Thema des verlorenen Gefährten spann sich fort. »Gewiß, ich habe manches Schöne im Leben gehabt, im ganzen war es schwer«, schrieb Freud Ludwig Binswanger, der Jung bei seinem ersten Besuch in der Berggasse 19 begleitet und sich später zusammen mit Freud den Kopf über die Kreuzlingen-Geste zerbrochen hatte, als sich die Freundschaft zwischen Freud und Jung löste. 1929 hatte Freud ihm geschrieben: »Ich war gern bereit, andere lieb zu haben, so wie z. B. Sie, aber viele haben es mir unmöglich gemacht.«

Es war an einem Abend, mehrere Jahre später, als sich C. A. Meier in Wien aufhielt und eine Stunde allein mit Freud inmitten der zahllosen antiken Statuetten verbrachte, die im Arbeitszimmer der Wohnung Berggasse 19 glänzten. »Es gab nur ein einziges Gesprächsthema«, erinnert sich Meier, »Jung.« Immer wieder stellte ihm Freud Fragen über Jung: über seine Familie, wie er jetzt lebe, was er im Augenblick mache. Alle nur erdenklichen Fragen. Und zwar, »weil er ihn immer noch gern hatte«. Die gleichen Qualen fand Meier auch bei Jung. »Er sprach nicht gern über Freud, denn es schmerzte zu sehr.« Ein anderer Schweizer Analytiker pflichtet dem bei: »Die Wunde war immer da, sie ist geheilt.« Inzwischen lagen die Stunden, die Freud und Jung in dem stillen und dämmerigen Arbeitszimmer verbracht hatten, in weiter Vergangenheit: Die Statuetten hatten ihre Zusammenarbeit als Wissenschaftler und das theoretische Schisma, die Freundschaft und den Verrat miterlebt. Knapp ein Jahrzehnt später kam dann Hilda Doolittle nach Wien und sah die auf die Gehsteige gemalten Hakenkreuze, die bis zur Tür des Freudschen Hauses und weiter führten. »Ach, wie ich mich sehne nach einer verwandten Seele«, schrieb H. D.s Freund Ezra Pound, »und doch ist niemand in meiner Nähe, außer in der Welt der Schatten.«

Die seelischen Qualen, die die ersten Analytiker litten, erinnern uns daran, daß es einen Bereich der menschlichen Psyche gibt, der sich unserem Verständnis entzieht. Der Augenblick, als Jung, unfähig seinen Schmerz zu lindern, am Seeufer mit Steinen spielte und Freud Stunden vor der Statue eines zornigen Propheten stand, gibt ein beredtes Zeugnis für das unerbittliche Geheimnis des menschlichen Geistes, und dieses Geheimnis ist die furchterregend schöne Psyche. Freud und Jung waren allein gewesen, als sie es erforschten.

# Anmerkungen

## 1. Kapitel

*Seite*

21  Hilda Doolittle trug oft…: Guest, *Herself Defined*, S. 40–43, S. 76, S. 177, S. 209–210.

21  Als sie sich…: H. D., *Huldigung an Freud*, S. 35.

21  »Jetzt waren sie aus Kreide…«: Ebd., S. 85.

22  Einer ihrer Biographen schreibt…: Robinson, *H. D.*, S. 169.

22  »Sie gleicht einer…«: Guest, *Herself Defined*, S. 73.

22  »Paula hat die Tür…«: H. D., *Huldigung an Freud*, S. 118–119.

23  »Aber warum sind Sie…«: Ebd., S. 87.

23  »Letzte Woche…«: Freud/Pfister, *Briefe*, S. 151.

23  Zudem wußte Freud…: Hugo Knoepfmacher, »Sigmund Freud auf dem Gymnasium.« Freud Collection. Box B 27.

24  »Das einzige, was…«: Clark, *Freud*, S. 549.

24  Rund siebzigtausend…: Burnham, *Jelliffe*, S. 254–255.

24  »Wir sollten…«: Guest, *Herself Defined*, S. 212.

24  Auch Freud zeigte…: Jones, *Leben und Werk Freuds*, Bd. 3., S. 443 f.

25  »rückwärts gehen oder…«: H. D., *Huldigung an Freud*, S. 162.

25  »kleinen Statuen und…«: Ebd., S. 190.

25  »Das ist mein…«: Ebd., S. 94.

25  »verehrungswürdig als…«: Ebd., S. 95.

26  »Mein Los war…«: Sachs, *Freud*, S. 155 f.

26  Sie hatten sich…: Jung, *Erinnerungen, Träume, Gedanken*, S. 153.

26  und rauchte…: Binswanger, *Sigmund Freud*, S. 12.

27  »Ich bin nichts…«: Freud, *Briefe an Wilhelm Fließ*, S. 437.

27  »Jung war ein…«: Bennet, *C. G. Jung*, S. 70.

27  1933 kam es…: Jaffé, *Aus Leben und Werkstatt von C. G. Jung*, S. 87–104; Cocks, *Psychotherapy in the Third Reich*, S. 6, 43–49, 117, 127–134.

28  »Ich bin allerdings…«: Jung, *Briefe*, Bd. 1, S. 204.

28  »die tatsächlich…«: *Zentralblatt für Psychotherapie*, 1933, Bd. VI., S. 139.

28  »Der Jude…«: Jung, *Gesammelte Werke*, Bd. 10, S. 8.

29  »Daß er [Freud] nicht…«: »Frontier of Psychiatry.«, undatiert, 3. *Roche Medical Image*, Freud Collection. Box B 62.

29  »Es ist nicht…«: H. D., *Huldigung an Freud*, S. 85.

29  Im Jahr zuvor…: Herzstein, *Waldheim*, S. 39–43.

29  »Das Leben…«: H. D., *Huldigung an Freud*, S. 221.

# 2. Kapitel

31 »Ich schlief sehr...«: Interviews mit Paula Fichtl. Wenn nicht anders vermerkt, stammen diese Zitate und Angaben über Paula Fichtls Leben bei der Familie Freuds aus diesen Interviews.

31 »Rasch, Paul – bring...«: Freud, M., *Sigmund Freud*, S. 205–206.

31 Trupps österreichischer SA-Männer durch...: Schur, *Freud*, S. 582.

32 »Gott erhalte Österreich«...: Herzstein, *Waldheim*, S. 53.

32 Martin Freud erkannte sofort...: Freud, M., *Sigmund Freud*, S. 206.

32 »Hitler in Wien«...: Gay, *Freud*, S. 694.

33 in dem kleinen Zimmer...: Engelman, *Berggasse 19*, ohne Seitenzahl.

33 Martha Freud machte es große Freude...: Freud, M., *Sigmund Freud*, S. 210–212.

34 Martha Freud bat...: Ebd., S. 210–211.

34 »Das ist mehr...«: Sachs, *Freud*, S. 165.

34 John Cooper Wiley...: Clark, *Freud*, S. 568.

35 Man nannte ihn...: *The New York Times*, 16. Februar 1967.

35 Seine ausführlichen Berichte...: Ebd.

35 Am Nachmittag...: Freud, M., *Sigmund Freud*, S. 211–212.

36 Freud ging...: Schur, *Freud*, S. 585.

37 Auf Jungs Veranlassung...: McCully, »Remarks on the Last Contact Between Freud and Jung«, S. 73.

37 »Ich lehne es ab...«: Hannah, *Jung*, S. 254–255.

37 Die getreue Freundin...: Freud, M., *Sigmund Freud*, S. 214.

37 Marie Bonaparte, Anna und Freud...: Freud/Jung, *Briefwechsel*, S. XIX.

38 Geläut erklingt über...: Interview mit Franz Jung.

38 selbst entworfenen...: Interview mit Adrian Baumann, Mai 1970. Jung Biographical Archive.

38 Da er im selben...: Jung, *Briefe*, Bd. 1, S. 309.

38 fuhr er jetzt...: Hannah, *Jung*, S. 256.

38 Die Nazis hatten...: Koonz, *Mothers in the Fatherland*, S. 136; Clark, *Freud*, S. 550.

39 wartete geduldig Hans Kuhn...: Jensen, *C. G. Jung, Emma Jung and Toni Wolff*, S. 16.

39 bereits 1922 hatte er...: Jung, *Erinnerungen, Träume, Gedanken*, S. 227.

39 »Der alte Jung,...«: von Franz, *C. G. Jung*, S. 234.

39 Jung trug...: Bennet, *Meetings with Jung*, S. 31, S. 85, S. 99–100.

39 »Der hier ist...«: Interview mit Herrn und Frau Franz Kuster und Rosa Wenk, Januar 1970. Jung Biographical Archive.

40 Waren Freunde...: Interview mit E. A. Bennet, Februar 1969. Jung Biographical Archive.

40 Niemand entkam...: Interview mit Franz Jung.

40 Einmal, während eines...: Jensen, *C. G. Jung, Emma Jung and Toni Wolff*, S. 117.

41 »diesen beunruhigenden...«: Jung, *Bild und Wort*, S. 205.
42 »Ich nenne dieses...«: Jung, *Erinnerungen, Träume, Gedanken*, S. 418.
42 »Wo war die...«: Jung, *Gesammelte Werke*, Bd. 10, S. 191.
42 hatte er...: van der Post, *Jung*, S. 205 f.
42 »Das geschriebene Wort«...: Burnham, *Jelliffe*, S. 264.

## 3. Kapitel

45 »Wäre es nicht...«: Clark, *Freud*, S. 574.
45 DR. JONES IST...: Ebd., S. 568.
45 Freuds Sohn Martin...: Freud, M., *Sigmund Freud*, S. 214–215.
45 »Du mußt es...«: Ebd., S. 217.
46 »Ich kann die...«: Ebd.
46 »Als ich...«: Clark, *Freud*, S. 577.
47 Freud, der einen...: H. F. Pottecher, o. J., französischer Zeitungsartikel. Freud Collection. Box B 20.
47 Gepflegt und lächelnd...: *The New York Times*, 16. Februar 1967.
47 »stolz und reich...«: Schur, *Freud*, S. 592.
47 »Es ist gut...«: *New York Evening Sun*, 6. Juni 1938.
47 »Wer wissen will...«: *London Daily Express*, Zeitungsausschnitt, o. J., Freud Collection. Box B 20.
48 »Der Herzschmerz...«: Schur, *Freud*, S. 593.
48 »Wir schwimmen...«: Jones, *Leben und Werk von Sigmund Freud*, Bd. 3, S. 271.
48 »Der Professor saß...«: Guest, *Herself Defined*, S. 242.
48 »Ich brachte sie...«: H. D., *Huldigung an Freud*, S. 42.
48 »einen tiefen Schatten...«: Freud an Simmel, 26. Juni 1938. Los Angeles Psychoanalytic Society and Institute.
48 »Was anmelden?« fragte...: Freud an Anna Freud, 1. August 1938. Freud Collection.
48 »(Frack und...)«: »Aktuelles«, *Zentralblatt für Psychiatrie*, 1939, XI, S. 1.
49 Jung behauptete, den...: Jaffé, *Aus Leben und Werkstatt von C. G. Jung*, S. 87–90.
49 Jungs Kollege C. A. Meier...: Interview mit C. A. Meier, September 1970. Jung Biographical Archive.
49 »Hitler machte auf...«: McGuire und Hull, Hg., *C. G. Jung Speaking*, S. 127–128.
49 Meier war nie...: Interview mit C. A. Meier, September 1970. Jung Biographical Archive; Interview mit Prof. C. A. Meier.
50 »Es ist äußerst...«: McGuire und Hull, Hg., *C. G. Jung Speaking*, S. 131–132.
50 »Ich würde sagen...«: Ebd., S. 132–133.
51 »Heutzutage...«: Jung, *Gesammelte Werke*, Bd. 10, S. 618.

51 DER ZEHNTE INTERNATIONALE…: Interview mit E. A. Bennet, Februar 1969, Jung Biographical Archive.

52 »Der Oxforder P.therapeutische…«: Freud an Anna Freud, 1. August 1938. Freud Collection.

52 »Es ist wirklich…«: Anna Freud an Brill, 27. Dezember 1939. Brill Collection.

52 »dreißig Zentimeter…«: *PM*, 1. Dezember 1940. Freud Collection. Box 58.

52 Im Laufe der Monate…: Guest, *Herself Defined*, S. 260–262, S. 278–279.

53 in diesen eher…: Interview mit Blanche Brunner.

53 Ab und zu kam…: Interview mit Franz Jung.

53 Mitunter holte sich…: Interview mit C. A. Meier.

54 »Ja, der Schmerz«…: Ebd.

54 »auch noch…«: Interview mit Karl Schmid. Mai 1970. Jung Biographical Archive.

55 »Hier habe ich…«: Guest, *Herself Defined*, S. 270.

55 »die entzückendste…«: H. D., *Huldigung an Freud*. Das Zitat findet sich auf der Rückseite der Ausgabe.

55 1938 waren Jungs Briefe…: Freud / Jung, *Briefwechsel* XIX bis XXXVII.

56 »Er war Architekt…«: Interview mit Franz Jung.

56 »Mein Vater hätte…«: Ebd.

## 4. Kapitel

59 1899 verbrachte…: Freud, *Briefe an Fließ*, S. 402–403.

59 »Man hat eine…«: Freud, *Die Traumdeutung*, S. 96.

59 Die Selbstenthüllung…: Ellenberger, *Die Entdeckung des Unbewußten*, S. 614.

59 »Es geht mir…«: Freud, *Briefe an Fließ*, S. 394.

59 diesmal zählte Martha…: Ebd., S. 389.

60 »Meine von Dir…«: Ebd., S. 399.

60 (»Die Fratzen machen…)«: Ebd., S. 403.

60 »Das tiefste…«: Freud, *Die Traumdeutung*, S. 210.

60 »Nun muß ich…«: Ebd., S. 97.

60 »Wenn man…«: Jones, *Leben und Werk von Sigmund Freud*, Bd. 1, S. 22.

61 »Warum schlägst du…«: Freud, *Die Traumdeutung*, S. 348.

61 »Ein intimer…«: Ebd., S. 394.

62 Aus dem Buben…: Ebd., S. 185.

62 Daß er in der…: Jones, *Leben und Werk von Sigmund Freud*, Bd. 1, S. 19 f.

62 Jud, herunter…: Freud, *Die Traumdeutung*, S. 170.

63 »Wo findet sich…«: Ebd., S. 347.

63  trank Freud schwarzen…: Knoepfmacher, »Freud auf dem Gymnasium.« Freud Collection. Box B 27.

63  »nicht übersehen hatte,…«: Freud, *Die Traumdeutung*, S. 233.

64  »Als kleiner Junge…«: Interview mit Anna Freud, *Standard Star* (New Rochelle, N. Y.), September 1934. Freud Collection. Box B 65.

64  wenngleich nicht sehr…: Ruitenbeek, ed., *Freud as We Knew Him*, S. 144.

64  doch es störte…: Jones, *Leben und Werk von Sigmund Freud*, Bd. 1, S. 37.

65  Ludwig Wittgenstein, ein…: Kenny, *Wittgenstein*, S. 11.

65  »Auf dem überfüllten…«: *Opera News*, 5. Februar 1972.

66  »Ich sehe die Sonne…«: Jung, *Erinnerungen, Träume, Gedanken*, S. 13.

66  »Ich habe dieses Material…«: Ebd., S. 7.

66  Oft saß Jung…: Interview mit Mary Elliott, Dezember 1969. Jung Biographical Archive.

67  »Immer hörte man…«: Jung, *Erinnerungen, Träume, Gedanken*, S. 16.

67  »einen unbewußten Selbstmorddrang…«: Ebd.

67  »Dunkle Andeutungen…«: Ebd., S. 14.

68  »*Alles schweige, jeder*…«: Ebd.

68  »…nur ganz oben…«: Ebd., S. 18 f.

68  »Es ging allerhand…«: Ebd., S. 24.

69  »Ein psychogenes Moment…«: Ebd., S. 25.

69  »Ich sitze…«: Ebd., S. 26.

70  »das quälende Gefühl…«: Ebd., S. 27.

71  »Ein robustes…«: Jones, *Leben und Werk von Sigmund Freud*, Bd. 1, S. 200.

71  »Wirklich bin ich…«: Ebd., S. 163.

72  »Ich bin wie…«: Freud, *Briefe*, S. 52.

72  »der anspruchsloseste Mensch…«: Ellenberger, *Die Entdeckung des Unbewußten*, S. 587.

72  Bertha Pappenheim wurde…: Ebd., S. 659–661.

73  Zuweilen breitete…: Breuer und Freud, *Studien über Hysterie*, S. 20–31.

73  »räsonierte einmal…«: Ebd., S. 30 f.

74  »Ich habe heute…«: Freud, *Briefe*, S. 83.

74  Charcot ging es darum…: Ellenberger, *Die Entdeckung des Unbewußten*, S. 144.

74  »Er pflegte sich…«: Clark, *Freud*, S. 91.

75  »Unheimlich war mir«…: Freud, *Briefe*, S. 212.

75  »Aber lange…«: Ebd., S. 210 f.

# 5. Kapitel

77 ein junger russischer Arzt...: Troyat, *Tschechow*, S. 16–18.

77 »alle Häuser...«: Tschechow, *Briefe*, S. 226–228.

78 und vertrat die...: Freud, *Briefe an Fließ*, S. 493.

78 Freud versuchte,...: Schur, *Freud*, S. 95, S. 143.

78 Eine Zeitlang...: Ebd., S. 25–26.

79 »Ich glaube,...«: Jones, *Leben und Werk von Sigmund Freud*, Bd. 1, S. 198.

79 »Mir war oft...«: Ebd., Bd. 1, S. 236.

79 »Meine ›Besonderung‹«...: Jung, *Erinnerungen, Träume, Gedanken*, S. 69.

79 »Ich hätte gern...«: Ebd., S. 68–69.

80 Im Alter von sieben Jahren...: Baedeker, *Schweiz*, 4–5.

80 Basel besaß...: Riese, Hg., *Historical Explorations*, S. 143.

80 Vor ihrem Haus...: Interview mit Franz Jung.

81 »Die Welt ist...«: Jung, *Erinnerungen, Träume, Gedanken*, S. 42.

81 »Wieso war das...«: Ebd., S. 44.

81 »dic alles heilt...«: Ebd., S. 46.

81 »Ja, ja, das...«: Ebd., S. 47–48.

82 »längst überholt...«: Ebd., S. 53.

82 »Jetzt mußt du...«: Ebd., S. 36.

82 »Und wie geht es...«: Ebd., S. 37.

83 Zudem hatte er...: Freud, *Zur Geschichte der psychoanalytischen Bewegung*, S. 150.

83 »Aber in solchen...«: Ebd., S. 149 f.

83 »Seien Sie beruhigt«: Charcot an Freud, 23. Januar 1988. Freud Collection. Box B 3.

84 Ermutigt durch diese...: Jones, *Leben und Werk von Sigmund Freud*, Bd. 1, S. 296.

84 »Der Hysterische leidet...«: Ebd., S. 321.

84 Zwei Jahre später...: Breuer und Freud, *Studien über Hysterie*, S. 7.

84 »daß viel damit...«: Ebd., S. 246.

85 »Nun höre weiter...«: Freud, *Briefe an Fließ*, S. 149.

85 »Freud ist in...«: Steele, *Freud and Jung*, S. 75.

85 »Du mußt einmal...«: Jung, *Erinnerungen, Träume, Gedanken*, S. 65.

85 »Der Bub...«: Ebd., S. 89.

86 Da es kaum...: Interviews mit Jolande Jacobi, Dezember 1969 und Januar 1970. Jung Biographical Archive.

86 »Er röchelte,...«: Jung, *Erinnerungen, Träume, Gedanken*, S. 101.

87 Seine erste Rede...: Steele, *Freud and Jung*, S. 42–43.

87 doch der »Griff« lag...: Jung, *Erinnerungen, Träume, Gedanken*, S. 112.

88 »Diese Möglichkeit«, erkannte er...«: Ebd., S. 109–110.

88 Nun, im Alter...: Ebd., S. 107.

88 »So habe ich…«: Winnik, »A Long-lost and Recently Recovered Letter of Freud.« S. 2.

89 Daß er mit…: Federn, »Letters to the Editor.« S. 76–77. Freud Collection. Box B 60.

89 Er verkehrte…: Oeri, »Ein paar Jugenderinnerungen.« S. 7 f.

90 »Da befiel mich plötzlich…«: Jung, *Erinnerungen, Träume, Gedanken*, S. 115–116.

91 »Ich bekenne,…«: Sulloway, »Freud as Conquistador.« S. 26.

91 »komische Zustände, die…«: Freud, *Briefe an Fließ*, S. 271.

92 »Was in mir vorgegangen ist…«: Ebd., S. 272.

92 »Manches traurige…«: Ebd., S. 295.

93 »Von der intellektuellen…«: Ebd., S. 289.

93 »Er wälzte…«: Freud an Jones, 12. Februar 1920. Freud Collection. Box D 2.

93 »Weil Cäsar mich…«: Freud, *Die Traumdeutung*, S. 347.

## 6. Kapitel

95 Von der Nervenheilanstalt Burghölzli…: Hannah, *Jung*, S. 91.

95 In dem Krankenhaus…: Interview mit Manfred Bleuler, Dezember 1969. Jung Biographical Archive.

95 Wie in allen Dörfern…: Interviews mit Jolande Jacobi, Dezember 1969 und Januar 1970. Jung Biographical Archive.

95 Die Gedanken…: Interviews mit Manfred Bleuler, Dezember 1969 und Januar 1970. Jung Biographical Archive.

95 In Bleuler verbanden sich…: Ellenberger, *Die Entdeckung des Unbewußten*, S. 892.

96 Vor seinem Eintritt…: Ebd., S. 396.

96 »Die Tatsache, daß…«: Freud, *Letters to Fliess*, S. 463, Anm. 3.

97 Den Ärzten erzählte er…: Brill, *Lectures*, S. 24.

97 »Verständnis ist…«: Freud, *Briefe an Fließ*, S. 444.

97 »Wenn man in…«: Clark, *Freud*, S. 221.

98 »Nach dem allgemeinen…«: Sachs, *Freud*, S. 67.

98 »Ich weiß, was…«: Freud, *Briefe an Fließ*, S. 447.

98 »Sollen einen die…«: *Time*, 5. September 1969.

98 An einem Abend…: Russell, »The Brilliant Sunset of Vienna in Its Final Glory.«

99 »*I bestimm', wer…*«. Jones, *Viennawalks*, S. 108.

99 eine weiße Nelke…: Freud, *Die Traumdeutung*, S. 182.

99 »im Moment…«: Ebd., S. 396.

99 »Es hat noch…«: Freud, *Briefe an Fließ*, S. 444–445.

100 »Erkläret mir…«: Freud, *Briefe an Fließ*, Anm. 4., S. 445.

100 »plötzliche Tod…«: Jones, *Leben und Werk von Freud*, Bd. 2, S. 522.

101 »Mir hat, wie…«: Freud, *Briefe an Fließ*, S. 492.

101 »Weil sie wissen…«: Brome, *Jung*, S. 73.

101 In den ersten Jahren…: Interview mit Franz Jung.

102 »Ach, ich war…«: Storr, *C. G. Jung*, S. 33.

102 »wissen, wie der…«: Jung, *Erinnerungen, Träume, Gedanken*, S. 120.

102 »wäre zu raten…«: Jung, *Gesammelte Werke*, Bd. 7, S. 268 f.

103 kannte er kaum…: Interview mit Franz Jung.

104 »Sehen Sie, Vater…«: Ebd.

105 »Das Burghölzli ist…«: Brome, *Jung*, S. 84.

105 Es war an einem…: Hannah, *Jung*, S. 94 f.

106 Dabei fiel ihm auf…: Jung, *Erinnerungen, Träume, Gedanken*, S. 152.

106 »Eine überwältigende Zahl…«: Steele, *Freud and Jung*, S. 176.

107 »Solche Köpfe…«: Ebd., S. 100.

108 »Freud hat uns…«: Freud, *Briefe an Fließ*, Anm. 3, S. 505.

108 »Eine geradezu verblüffende…«: Ebd., S. 505.

108 Die kleinen Kreuze,…: Ebd., Anm. 2, S. 420.

108 Einige Monate später…: Freud, M., *Sigmund Freud*, S. 76–90.

109 »Lieber Sigmund«, schrieb…: Freud, *Briefe an Fließ*, S. 508.

109 Nach und nach gab…: Ebd., S. 508–516.

110 »Meine Herren, wollen…«: Sachs, *Freud*, S. 38.

110 »als ein wahrer…«: Binswanger, *Sigmund Freud*, S. 9.

110 »Freud war aber…«: Jung, *Erinnerungen, Träume, Gedanken*, S. 152.

111 »Hier aber kann ich…«: Bleuler an Freud, 9. Juni 1905. Freud Collection. Box D1.

111 »Es ist schon dumm«…: Bleuler an Freud, 5. November 1905. Freud Collection. Box D1.

111 »immer an die treffliche…«: Jung, *Gesammelte Werke*, Bd. 7, S. 288.

111 »Wie aus einigen…«: Jung, *Gesammelte Werke*, Bd. 2, S. 337.

112 Geehrter Herr Kollege…: Freud/Jung, *Briefe*, S. 3.

112 »…die Hysteriegenese«, schrieb Jung…: Ebd., S. 4.

112 »Daß Sie die…«: Ebd., S. 5.

113 »Aber ich bitte Sie…«: Ebd., S. 19.

113 »Mangel an persönlichem…«: Ebd., S. 14.

113 »…und ich kenne…«: Ebd., S. 18.

113 »Vielleicht führt…«: Ebd., S. 20.

113 Es war im…: McGuire, »Jung's Complex Reactions.« S. 3–17.

114 »Wir haben es hier…«: Ebd., S. 17.

114 Zwei Monate später,…: Bennet, *C. G. Jung*, S. 44.

# 7. Kapitel

117  Im März 1907...: Binswanger, *Sigmund Freud*, S. 10.

117  Als Jung mit Freud...: Freud/Jung, *Briefwechsel*, S. 105.

117  »Überall lagen dicke Teppiche«...: Eastman, »A Significant Memory.« S. 693.

117  Freud saß ruhig...: Binswanger, *Sigmund Freud*, S. 12.

117  Der junge Schweizer...: Jones, *Leben und Werk von Freud*, Bd. 2, S. 31–33.

117  »Trotzdem konnten seine...«: Jung, *Erinnerungen, Träume, Gedanken*, S. 154.

118  »Wir redeten,...«: Bennet, *C. G. Jung*, S. 179.

118  »Freud war der...«: Jung, *Erinnerungen, Träume, Gedanken*, S. 153–154.

118  »Sprechweise sich von...«: Äußerung von Anne Federn. Freud Collection. Box B 28.

118  Später vertraute Jung...: Carotenuto, *Heimliche Symmetrie*, S. 99.

118  »Freud und Jung waren...«: Interview mit C. A. Meier.

118  »Jung übernahm...«: Freud, M., *Sigmund Freud*, S. 109.

118  Dennoch mochten...: Freud/Pfister, *Briefe*, S. 24.

118  »sein lebhaftes Wesen, seine...«: Freud, M., *Sigmund Freud*, S. 109.

119  »Entschuldigen Sie mich...«: Ebd.

119  »Ich, der...«: Freud/Pfister, *Briefe*, S. 159.

120  »Samstags...«: Freud, M., *Sigmund Freud*, S. 14.

120  »Sie kamen...«: Interview mit Leopold Stein. Februar 1969. Jung Biographical Archive.

120  Als Kind...: Freud, M., *Sigmund Freud*, S. 70–71.

121  Seit 1902...: Brome, *Freud und sein Kreis*, S. 27.

121  Jung sprach...: Nunberg und Federn, Hg., *Protokolle der Wiener Psychoanalytischen Vereinigung*, Bd. 1, S. 131–137.

121  »daß wir vielleicht...«: Ebd., S. 125.

122  1907 traf ein...: Jones *Viennawalks*, S. 108, 235–236, 257–258; Herzstein, *Waldheim*, S. 29.

123  »Zweifel an der...«: Freud/Jung, *Briefwechsel*, S. 28.

123  »Wäre es nicht...«: Ebd., S. 27.

123  »Ihr Bemühen,...«: Ebd., S. 30.

123  »Ich muß es...«: Ebd., S. 54.

123  »Da ich...«: Ebd., S. 39.

124  »Dort fand ich...«: Brill, »Psychopathology und Psychotherapy«, S. 1394.

124  »Alles zielt...«: Brill, *Lectures*, S. 11.

124  »Auf einer Seite...«: Ebd.

124  »war dort der erste...«: Ebd., S. 10–11.

124  »Die Art, wie...«: Ebd., S. 10.

124  »degenerierte Erbmasse«...: Peterson, »Talk on Morbid Psychology«, S. 413.

125  »Das Ärgerliche…«: Brill, *Freud's Contribution*, S. 29.

125  »Es war inspirierend«,…: Ebd., S. 30.

126  »Ich fürchtete, daß…«: Ebd., S. 33.

126  »Immerhin habe ich…«: Freud/Jung, *Briefwechsel*, S. 86.

126  (»während ihnen…«): Ebd., S. 91.

126  »unbedingte[n] Hingabe an…«: Ebd., S. 86.

127  »diesem Schmerzenskind…«: Ebd., S. 84.

127  »Man arbeitet doch…«: Ebd., S. 85.

127  »mit Bergpartien…«: Ebd.

127  »Ob Sie…«: Ebd., S. 91.

128  Als der deutsche Psychiater Aschaffenburg…: Burnham, *Jelliffe*, S. 187.

128  »Ich erinnere mich«,…: Jones, *Leben und Werk von Freud*, Bd. 2, S. 140.

128  »eine schlimme Mördergrube…«: Freud/Jung, *Briefwechsel*, S. 92.

128  »Terrorismus«…: Ebd., S. 93−96.

129  »großen Diskussionen…«: Burnham, *Jelliffe*, S. 188.

129  »Eigentlich – was ich…«: Freud/Jung, *Briefwechsel*, S. 105.

130  »Die Nachrichten über Ihre…«: Ebd., S. 108.

130  »mich Ihre…«: Ebd., S. 135.

130  »Wir haben…«: Brome, *Jung*, S. 99.

130  Während seines Aufenthalts…: Jones, *Leben und Werk von Freud*, Bd. 2, S. 56 ff.

131  Am gleichen Tag…: Brome, *Jung*, S. 99−100.

131  In einer Stadt…: Vorgetragen vor der Freud-Gesellschaft. Brill Collection Box 2.

131  Diese »kostbaren Knittelverse«…: Freud/Jung, *Briefwechsel*, S. 112.

131  *Darum mein lieber…*: Vorgetragen vor der Freud-Gesellschaft. Brill Collection Box 2.

131  »daß er…«: Brome, *Jung*, S. 100.

131  »In aller Regel…«: Brill, *Freud's Contribution*, S. 45.

131  Jones hatte den…: Brome, *Jung*, S. 100.

132  »Er kam aus…«: Interview mit Manfred Bleuler, Dezember 1969. Jung Biographical Archive.

132  »forsche Persönlichkeit«,…: Brome, *Ernest Jones*, S. 48−49.

132  »die ungehemmte Phantasie…«: Jones, *Leben und Werk von Freud*, Bd. 2, S. 50.

## 8. Kapitel

133  »Der Kongreß in…«: Freud/Jung, *Briefwechsel*, S. 113.

133  »Da täuschen Sie…«: Ebd., S. 115.

133  Freud hatte kein…: Ebd., S. 116.

133  »sichtlich nervös,…«: Brome, *Ernest Jones*, S. 52.

133  Freud spielte…: Clark, *Freud*, S. 284.

134 »Hinterher hatte ich...«: Jones, *Free Associations*, S. 159–160.
134 »Ich erwarte nicht...«: Ebd., S. 123.
134 Anfang 1906...: Ebd., S. 145.
134 Jones hatte sich...: Ebd., S. 150–151.
135 da er gern...: Ebd., S. 38–39.
135 »Etwas Flotteres, Frischeres,...«: *New York Post*, 6. Mai 1956.
135 »sich vor den schlimmen...«: Freud an Jones, 10. Februar 1913. Freud Collection Box D 2. Auf englisch. Alle im folgenden zitierten Briefe Freuds an Jones sind ebenfalls auf englisch.
135 »Ich schicke voraus,...«: Freud/Jung, *Briefwechsel*, S. 87.
136 »An Abraham...«: Ebd., S. 88.
136 »Ich nehme an,...«: Ebd., S. 121.
136 »*Freud* war selbstverständlich...«: Jung, *Briefe*, Bd. 1, S. 25.
136 »Machen Sie es...«: Laforgue, »A Propos Des Règles Du Traitement Psychoanalytique.« Freud Collection. Box B 27.
137 »Ich hatte offenbar...«: Ferenczi an Freud, 2. Januar 1909. Freud Collection. Accession number 19042.
137 »Die Kollegen benehmen...«: Ferenczy an Freud, 14. August 1909. Freud Collection. Accession number 19042.
137 »Ich komme mir vor...«: Ferenczy an Freud, 6. Mai 1910. Freud Collection. Accession number 19042.
138 »den Eckstein der...«: Alexander und Selesnick, *Geschichte der Psychiatrie*, S. 301.
138 »Ich hatte noch...«: Jones, *Free Associations*, S. 166.
138 »Wechsel von...«: Jones, *Leben und Werk von Freud*, Bd. 2., S. 60 f.
138 »einer ›degenerierten‹...«: Clark, *Freud*, S. 286.
139 »Die Schar aus dem Osten...«: Freud und Jung, *Briefwechsel*, S. 129.
139 »Ich koche hier...«: Ebd., S. 132.
140 »Alle waren...«: Jones, *Free Associations*, S. 167.
140 »Jung nicht...«: Jones, *Leben und Werk von Freud*, Bd. 2., S. 62.
140 »inwieweit seiner...«: Brome, *Ernest Jones*, S. 55.
141 »großen Erfolg«...: Freud, *Briefe*, S. 272.
141 »Mir ist seine...«: Freud/Jung, *Briefwechsel*, S. 167.
141 »Mein Manuskript in Salzburg...«: Jones, *Leben und Werk von Freud*, Bd. 2, S. 68.
141 »Seien Sie tolerant...«: Ebd., S. 67.
142 »Ich werde mich...«: Ebd., S. 69.
142 »Immerhin habe ich doch...«: Freud/Jung, *Briefwechsel*, S. 32.
142 »Aber ich bin ganz...«: Ebd., S. 160.
142 »ich Sie in Salzburg...«: Ebd., S. 175–176.
143 »Ich habe einen...«: Ebd., S. 185.
143 »unzugängliche Einsamkeit...«: Ebd., S. 189.
143 »Ich werde für...«: Ebd., S. 188.
143 »Die egoistische Absicht,...«: Ebd., S. 186.
143 Eines Tages,...: Jung, *Erinnerungen, Träume, Gedanken*, S. 134.

## 9. Kapitel

155 Jahre später…: Interview mit Karl Schmid, Mai 1970. Jung Biographical Archive.

155 »Ich kann doch…«: Jung, *Erinnerungen, Träume, Gedanken*, S. 162.

155 »Vater war von…«: Interview mit Franz Jung.

156 »Ich habe nie überlegt…«: Interview mit E. A. Bennet. Februar 1969. Jung Biographical Archive.

156 »In der Höhle…«: Jung, *Erinnerungen, Träume, Gedanken*, S. 164.

156 »die erste Ahnung…«: Ebd., S. 165.

156 »Doch hätte ich…«: Ebd., S. 164.

157 Eines Tages stellte Freud…: Jones, *Leben und Werk von Freud*, Bd. 2, S. 75.

157 »›Brunftschrei‹…«: Brome, *Freud und sein Kreis*, S. 102.

157 beherrschte in Deutschland…: *The New York Times*, 10. September 1909.

158 Die *Mauretania* und…: *The New York Times*, 10. September 1909.

158 Die behäbigere…: Freud/Jung, *Briefwechsel*, S. 270.

158 Abraham Brill stand…: Jones, *Leben und Werk von Freud*, Bd. 2, S. 75.

158 »Die Lehren…«: Peterson, »Credulity and Cures.« S. 1737.

158 »Auf dieser Seite…«: Meyer an Jung, 5. Februar 1908. Jung-Archiv Zürich.

158 »So wurde…«: Burnham, *Jelliffe*, S. 70.

159 »Die ganze…«: Ebd.

159 auf Staten Island…: *The New York Times*, 1. August 1909.

159 In den Zeitungen…: *The New York Times*, 22. August 1909.

160 »ein unglaubliches…«: Jung, *Bild und Wort*, S. 51.

160 Außerdem besuchten sie…: Jones, *Leben und Werk von Freud*, Bd. 2, S. 76.

160 »wo man alle die…«: Jung, *Erinnerungen, Träume, Gedanken*, S. 363.

160 »Er ist…«: Jung, *Bild und Wort*, S. 51.

160 ein dressiertes Äffchen…: *The New York Times*, 1. August 1909.

160 Von seiner hohen…: Brome, *Ernest Jones*, S. 74.

160 die psychotherapeutische Bewegung…: Hale, *Freud and the Americans*, S. 121.

160 In dem puritanisch…: Ebd.

161 Sexuelle Tabus wirkten…: Freud/Jung, *Briefwechsel*, S. 349.

161 Putnams sanftes Wesen…: Hale, *Freud and the Americans*, S. 206.

161 Die Rede, die Jones…: Brome, *Ernest Jones*, S. 66.

162 »Wer ständig…«: Ebd.

162 und Freud fragte sich…: Ebd., S. 74–75.

162 »Die Rassenmischung in…«: Freud/Jung, *Briefwechsel*, S. 183.

162 »Es ist eine der…«: Freud/Pfister, *Briefe*, S. 27.

162 G. Stanley Hall war…: Hale, *Freud and the Americans*, S. 107.

163 »Es war völlig…«: Hannah, *Jung*, S. 92.

# 10. Kapitel

165 Als Freud am 6. September...: Vgl. Clark, »Freuds Sortie to America.«, S. 37.

165 Er wußte nicht,...: Hale, *Freud and the Americans*, S. 5–6.

165 »Opfer mit Freuden«...: Clark, »Freud's Sortie to America.« S. 41.

165 Etwa eine Stunde...: Jones, *Leben und Werk von Freud*, Bd. 2, S. 76.

165 Auf Ferenczis Rat...: Clark, *Freud*, S. 304.

165 In einer halben Stunde...: Hale, *Freud and the Americans*, S. 5.

165 »Wenn es ein...«: Ebd., S. 50.

166 »verwandelten sich die...«: Ebd., S. 57.

166 »in ihrer Angst...«: Ebd.

166 »Wenn man sie...«: Ebd., S. 61.

166 »Wir sind hier...«: Jung, *Erinnerungen, Träume, Gedanken*, S. 365.

167 »Titelseiten-Glamour«...: Lief, *Commonsense Psychiatry*, S. 230.

167 Nach Freuds dritter...: Jones, *Free Associatons*, S. 192.

167 »Nun, vor allem eins:...«: Freud, *Fünf Vorlesungen*, S. 84.

167 »Die Menschen...«: Ebd., S. 85.

168 Abends saß...: Jung, *Erinnerungen, Träume, Gedanken*, S. 365.

168 »Immer wieder hob...«: Ruitenbeek, Hg., *Freud as We Knew Him*, S. 22–23.

168 Eines Abends...: *The New York Times*, 7. September 1909.

168 »Wir sind natürlich Rivalen...«: Ebd.

168 ENDLICH AUF DEM...: Ebd.

169 ER HISSTE DIE...: *The New York Times*, 11. September 1909.

169 »Sie können sich...«: *The New York Times*, 7. September 1909.

169 »Es gelang mir nicht,...«: Interview mit Dora Kalff. Januar 1970. Jung Biographical Archive.

170 So wie Freud...: Koelsch, ›*Incredible Day-Dream*‹, ohne Seitenzahl.

170 Aber erst am...: Jung, *Gesammelte Werke*, Bd. 2, S. 500.

170 »Sag mir, wie...«: Ebd., Bd. 17, S. 39–41.

171 er »habe bedauert,...«: Freud/Jung, *Briefwechsel*, S. 385.

171 »In dem Aufsatz...«: Freud an Ferenczi, 17. August 1910, Freud Collection. Accession number 19042.

171 »voller Persönlichkeit...«: Putnam, »Personal Impressions of Freud.« S. 307.

171 »großen alten...«: Hale, *Freud and the Americans*, S. 210.

172 »Dieser Aufschrei gegen...«: Putnam, »Personal Impressions of Freud«, S. 307.

172 »reagierte zutiefst verbittert...«: Clark, »Freud's Sortie to America.« S. 307.

172 »Dies ist die...«: Clark, *Freud*, S. 307.

172 »Wir gewinnen hier...«: Jung, *Erinnerungen, Träume, Gedanken*, S. 365.

172 »Freud ist im...«: Brome, *Freud und sein Kreis*, S. 108.

173 »Er fürchtete«, schrieb Jones...: Brome, *Ernest Jones*, S. 74.
173 »Sie werden feststellen...«: Ebd.
174 »Ich erinnere mich«, schreibt...: McIver, »Early Days at Putnam Camp.« S. 9.
174 »eine Leselampe...«: Ebd., S. 22–23.
174 »Alles ist sehr...«: Gifford, »Freud and the Porcupine.« S. 29.
175 Freud war zurückhaltender,...: Ebd., S. 30.
175 »Freud setzt ein...«: Clark, »Freud's Sortie to America.« S. 39.
175 »als großer Erfolg...«: Freud to Mathilde Freud, 23. September 1909. Freud Collection. Box B 1. (Rückübersetzt aus dem Englischen)
175 »Die Mutter...«: Freud/Jung, *Briefwechsel*, S. 284.
175 »Low meint«, berichtete er...: Ebd., S. 337.
176 »Die Amerikaner sind...«: Freud an Jones, 12. April 1921. Freud Collection. Box D 2.
176 Jahre später...: Gifford, »Freud and the Porcupine.« S. 31; Freud, *Massenpsychologie*, S. 40, Anm. 1.

## 11. Kapitel

177 »Am nächsten Tag...«: Freud/Jung, *Briefwechsel*, S. 273.
177 »Zeitweise hat mich...«: Ebd., S. 275.
177 Im Herbst 1909...: Jung, *Erinnerungen, Träume, Gedanken*, S. 162.
177 Bei seiner Rückkehr...: Freud/Jung, *Briefwechsel*, S. 273.
177 Er freute sich...: Ebd., S. 300.
177 »Ihre (d. h. die...«: Ebd., S. 295.
178 »Das wird...«: Ebd., S. 275.
178 »Ich würde...«: Ebd., S. 282.
178 »(Es scheinen...«: Ebd., S. 276.
178 »Heute habe ich...«: Ebd., S. 396.
178 »Die Praxis...«: Ebd., S. 293.
178 Eines Tages...: Ebd., S. 552.
179 Eugen Bleuler,...: Jones, *Leben und Werk von Freud*, Bd. 2, S. 94.
179 »Für die kalt...«: Freud/Jung, *Briefwechsel*, S. 353 f.
179 »als ob man...«: Ebd., S. 461.
179 »so etwas wie...«: Ebd., S. 494.
179 daß Adler...: Ebd., S. 415 f.
179 und Stekel...: Ebd., S. 285.
179 Aber »das Schwein«...: Ebd., S. 446.
179 und zweitens...«: Ebd., S. 461.
179 »...natürlich hat...«: Ebd., S. 359.
180 und Jung gegenüber...: Ebd., S. 463.
180 »Auch die sexuelle...«: Freud, *Briefe an Wilhelm Fließ*, S. 298.
180 »Der Johannestrieb...«: Freud/Jung, *Briefwechsel*, S. 322.
180 die Analyse durch...: Ebd., S. 275.
180 In einem Ausbruch...: Ebd., S. 271.

180 »ist ja wirklich…«: Ebd., S. 324.
181 »Die Bedingung…«: Ebd., S. 318.
181 »Ihr ›Rattenmann‹…«: Ebd., S. 276.
181 »Es freut mich…«: Ebd., S. 280.
182 »Die Bemerkungen…«: Ebd., S. 384 f.
182 »Die Archäologie,…«: Ebd., S. 277.
182 »Daß Sie sich…«: Ebd., S. 286.
182 Vier Tage darauf…: Ebd., S. 289.
182 »Und ich erlebe…«: Ebd., S. 307.
183 Jungs Leidenschaftlichkeit…: Ebd., S. 31.
183 »Eine noch nicht…«: Ebd., S. 317.
183 »Ich denke mir…«: Ebd., S. 324.
183 »Ja, in Ihnen…«: Ebd., S. 325 f.
184 »Ich wünsche oft,…«: Ebd., S. 297.
185 »Die Fragen der…«: Ebd., S. 303 f.
185 »Sie einen Hauptanteil…«: Ebd., S. 305.
185 »Mein Kritikversuch…«: Ebd., S. 307 f.
185 »Es ist wahrscheinlich nicht…«: Ebd., S. 285.
185 »Pater, peccavi.«: Ebd., S. 289.
186 »[Ich] habe…«: Ebd., S. 327.
186 »Ich ärgere mich…«: Ebd., S. 331.
187 »…Sie sind aber…«: Ebd., S. 303.
187 »Es ist ein hartes…«: Ebd., S. 307.
187 »Ob ich als…«: Jung, *Briefe*, Bd. 1, S. 31.
188 »Werden Mythologie…«: Freud/Jung, *Briefwechsel*, S. 321.
188 »Ich habe es…«: Ebd., S. 335.
188 An einem Punkt…: Brome, *Ernest Jones*, S. 76.
188 »Ich bin…«: Ferenczi an Freud, 3. Januar 1910. Freud Collection. Accession number 19042.
189 »Kaffeehaus für…«: Ferenczi an Freud, 24. Oktober 1909. Freud Collection. Accession number 19042.
189 »Als Vollblutmensch…«: Ferenczi an Freud, 3. Januar 1910. Freud Collection. Accession number 19042.
190 »des weisen Ratgebers«…: Ebd.
190 »*Du sollst ihm*…«, Ferenczi an Freud. 24. Oktober 1909. Freud Collection. Accession number 19042.
190 Unter den Wienern…: Jones, *Leben und Werk von Freud*, Bd. 2, S. 90.
190 »Doch auf so einen…«: Ferenczi an Freud, 5. April 1910. Freud Collection. Accession number 19042.
191 »Ihr seid zum…«: Wittels, *Sigmund Freud*, S. 124.
191 »seinem Hymnus…«: Freud/Jung, *Briefwechsel*, S. 324.

# 12. Kapitel

193 Es war der 1. Weihnachtstag...: Freud an Jones, 22. Januar 1911. Freud Collection. Box D 2.

193 »die amerikanische Flotte...«: *The New York Times*, 25. Dezember 1910.

193 »Als der deutsche...«: Ebd.

193 »Im ganzen Reich...«: Ebd.

194 »eine zweischneidige Waffe...«: Freud an Ferenczi, 24. April 1910. Freud Collection. Accession number 19042.

194 »zwei Eisen im...«: Ferenczi an Freud, 12. Juni 1910. Freud Collection. Accession number 19042.

194 »Ich hoffe, Sie...«: Freud/Pfister, *Briefe*, S. 35.

195 Er hatte die...: Freud/Jung, *Briefwechsel*, S. 366 f.

195 »Der Bruch mit...«: Ebd., S. 363.

195 »Er träumte, *er*...«: Ebd., S. 410.

195 »Jung war Männern...«: Interview mit C. A. Meier.

195 »neuen spröden Geliebten,...«: Freud/Jung, *Briefwechsel*, S. 314 f.

195 »Die Verborgenheit ist...«: Ebd., S. 382.

196 »Dies ist kein...«: Jones, *Leben und Werk von Freud*, Bd. 2, S. 136.

196 »daß wir Wiener...«: Freud an Ferenczi, 24. April 1910. Freud Collection. Accession number 19042.

196 »Freuds Werk sei...«: Jones, *Leben und Werk von Freud*, Bd. 2, S. 136.

196 »Sie haben recht«,...: Brome, *Ernest Jones*, S. 74.

197 Schon bald...: Ebd., S. 67–69.

197 »Ich wollte«, meinte Freud...: Freud an Binswanger, 6. November 1910. Freud Collection. Box D 1.

197 »So sind die...«: Freud/Jung, *Briefwechsel*, S. 379.

197 »Ich sehe,...«: Ebd., S. 380 f.

197 »Das wäre für...«: Ebd., S. 414.

198 »kleine[n] Intrigue«...: Freud an Binswanger, 5. Dezember 1910. Freud Collection. Box D 1.

198 »Bitte hinterlassen Sie...«: Freud/Jung, *Briefwechsel*, S. 423.

198 »allerdings mit Unterbrechungen«,...: Freud an Ferenczi, 29. Dezember 1910. Freud Collection. Accession number 19042.

198 »er ist auch nur...«: Ebd.

198 »So wird wohl...«: Freud an Binswanger, 1. Januar 1911, Freud Collection. Box D 1.

198 Zu Hause hatte er...: Interview mit Herrn und Frau Niehus. April 1970. Jung Biographical Archive; Interview mit Franz Jung.

198 »Herz über vieles...«: Freud an Ferenczi, 29. Dezember 1910. Freud Collection. Accession number 19042.

199 »Dasselbe Paranoid«,...: Freud/Jung, *Briefwechsel*, S. 420.

199 »Adler ist ein...«: Freud an Ferenczi, 29. Dezember 1910. Freud Collection. Accession number 19042.

199 »dank der dabei…«: Freud/Jung, *Briefwechsel*, S. 420.
199 »…seit dem Fall Fließ…«: Jones, *Leben und Werk von Freud*, Bd. 2, S. 106 f.
199 »Fließ habe ich jetzt…«: Freud an Ferenczi, 16. Dezember 1910. Freud Collection. Accession number 19042.
199 »bedeutsamen religionsmythologischen…«: Freud an Binswanger, 1. Januar 1911. Freud Collection. Box D 1.
199 »Ich weiß nicht,…«: Freud/Jung, *Briefwechsel*, S. 428.
200 »Ich freue mich«,…: Freud an Ferenczi, 29. Dezember 1910. Freud Collection. Accession number 19042.
200 »Jung war wieder…«: Ebd.
200 »Ich bin mehr…«: Freud/Jung, *Briefwechsel*, S. 424.
200 »daß Bleuler nun dem…«: Ebd.
200 »Er hat sich…«: Freud/Pfister, *Briefe*, S. 47.
200 »Wenn das von mir…«: Freud an Binswanger, 14. März 1911. Freud Collection. Box D 1.
201 »Die Schwierigkeiten in…«: Freud an Binswanger, 20. April 1911. Freud Collection. Box D 1.
201 »Palastrevolution in…«: Freud/Jung, *Briefwechsel*, S. 445.
201 »Zeit voll…«: Ebd., S. 484.
201 er »arbeite auf…«: Ebd., S. 483 f.
201 »Sie wissen also…«: Ebd., S. 487.
202 »allerdings sehr bedrückend…«: Ebd., S. 509.
202 »*Gerufen und nicht*…«: Bennet, *C. G. Jung*, S. 177.
202 »Wir Schweizer…«: Bennet, *Meetings with Jung*, S. 63.
202 Möglicherweise kamen…: Carotenuto, *Heimliche Symmetrie*, S. 53.
202 Freud freute sich…: Freud/Jung, *Briefwechsel*, S. 503.
203 Sie hatte den Eindruck…: Hannah, *Jung*, S. 90.
203 Außerdem wußte sie…: Freud/Jung, *Briefwechsel*, S. 503.
203 »Der paßt…«: Interview mit Franz Jung.
204 »Selbst wenn es…«: Ebd.
204 »mein Vater…«: Ebd.
204 »Die Frauen sind…«: Freud/Jung, *Briefwechsel*, S. 515.
204 Bei gutem Wetter…: Interview mit Adrian Baumann. Mai 1970. Jung Biographical Archiv.
205 Besonders ein Gespräch…: Freud/Jung, *Briefwechsel*, S. 496.
205 »längst…«: Ebd., S. 504.
205 Jung »war ein…« Interview mit Alphonse Maeder, Januar 1970. Jung Biographical Archive.
206 Freuds Arbeit,…: Clark, *Freud*, S. 343.
206 sollte allen Zuhörern…: Brome, *Ernest Jones*, S. 80.
206 »das Unbewußte…«: Jones, *Leben und Werk von Freud*, Bd. 2, S. 110.
206 »Dieser kleine Nachtrag…«: Freud, *Gesammelte Werke*, Bd. XIII, S. 319.
207 »Auf Seite 7…«: Freud an Jones, 21. 3. 26. Freud Coll. Box D 2.

207 »Am Ende...«: Jones an Freud, 25. März 1926. Freud Collection. Box D 2.

207 »Die Tage in Zürich...«: Freud/Jung, *Briefwechsel*, S. 494.

# 13. Kapitel

211 »sich als Freund...«: Ferenczi an Freud, 19. Oktober 1911. Freud Collection. Accession number 19042.

211 »die tiefe Nachwirkung...«: Ebd.

211 »weder Okkultismus noch Libido...«: Ferenczi an Freud, 23. Oktober 1911. Freud Collection. Accession number 19042.

212 »Lieber Herr Professor!...«: Freud/Jung, *Briefwechsel*, S. 499 f.

212 »als hätte ich...«: Freud an Ferenczi, 30. November 1911. Freud Collection. Accession number 19042.

212 »Warum, zum Teufel,...«: Freud/Jung, *Briefwechsel*, S. 508.

212 »...ich wußte, mit...«: Ebd., S. 503.

213 »das Ehepaar sich...«: Freud an Ferenczi, 21. Oktober 1911. Freud Collection. Accession number 19042.

213 »diffuser war als der erste...«: Freud an Ferenczi, 13. November 1911. Freud Collection. Accession number 19042.

213 Möglicherweise kam in Freuds Schweigen...: Freud an Jones, 5. November 1911. Freud Collection. Box D 2.

213 »Eine der...«: Freud/Jung, *Briefwechsel*, S. 507.

214 »Und denken Sie...«: Ebd., S. 505.

214 »Präsidenten der...«: Ebd., S. 404.

216 »Das Wesentliche ist...«: Ebd., S. 522.

216 »Ich bin sehr...«: Ebd., S. 523.

216 »...Ihr Nachweis...«: Ebd., S. 532.

216 »Der Mensch soll...«: Freud an Ferenczi, 17. November 1911. Freud Collection. Accession number 19042.

216 »Sie sehen jetzt,...«: Freud an Ferenczi, 23. Januar 1912. Freud Collection. Accession number 19042.

217 »Sein Ehrgeiz...«: Ebd.

217 »Ich vermute in...«: Ferenczi an Freud, 20. Januar 1912. Freud Collection. Accession number 19042.

217 »Daß ich...«: Freud/Jung, *Briefwechsel*, S. 544.

218 »In unser beider...«: Ebd., S. 545.

218 Es herrschten...: Ebd., S. 556.

218 Der Freund Ludwig Binswanger,...: Binswanger, *Sigmund Freud*, S. 52 f.

219 »Ich reise...«: Freud/Jung, *Briefwechsel*, S. 562.

219 Als Freud aus...: Binswanger, *Sigmund Freud*, S. 55 f.

219 »Daß Sie kein...«, Freud/Pfister, *Briefe*, S. 564.

219 »Schade, daß...«: Freud/Pfister, *Briefe*, S. 57.

220 »Wenn wir uns...«: Freud/Jung, *Briefwechsel*, S. 565.

220 »Ich hatte ein…«: Ebd.
220 Ein bestimmter Tonfall…: Interview mit Frau C.A. Meier, März 1970. Jung Biographical Archive.
220 »Jetzt kann ich…«: Freud/Jung, *Briefwechsel*, S. 566 f.
220 »Ist das bei aller…«: Freud an Binswanger, 22. Juli 1912. Freud Collection. Box D 1.
220 »Das Interessanteste…«: Freud an Jones, 22. Juli 1912. Freud Collection. Box D 2.
221 »Nach allem, was…«: Ferenczi an Freud, 6. August 1912. Freud Collection. Accession number 19042.

# 14. Kapitel

223 Jung bot an,…: Freud/Jung, *Briefwechsel*, S. 568.
223 »es fehlt ohnedieß…«: Carotenuto, *Heimliche Symmetrie*, S. 119.
223 »Was mich…«: Freud an Jones, 1. August 1912. Freud Collection. Box D 2.
224 Ludwig Binswanger reagierte…: Freud an Binswanger, 2. September 1912. Freud Collection. Box D 1.
224 »Zum Glück täuschen…«: Freud an Binswanger, 29. Juli 1912. Freud Collection. Box D 1.
224 »Nichts«, informierte Freud…: Freud an Ferenczi, 8. August 1912. Freud Collection. Accession number 19042.
224 »Seit Karlsbad…«: Freud an Jones, 7. September 1912. Freud Collection. Box D 2.
225 Ernest Jones war…: Jones, *Leben und Werk von Freud*, Bd. 2, S. 176.
225 Jetzt saß…: Freud an Jones, 7. 9. 12. Freud Coll. Box D 2.
225 Jung hatte eine…: Alexander und Selesnick, *Geschichte der Psychiatrie*, S. 307.
225 Nach mehreren Wochen,…: Freud an Jones, 22. September 1912. Freud Collection. Box D 2.
225 »…nur bitte ich…«: Freud an Binswanger, 22. September 1912. Freud Collection. Box D 1.
225 Er sehnte sich…: Freud, *Briefe*, S. 292.
225 »Richten Sie dem…«: Freud an Jones, 15. November 1912. Freud Collection. Box D 2.
225 »… gewiß, das ist…: Freud an Jones, 22. September 1912. Freud Collection. Box D 2.
226 »Die Abhandlung habe…«: Freud an Binswanger, 22. September 1922. Freud Collection Box D 1.
226 Freud hatte die Hoffnung…: Freud an Jones, 22. September 1912. Freud Collection. Box D 2.
226 »wirklich zu ›arg‹…«: Ebd.
226 Freuds Spaziergänge…: Freud, *Briefe*, S. 292.
227 In jenem Jahr…: Freud/Jung, *Briefwechsel*, S. 551.

227 »...ein solcher Vorschlag...«: Freud an Ferenczi, 23. Juni 1912. Freud Collection. Accession number 19042.

227 eine »kleine, unbekannte...«: Ebd.

227 Jung hielt dann...: Freud/Jung, *Briefwechsel*, S. 571.

227 Im Mai 1912...: Protokoll der New York Psychoanalytic Society, Dienstag, den 28. Mai 1912. Brill Collection. Box 3.

227 »Ich glaube nicht...«: Jung, *Gesammelte Werke*, Bd. 4, S. 143 f., 150; Freud/Jung, *Briefwechsel*, S. 571.

228 »Wir eröffnen also...«: Freud an Ferenczi, 17. Oktober 1912. Freud Collection. Accession number 19042.

228 »drei bedauerliche Mißverständnisse...«: Freud an Ferenczi, 2. Oktober 1912. Freud Collection. Accession number 19042.

228 »Jungs Auflehnung«...: Freud an Ferenczi, 4. Juli 1912. Freud Collection. Accession number 19042.

228 »Wenn er klug wäre...«: Freud an Jones, 17. November 1913. Freud Collection. Box D 2.

228 »macht hier auch...«: Freud an Ferenczi, 20. Oktober 1912. Freud Collection. Accession number 19042.

228 »Ihre Kreuzlinger Geste...«: Freud/Jung, *Briefwechsel*, S. 572.

228 Lieber Herr Doktor!...: Ebd., S. 573 f.

229 Sehr geehrter Herr!...: Ebd., S. 578.

229 Freud gehörte...: Ebd.

229 »Wir trennten uns...«: Freud an Jones, 28. Oktober 1912. Freud Collection. Box D 2.

230 Warum, fragte Freud,...: Freud an Ferenczi, 26. November 1912. Freud Collection. Accession number 19042.

230 sagte Jung...: Freud an Binswanger, 1. Januar 1913. Freud Collection. Box D 1.

230 »Nun kam er...«: Freud an Ferenczi, 26. November 1912. Freud Collection. Accession number 19042.

230 »Ich hatte ein...«: Freud/Jung, *Briefwechsel*, S. 565.

230 »Was würden Sie...«: Freud an Ferenczi, 26. November 1912. Freud Collection. Accession number 19042.

231 »absolut geschlagen« und...: Ebd.

231 »Nein«, erwiderte Jung...: Interview mit Jolande Jacobi, Dezember 1969. Jung Biographical Archive.

231 Jung »selbst...«: Freud an Ferenczi, 26. November 1912. Freud Collection. Accession number 19042.

232 »Jung war sehr...: Freud an Binswanger, 28. November 1912. Freud Collection. Box D 1.

232 »Die Kollegen sind...«: Freud/Jung, *Briefwechsel*, S. 579.

232 Als Freud und Jung...: Jones, *Leben und Werk von Freud*, Bd. 2, S. 178 – 185.

233 Dann begann...: Sloane, »A Parapraxis of Freud's.« S. 126–140.

233 »Zweitens trage ich...«: Jones, *Leben und Werk von Freud*, Bd. 2, S. 530.

233 Ernest Jones fiel auf,...: Jones, Ebd., Bd. 1, S. 370.

233 »Ja, das tat...«: Clark, *Freud*, S. 372.

233 »Hütet euch,...«: Freud/Jung, *Briefwechsel*, S. 544.

233 Vielleicht hätte...: Jones, *Leben und Werk von Freud*, Bd. 2, S. 179; Ferenczi an Freud, 28. November 1912. Freud Collection. Accession number 19042.

## 15. Kapitel

235 Am 24. November...: Jones, *Free Associations*, S. 222; Jones *Leben und Werk von Freud*, Bd. 1, S. 370.

235 Er hatte das...: Freud/Jung, *Briefwechsel*, S. 579.

235 Er wehrte alle...: Jung, *Erinnerungen, Träume, Gedanken*, S. 161.

235 »Es muß süß sein...«: Jones, *Leben und Werk von Freud*, Bd. 1, S. 370.

235 »Sie werden mich...«: Freud an Ferenczi, 26. November 1912. Freud Collection. Accession number 19042.

235 schlief Freud sehr gut...: Ebd.

235 »Schreibtisch...«: Freud, *Briefe*, S. 293.

236 »Nachrichten über meinen...«: Binswanger, *Sigmund Freud*, S. 62 f.

236 »Zurückgehaltene Gefühle...«: Ebd.

236 »Ich sah München...«: Freud an Jones, 8. Dezember 1912. Freud Collection. Box D 2.

236 Zudem läßt sich...: Schur, *Freud*, S. 322.

236 So glaubte Ernest Jones...: Jones, *Leben und Werk von Freud*, Bd. 1, S. 317.

236 Zum zweiten...: Jones, *Free Associations*, S. 222.

237 »Stück eines unbeherrschten homosexuellen...«: Freud an Jones, 8. Dezember 1912. Freud Collection. Box D 2.

237 »in der Annahme...«: Freud an Jones, 26. Dezember 1912. Freud Collection. Box D 2.

237 Der Kindheitswunsch...: Groesbeck, »The Analyst's Myth.« S. 37.

237 »Die am Erfolge scheitern...«: Jones, *Leben und Werk von Freud*, Bd. 2, S. 180.

237 »Trotz aller...«: Ferenczi an Freud, 26. Dezember. Freud Collection. Accession number 19042.

238 Lou Andreas-Salomé...: Andreas-Salomé, *Freud-Tagebuch*, S. 46.

238 »...es ist ein...«: Ebd., S. 30.

238 »Von seiner Münchener...«: Ebd., S. 46.

238 »Ich habe mir...«: Freud/Jung, *Briefwechsel*, S. 580.

238 »Nach meiner...«: Ebd., S. 581.

239 Jung schrieb Freud...: Ebd., S. 583.

239 »Ich schreibe Ihnen...«: Ebd., S. 583 f.

239 »daß sich jeder...«: Ebd., S. 587.

239 »...er benimmt sich...«: Freud an Jones, 8. Dezember 1912. Freud Collection. Box D 2.

240  »Selbst Adlers Spießgesellen...«: Freud/Jung, *Briefwechsel*, S. 592.
240  »Sind Sie nun...«: Ebd., S. 587.
240  »daß Ihre Technik...«: Ebd., S. 594.
241  »Was Jung betrifft...«: Freud an Jones, 26. Dezember 1912. Freud Collection. Box D 2.
241  »florider Narr...«: Freud an Ferenczi, 23. Dezember 1912. Freud Collection. Accession number 19042.
241  »könnte eine so...«: Freud an Jones, 26. Dezember 1912. Freud Collection. Box D 2.
241  »Schwierig ist...«: Freud an Ferenczi, 23. Dezember 1912. Freud Collection. Accession number 19042.
241  »...ich lasse mich...«: Freud an Jones, 26. Dezember 1912.
241  »Der Brief...«: Freud an Ferenczi. 30. Dezember 1912. Freud Collection. Accession number 19042.
241  »Ich bin dabei...«: Freud an Ferenczi, 25. Dezember 1912. Freud Collection. Accession number 19042.
242  »Das in München hergestellte...«: Freud an Binswanger, 1. Januar 1913. Freud Collection. Box D 1.
242  Freud verwandte...: Anmerkungen von Theodor Reik. Freud Collection. Box B 28.
242  »Im übrigen ist...«: Freud/Jung, *Briefwechsel*, S. 598.
242  »Ich teile Ihnen...«: Freud an Ferenczi, 7. Januar 1913. Freud Collection. Accession number 19042.
242  »Ich werde mich...«: Freud/Jung, *Briefwechsel*, S. 600.
242  »Es ist sehr...«: James Putnam an Fanny Bowditch, 9. Dezember 1912 [?]. Jung Biographical Archive.
243  Fanny Bowditch war...: Crossman, »Preliminary Inventory: Fanny Bowditch Katz (1874–1967) Letters and Papers.« Jung Biographical Archive.
243  »Wir haben heute...«: James Putnam an Fanny Bowditch, 11. Februar 1912. Jung Biographical Archive.
243  »›Manisch-depressives Irresein‹...«: James Putnam an Fanny Bowditch, 2. Juni 1912 [?]. Jung Biographical Archive.
244  Putnam machte sich...: Taylor, »C. G. Jung.« S. 136–140.
244  »Es ist ein...«: James Putnam an Fanny Bowditch, 1. Dezember 1912. Jung Biographical Archive.
244  »Nach der Trennung...«: Jung, *Erinnerungen, Träume, Gedanken*, S. 174.
244  »Ich weiß so...«: Ebd., S. 177.
245  »Vater war...«: Interview mit Franz Jung.
245  »das schmerzhafte Erlebnis...«: Jung, *Erinnerungen, Träume, Gedanken*, S. 177.

# 16. Kapitel

247 In Zürich und Wien...: Freud an Ferenczi, 7. Januar 1913. Freud Collection. Accession number 19042.

247 »Jung versuchte...«: Freud, »Selbstdarstellung«, S. 80.

247 »sich ›politisch‹...«: Andreas-Salomé, Freud-Tagebuch, S. 46.

247 »Aber es beginnt...«: Ebd., S. 72.

248 »Ich erinnere mich...«: Jones, Free Associations, S. 223.

248 »daß das Theoretische...«: Andreas-Salomé, Freud-Tagebuch, S. 18.

248 »darin hat Jung...«: Ebd., S. 165 f.

248 »Dies argwöhnt man...«: Ebd., S. 27.

249 »...und wo es...«: Ebd., S. 141.

249 »Ihre Interessen sind...«: Freud an Ferenczi, 20. März 1913. Freud Collection. Accession number 19042.

249 »›Meine neue Freundin‹...«: Anna Freud an Freud, 30. April 1922. Freud Collection.

249 »ein Frauenzimmer...«: Freud an Ferenczi, 31. Oktober 1912. Freud Collection. Accession number 19042.

249 »starrte er...«: Andreas-Salomé, Freud-Tagebuch, S. 28.

249 »unsicher« gesprochen...: Ebd., S. 109.

249 Häufig trafen sich...: Ebd., S. 120.

249 An ihrem letzten Tag...: Ebd., S. 143.

250 »Der Erfolg von Jungs...«: Brome, Ernest Jones, S. 77.

250 »Die Berufung zu...«: Ferenczi an Freud, 9. März 1913. Freud Collection. Accession number 19042.

250 »Natürlich hat...«: Freud an Ferenczi, 8. Mai 1913. Freud Collection. Accession number 19042.

250 »Es gebe...«, antwortete Ferenczi...: Jones, Leben und Werk von Freud, Bd. 2, S. 182.

250 »Er ist sehr...«: Freud an Ferenczi, 4. Mai 1913. Freud Collection. Accession number 19042.

251 »Dazu aber sind...«: Jones, Leben und Werk von Freud, Bd. 2, S. 531.

251 »Auch Putnam kann...«: Ferenczi an Freud, 6. August 1912. Freud Collection. Accession number 19042.

251 »Wir sind...«: Bettelheim, »Scandal in the Family.« S. 44.

251 »Ich bin nicht...«: Freud an Jones, 9. April 1913. Freud Collection. Box D 2.

251 »Abraham ist drei...«: Jones, Leben und Werk von Freud, Bd. 2, S. 187.

252 »Ich glaube,...«: Freud an Ferenczi, 13. Mai 1913. Freud Collection. Accession number 19042.

252 »Grüße an Jung...«: Carotenuto, Heimliche Symmetrie, S. 124.

252 »Ich war ganz...«: Ebd., S. 209.

252 »Es thut mir leid...«: Ebd., S. 123.

253 »Aufgrund seines...«: Brome, Ernest Jones, S. 97.

253 »Jung ist verrückt,...«: Freud/Abraham, *Briefe*, S. 140.

253 »Was die Bedeutung...«: Freud an Jones, 29. August 1913. Freud Collection. Box D 2.

253 »Es ist wie...«: Freud an Jones, 30. Oktober 1913. Freud Collection. Box D 2.

254 »Vergessen Sie nicht...«: Freud an Jones, 29. August 1913. Freud Collection. Box D 2.

254 Tags darauf traf...: Andreas-Salomé, *Freud-Tagebuch*, S. 190.

254 Man traf sich häufig...: Brome, *Jung*, S. 151.

254 »Guten Morgen, Herr...«: Interview mit Alphonse Maeder, Januar 1970. Jung Biographical Archive.

254 »Wo bei Jung...«: Andreas-Salomé, *Freud-Tagebuch*, S. 190.

254 »ein blonder Dickschädel...«: Ebd., S. 18.

254 »gescheit und gefährlich«...: Ebd., S. 191.

254 »Mir war Freud...«: Ebd., S. 190 f.

255 »Da ging mir auf...«: Interview mit Alphons Maeder, Januar 1970. Jung Biographical Archive.

255 Salomés Ansicht nach...: Andreas-Salomé, *Freud-Tagebuch*, S. 191.

255 »Alle Arten...«: Jones, *Leben und Werk von Freud*, Bd. 2, S. 129.

255 Keiner war...: Jones, *Free Associations*, S. 224.

255 »es wäre jetzt...«: Andreas-Salomé, *Freud-Tagebuch*, S. 219.

256 »die ihn...«: Ebd., S. 192.

256 »bei der Abreise...«: Ebd., S. 111.

256 »Man schied...«: Freud, *Zur Geschichte der psychoanalytischen Bewegung*, S. 181.

256 »Wenn Ihnen die...«: Freud an Hall, *Time*, 5. September 1969.

256 Allerdings war er...: Freud an Jones, 25. März 1914. Freud Collection. Box D 2.

257 »Ich habe...«: Freud an Jones, 21. September 1913. Freud Collection. Box D 2.

## 17. Kapitel

259 Minna Bernays war froh...: Freud an Jones, 21. September 1913. Freud Collection. Box D 2.

259 war sie in Bologna...: Jones *Leben und Werk von Freud*, Bd. 2, S. 130.

259 »im unvergleichlich schönen...«: Freud/Abraham, *Briefe*, S. 146.

259 Doch im Herbst...: Freud an Jones, 21. September 1913. Freud Collection. Box D 2.

259 »zu dem einsamen...«: Freud, *Gesammelte Werke*, Bd. X, S. 175.

259 Die Geschichte des...: Ebd., S. 197 f.

260 Während Freud im...: Jones, *Leben und Werk von Freud*, Bd. 2, S. 432.

260 Allmählich begann er...: Freud, *Gesammelte Werke*, Bd. X, S. 183.

260 »in der Erwartung...«: Ebd., S. 183.
260 So stand Freud im September 1913...: Ebd., S. 190–194.
261 Der untere Teil...: Ebd., S. 183 f.
261 »Er wollte es...«: Ebd., S. 194.
261 »...die gewaltige...«: Ebd., S. 198.
261 »Julius II war...«: Freud, *Gesammelte Werke*, Bd. X, S. 198.
262 »Glauben Sie nicht,...«: Gay, *Freud*, S. 356.
262 »Ich habe zu...«: Jones, *Leben und Werk von Freud*, Bd. 2, S. 432 f.
262 »völlig geglückt...«: Freud, *Gesammelte Werke*, Bd. X, S. 201.
262 »Ich lebte...«: Jung, *Erinnerungen, Träume, Gedanken*, S. 180.
262 Jahre später...: Interview mit Fowler McCormick, April 1969. Jung Biographical Archive.
263 »Es war in...«: Jung, *Erinnerungen, Träume, Gedanken*, S. 182.
263 »Mein Vater schreibt,...«: Interview mit Franz Jung.
263 Bis auf...: Jung, *Erinnerungen, Träume, Gedanken*, S. 197.
263 Immer wieder sah...: Ebd., S. 187 ff.
263 Ihm blieb nichts übrig...: Ebd., S. 181, 191.
263 »Was, Sie auch?«...: Interview mit Alphons Maeder, Januar 1970. Jung Biographical Archive.
263 »Noch Jahre nach...«: Interview mit Franz Jung.
264 »ganz vage...«: Interview mit Agathe Niehus-Jung. April 1970. Jung Biographical Archive.
264 »Dort malte auch ich...«: Interview mit Franz Jung.
264 »Meine Schwester Marianne...«: Ebd.
264 »Meine Großmutter besaß...«: Ebd.
266 »Versetzen Sie sich...«: Ebd.
266 »die volle Analogie...«: Freud/Abraham, *Briefe*, S. 149.
266 »Man ist wütend...«. Jones an Abraham, 29. Dezember 1913. Abraham Papers. Box 2.
266 »Ich bin nicht...«: Freud an Jones, 2. Juni 1914. Freud Collection. Box D 2.
266 »[Jung] war...«: Clark, *Freud*, S. 378.
266 »Es scheint...«: Burnham, *Jelliffe*, S. 193.
267 »Es mag sein,...«: Freud an Jones, 17. Mai 1914. Freud Collection. Box D 2.
267 »Ich bin sehr...«: Freud an Jones, 7. Juli 1914. Freud Collection. Box D 2.
267 »Zweifellos neigen...«: Freud an Jones, 17. November 1913. Freud Collection. Box D 2.
267 »Wir wissen, daß [Jungs]...«: Freud an Jones, 22. November 1913. Freud Collection. Box D 2.
267 »Sonst nur...«: Freud an Ferenczi, 16. Mai 1914. Freud Collection. Accession number 19042.
267 »Flitterjahren«...: Ferenczi an Freud, 9. Februar 1914. Freud Collection. Accession number 19042.
268 »Wir beabsichtigen daher«,...: Burnham, *Jelliffe*, S. 74.

268 »Das Loswerden von...«: Ferenczi an Freud, 20. Juli 1914. Freud Collection. Accession number 19042.
268 »Ich weiß aus...«: Freud an Anna Freud, 16. Juli 1914. Freud Collection.
269 »Sonderbar,...«: Freud an Ferenczi, 17. Juli 1914. Freud Collection. Accession number 19042.
269 »Learstimmungen«...: Freud an Ferenczi, 22. Juli 1914. Freud Collection. Accession number 19042.
269 Anna, seine »Cordelia«...: Gay, *Freud*, S. 486.
269 »einen deutlichen...«: Freud an Ferenczi, 17. Juli 1914. Freud Collection. Accession number 19042.
269 »keinen Anspruch...«: Freud an Jones, 22. Juli. Freud Collection. Box D 2.
269 »auf die Schwester von Mabel...«: Freud an Anna Freud, 22. Juli 1914. Freud Collection.
269 »sehr nett«, schrieb Anna...: Anna Freud an Freud, 30. April 1922. Freud Collection.
270 »Auf die...«: *The New York Times*, 2. Dezember 1914.
270 RUSSLAND MARSCHIERT IN...: *The New York Times*, 3. August 1914.
270 »vor Kanonendonner...«: Freud an Ferenczi, 9. November 1914. Freud Collection. Accession number 19042.

## 18. Kapitel

271 Jemand beschrieb Toni Wolff...: Interview mit Aline Valangin, September 1970. Jung Biographical Archive.
271 »Toni hatte...«: Interview mit Franz Jung.
271 »verführerisch, nicht sexy«,...: Interview mit Liliane Frey-Rohn.
271 So vergaß ein Patient...: Interview mit William Alex, Mai 1969. Jung Biographical Archive.
271 »Das Dienstmädchen...«: Jensen, C. G. *Jung, Emma Jung and Toni Wolff*, S. 10.
271 Jungs Kollege C. A. Meier...: Interview mit C. A. Meier, September 1970. Jung Biographical Archive.
272 »Sie brauchen jemanden,...«: Interview mit Regula Rohland-Oeri, Mai 1970. Jung Biographical Archive.
272 »Angst beschlich...«: Jung, *Erinnerungen, Träume, Gedanken*, S. 187.
272 »Es ist natürlich...«: Ebd., S. 192.
272 »phänomenologisch« sehr leicht...: Interview mit C. A. Meier, September 1970. Jung Biographical Archive.
273 »Als junger Mann...«: Jung, *Erinnerungen, Träume, Gedanken*, S. 203.
273 »Ach, das kollektive...«: Bennet, *Meetings with Jung*, S. 101.

273 »Die tieferen...«: Jung, *Erinnerungen, Träume, Gedanken,* S. 419.

273 »Sie studierten...«: Interview mit Frau C. A. Meier, September 1970. Jung Biographical Archive.

274 »Ich glaubte, sie...«: Interview mit C. A. Meier, September 1970. Jung Biographical Archive.

274 »Es war etwas...«: Ebd.

274 »Meine Mutter war...«: Interview mit Franz Jung.

274 »Für mich besteht...«: Interview mit Fowler McCormick, April 1969. Jung Biographical Archive.

274 »Tante«, weil...: Interview mit Franz Jung.

274 »Als ich...«: Ebd.

275 »Auf dem Tisch...«: Interview mit Laurens van der Post.

275 »Sie war so...«: Interview mit Sabi Tauber, September 1970. Jung Biographical Archive.

275 »Man kann sagen,...«: Interview mit Jolande Jacobi, Dezember 1969. Jung Biographical Archive.

275 »Er besaß...«: Interview mit Fowler McCormick, April 1969. Jung Biographical Archive.

276 1915, zwei...: Silverstein, »›Now Comes a Sad Story.‹« S. 143, S. 145, S. 147.

276 In seinem Aufsatz...: Freud, *Übersicht der Übertragungsneurosen,* S. 7, S. 12–19.

276 »spielerischen Vergleichung«...: Ebd., S. 20.

276 Freud entschloß sich,...: Silverstein, »›Now Comes a Sad Story.‹« S. 144.

276 Mitunter stritt er...: Ebd., S. 149.

276 Vielleicht war ihm...: Ebd., S. 191.

277 »ursprünglich introvertierten...«: Äußerung Jungs gegenüber einem ungenannten Schweizer Kollegen, 18. Februar 1957.

277 »Eine neue Produktion...«: Freud an Jones, 19. Mai 1921. Freud Collection. Box D 2.

278 »Die Unterscheidung zwischen...«: Fisher, »Sigmund Freud and Romain Rolland.« S. 36.

278 »Besonders interessiert...«: Burnham, *Jelliffe,* S. 205. Anm. 4.

278 »Mit der...«: Freud/Pfister, *Briefe,* S. 90.

278 »Meine Ansichten...«: Burnham, *Jelliffe,* S. 194. Auf englisch.

278 »Es gibt eine...«: Ebd., S. 200. Auf englisch.

278 »jenseits des Teichs«,...: Freud an Jones, 15. Januar 1919. Freud Collection. Box D 2.

278 »Sollte Amerika...«: Freud an Jones, 24. Mai 1920. Freud Collection. Box D 2.

279 »Dann wurde mir...«: Freud an Jones, 4. Juni 1922. Freud Collection. Box D 2.

279 »Ich halte es...«: Freud an Jones, 6. April 1922. Freud Collection. Box D 2.

279 »Ich war tief betrübt…«: Brill, »Psychotherapies I Encountered.«
S. 589—590.
279 »Sie können Freud…«: Carotenuto, *Heimliche Symmetrie*, S. 180 f.
279 »Sie, Herr Professor…«: Ebd., S. 112.
279 »Es kommt oft…«: Freud and Pfister, *Briefe 1909—1939*, S. 89.
280 »Das wahrhaft Tragische…«: Jones an Abraham, 8. April 1924.
Abraham Papers. Box 2.
280 »Gewiß, ich habe…«: Freud an Binswanger, 12. Mai 1929. Freud
Collection. Box D 1.
280 »Es gab nur…«: Interview mit C. A. Meier.
281 »Ach, wie ich mich…«: Pound, »In Durance.« S. 86—87.

# Literatur

## Veröffentlichte Quellen

Abraham, Karl, und Sigmund Freud, *Sigmund Freud / Karl Abraham, Briefe 1907–1926*. Hg. von Ernst L. Freud und Hilda C. Abraham. 2. korrig. Aufl., S. Fischer Verlag, Frankfurt a. M. 1980.

Alexander, Franz G., und Selesnick, Sheldon T., *Geschichte der Psychiatrie. Ein kritischer Abriß der psychiatrischen Theorie und Praxis von der Frühgeschichte bis zur Gegenwart*. Diana Verlag, Zürich 1968.

Andreas-Salomé, Lou, *In der Schule bei Freud. Tagebuch eines Jahres*, aus dem Nachlaß hg. von Ernst Pfeiffer. Zürich 1958.

Baedeker, Karl, *Die Schweiz nebst den angrenzenden Teilen von Oberitalien, Savoyen und Tirol*. Leipzig 1895.

Bennet, E. A., *C. G. Jung. Einblicke in Leben und Werk*, Rascher, Zürich und Stuttgart 1963.

*Meetings with Jung: Conversations Recorded During the Years 1946–1961*. Daimon Verlag, Zürich 1985.

Bettelheim, Bruno, »Scandal in the Family.« *New York Review of Books*, June 30, 1983, S. 39–44.

Billinsky, John, »Jung and Freud, (The End of a Romance).« *Andover-Newton Quarterly* 1969, 10(2), S. 39–43.

Binswanger, Ludwig, *Erinnerungen an Sigmund Freud*. Francke Verlag, Bern 1956.

Breuer, Josef, und Sigmund Freud, *Studien über Hysterie*, Fischer Taschenbuch Verlag Nr. 6001, Frankfurt a. M. 1970.

Brill, A. A., *Freuds Contribution to Psychiatry*. W. W. Norton, New York 1944.

*Lectures on Psychoanalytic Psychiatry*, Alfred A. Knopf, New York 1946.

»Psychopathology and Psychotherapy on the Neuroses and Psychoses«, *New York State Journal of Medicine*, November 15, 1931, 31, S. 1392–1397.

»Psychotherapies I Encountered.« *Psychiatric Quarterly*, 1947, 21, S. 579–591.

Brome, Vincent, *Ernest Jones: Freud's Alter Ego*, W. W. Norton, New York 1983.

*Freud und sein Kreis*. List, München 1969.

*Jung: Man and Myth*, Atheneum, New York 1981.

Burnham, John C., *Jelliffe. American Psychoanalyst and Physician & His Correspondence with Sigmund Freud and C. G. Jung*, University of Chicago Press, Chicago 1983.

Carotenuto, Aldo. *Sabina Spielrein, Tagebuch einer heimlichen Symmetrie. Sabina Spielrein zwischen Jung und Freud, Kore Verlag Traute Hensch, Freiburg i. Br. 1986.

Čechov, Anton, Briefe 1889–1892, hg. und übers. von Peter Urban, Diogenes Taschenbuch 21067, Zürich 1983.

Champernowne, Irene, A Memoir of Toni Wolff, C. G. Jung Institute of San Francisco, San Francisco 1980.

Clark, Ronald W., Sigmund Freud, Leben und Werk, Fischer Taschenbuch Verlag Nr. 5647, Frankfurt a. M. 1985.
»Sigmund Freud's Sortie to America«, American Heritage, April 1980, 31, S. 34–37.

Cocks, Geoffrey, Psychotherapy in the Third Reich; The Göring Institute, Oxford University Press, New York 1985.

Eastman, Max, »A Significant Memory of Freud«, The New Republic, May 19, 1941, S. 693–695.

Ellenberger, Henri F., Die Entdeckung des Unbewußten, vom Autor durchgesehene und revidierte Taschenbuchausgabe. Diogenes Taschenbuch 21343, Diogenes, Zürich 1985.

Engelman, Edmund, Berggasse 19. Das Wiener Domizil Sigmund Freuds. Belser, Zürich 1977.

Federn, Ernst, »Letters to the Editor.« Journal of the Behavioral Sciences, January 1966, 2(1), S. 76–77.

Fisher, David James, »Sigmund Freud and Romain Rolland; The Terrestrial Animal and His Great Oceanic Friend«, American Imago, Spring 1976, 33(1), S. 1–59.

Freud, Martin, Sigmund Freud – Man and Father, Vanguard Press, New York 1958.

Freud, Sigmund, Briefe 1873–1939, ausgew. und hg. von Ernst L. Freud, S. Fischer Verlag, Frankfurt a. M. 1960.
Briefe an Wilhelm Fließ 1887–1904, hg. von Jeffrey Moussaieff Masson. Bearbeitung der deutschen Fassung von Michael Schröter. Transkription von Gerhard Fichtner, S. Fischer Verlag, Frankfurt a. M. 1986.
»Zur Geschichte der psychoanalytischen Bewegung«, in: Selbstdarstellung – Schriften zur Geschichte der Psychoanalyse, Einleitung von Ilse Grubrich-Simitis, Fischer Taschenbuch Verlag, Bd. 6096, Frankfurt a. M., korrigierte Auflage ab 1973.
»A Long-Lost and Recently Recovered Letter of Freud.« The Israel Annals of Psychiatry and Related Disciplines 13: 2.
Massenpsychologie und Ich-Analyse. In ders.: Massenpsychologie und Ich-Analyse – Die Zukunft einer Illusion. Fischer Taschenbuch Verlag, Nr. 6054, Frankfurt a. M. 1969.
»Der Moses des Michelangelo«, in: Gesammelte Werke in 18 Bänden, unter Mitwirkung von Marie Bonaparte, Prinzessin Georg von Griechenland, herausgegeben von Anna Freud, E. Bibring, W. Hoffer, E. Kris und O. Isakower: Imago Publishing C., London 1946, Frankfurt a. M., Bd. X., S. 172–201.
»Nachtrag«, in: Gesammelte Werke, Bd. VIII, S. 317–320.

*Psychoanalyse. Fünf Vorlesungen*, in ders.: *Darstellungen der Psychoanalyse*, Fischer Taschenbuch Verlag, Frankfurt a. M. 1969, S. 50–101.

*»Selbstdarstellung« – Schriften zur Geschichte der Psychoanalyse. Einleitung von Ilse Grubrich-Simitis*, Fischer Taschenbuch Verlag, Bd. 6096, korrig. Auflage ab 1973, Frankfurt a. M. 1973.

*Die Traumdeutung*, Fischer Taschenbuch Verlag, Nr. 6344, Frankfurt a. M. 1977.

*Übersicht der Übertragungsneurosen, ein bisher unbekanntes Manuskript*, ediert und mit einem Essay von Ilse Grubrich-Simitis. S. Fischer Verlag, Frankfurt a. M. 1985.

Freud, Sigmund, und Karl Abraham, *Sigmund Freud/Karl Abraham, Briefe 1907–1926*. Hg. von Hilda C. Abraham und Ernst L. Freud. S. Fischer Verlag, Frankfurt a. M. 1980.

Freud, Sigmund, und C. G. Jung, *Briefwechsel*, hg. von William McGuire und Wolfgang Sauerländer. S. Fischer Verlag, Frankfurt a. M. 1974.

Freud, Sigmund, und Oskar Pfister, *Briefe 1909–1939*, hg. von Ernst L. Freud und Heinrich Meng, S. Fischer Verlag, Frankfurt a. M. 1963.

Gay, Peter, *Freud, Eine Biographie für unsere Zeit*. S. Fischer Verlag, Frankfurt a. M. 1989.

Gifford, George E. Jr., »Freud and the Porcupine.« *Harvard Medical Alumni Bulletin*, 1972, 4: 28–32.

Groesbeck, C. Jess, »The Analyst's Myth. Freud and Jung as Each Other's Analyst.« *Quadrant*, Spring 1980, 13 (1), S. 28–55.

Guest, Barbara, *Herself Defined: The Poet H. D. and Her World*, Quill, New York 1984.

H. D., *Huldigung an Freud*, Ullstein Taschenbuch 3217, Frankfurt/M–Berlin 1975.

Hale, Nathan G. Jr., *Freud and the Americans: The Beginnings of Psychoanalysis in the United States, 1876–1917*, Oxford University Press, New York 1971.

Hannah, Barbara, *Jung, sein Leben und Werk*, übers. von Lukas Schwarz, Bonz, Fehlbach-Oeffingen 1982.

Herzstein, Robert Edwin, *Waldheim: The Missing Years*. Arbor House/William Morrow, New York 1988.

Jaffé, Aniela, *Aus Leben und Werkstatt von C. G. Jung*, Rascher, Zürich und Stuttgart 1968.

Jensen, Ferne, Hg., *C. G. Jung, Emma Jung and Toni Wolff – A Collection of Remembrances*, Analytical Psychology Club of San Francisco, San Francisco 1982.

Jones, Ernest, *Free Associations – Memories of a Psycho-Analyst*, Basic Books, New York 1959.

*Das Leben und Werk von Sigmund Freud*, 3 Bde., Hans Huber, 2. unveränderte Auflage 1978, Bern 1960–1962.

Jones, J. Sydney, *Viennawalks*, Holt, Rinehart and Winston, New York 1985.

313

Jung, C. G., *Bild und Wort*, hg. von Aniela Jaffé, Walter-Verlag, Sonderausgabe, Olten und Freiburg i. Br. 1983.

*Briefe*, Bd. 1, *1906–1945*. Hg. von Aniela Jaffé in Zusammenarbeit mit Gerhard Adler. Walter-Verlag, Olten und Freiburg i. Br. 1972.

*Erinnerungen, Träume, Gedanken*. Aufgezeichnet und herausgegeben von Aniela Jaffé. Walter-Verlag, Olten und Freiburg i. Br., 6. Auflage 1988.

*C. G. Jung, Gesammelte Werke*, Bde. 2, 6, 7, 10, 17. Hg. Franz Riklin, Lilly Jung-Merker und Elisabeth Rüf. Walter-Verlag, Olten und Freiburg i. Br. 1960 ff.

»Allgemeine Beschreibung der Typen.« *Gesammelte Werke von C. G. Jung*, Bd. 6, *Psychologische Typen*. S. 357–443.

»Eine Erwiderung auf Dr. Bally«, *Gesammelte Werke von C. G. Jung*, Bd. 10: *Zivilisation im Übergang*, S. 583–593.

»Neue Bahnen der Psychologie«, *Gesammelte Werke von C. G. Jung*, Bd. 7. »Anhang«, S. 267–291.

»Über Konflikte der kindlichen Seele«, *Gesammelte Werke von C. G. Jung*, Bd. 17, *Über die Entwicklung der Persönlichkeit*, S. 11–47.

»Über das Verhalten der Reaktionszeit beim Assoziationsexperimente«, *Gesammelte Werke von C. G. Jung*, Bd. 2. *Experimentelle Untersuchungen*, S. 239–288.

»Zur gegenwärtigen Lage der Psychotherapie«, *Gesammelte Werke von C. G. Jung*, Bd. 10, S. 181–199.

Jung, C. G., und Freud, Sigmund, *Briefwechsel*, hg. von William McGuire und Wolfgang Sauerländer, S. Fischer Verlag, Frankfurt a. M. 1974.

Kenny, Anthony, *Wittgenstein*, Suhrkamp Verlag, stw 69, Frankfurt a. M. 1974.

Koelsch, William A., ›*Incredible Day-Dream*‹: *Freud and Jung at Clark, 1909*. Worcester, Mass.: The Friends of the Goddard Library, 1984.

Koonz, Claudia, *Mothers in the Fatherland: Women, Family Life and Nazi Ideology 1919–1945*. St. Martin's Press, New York 1987.

Lief, Alfred, *The Commonsense Psychiatry of Dr. Adolf Meyer*. McGraw-Hill, New York 1948.

McCully, Robert S., »Remarks on The Last Contact Between Freud and Jung.« *Quadrant*, 1987, 20(2):73–74.

McGuire, William, »Jung's Complex Reactions (1907).« *Spring*, 1987, S. 3–17.

McGuire, William, und R. F. C. Hull, *C. G. Jung Speaking*, Princeton University Press, Princeton 1977. (Dt. ders.: *C. G. Jung im Gespräch*, Daimon Verlag, Zürich 1986.

McIver, Elisabeth Putnam, »Early Days at Putnam Camp«, Vortrag auf dem Jahrestreffen der Keene Valley Historical Society, September 1941, S. 3–27. Privatdruck.

Nunberg, Herman, und Ernst Federn, Hg., *Protokolle der Wiener Psychoanalytischen Vereinigung*, Bd. 1, 1906–1908. S. Fischer Verlag, Frankfurt a. M. 1976.

Oeri, Albert, »Ein paar Jugenderinnerungen an C. G. Jung«, in: C. G. Jung im Gespräch. Hg. von W. McGuire und R. F. C. Hull. Daimon Verlag, Zürich 1986, S. 1–9.

Peterson, Frederick, »Credulity and Cures«, Journal of the Medical Society of New Jersey, 1908, 4(10), S. 407–415.

Pfister, Oskar, und Sigmund Freud, Briefe 1909–1939, hg. von Ernst L. Freud und Heinrich Meng. S. Fischer Verlag, Frankfurt a. M. 1963.

Pound, Ezra, »In Durance«, In ders.; Collected Early Poems of Ezra Pound, hg. von Michael John King, New Directions, New York 1976, S. 86–87.

Putnam, James J., »Personal Impressions of Sigmund Freud and His Work with Special Reference to His Recent Lectures at Clark University«, The Journal of Abnormal Psychology, December 1909 – January 1910, 4, S. 293–310; March – April 1910, 5, S. 372–379.

Riese, Hertha, Hg., Historical Explorations in Medicine and Psychiatry, Springer, New York 1978.

Robinson, Janice, H. D. – The Life and Work of an American Poet, Houghton Mifflin, New York 1982.

Ruitenbeek, Hendrik M., Hg., Freud as We Knew Him, Wayne State University Press, Detroit 1973.

Russell, John, »The Brilliant Sunset of Vienna in Its Final Glory«, The New York Times, 29. Juni 1986.

Sachs, Hanns, Freud, Meister und Freund, übersetzt von Emmy Sachs, Imago, London 1950.

Schur, Max, Sigmund Freud, Leben und Sterben, Suhrkamp Verlag, Frankfurt a. M. 1973.

Silverstein, Barry, »›Now Comes a Sad Story‹: Freud's Lost Metapsychological Papers.« In Paul E. Stepansky, Hg. Freud – Appraisals and Reappraisals, Analytic Press, Hillsdale, N. Y. 1986, S. 143–195.

Sloane, Eugene H., »A Parapraxis of Freud's in Relation to Karl Abraham«, American Imago, Summer 1972, 29(2), S. 123–159.

Steele, Robert S., Freud and Jung – Conflicts of Interpretation, Routledge & Kegan Paul, Boston 1982.

Storr, Anthony, C. G. Jung, dtv-Taschenbuch Verlag, München 1974.

Sulloway, Frank J., »Freud as Conquistador«, The New Republic, 25. August 1979, S. 25–31.

Taylor, Eugene, »C. G. Jung and the Boston Psychopathologists 1902–1912«, Voices – The Art and Science of Psychotherapy, 1985, 21(2), S. 132–145.

Troyat, Henri, Tschechow. Aus dem Französischen von Christian D. Schmidt, Deutsche Verlagsanstalt, Stuttgart 1987.

van der Post, Laurens, C. G. Jung, der Mensch und seine Geschichte, Hensel Verlag, Berlin 1977.

Winnik, H. Z., »A Long-lost and Recently Recovered Letter of Freud.« Israel Annals Of Psychiatry and Related Disciplines, March 1975, 13(1), S. 1–5.

Wittels, Fritz, *Sigmund Freud: der Mann, die Lehre, die Schule*, E. P. Tal & Co., Leipzig, Wien, Zürich 1924.

## Unveröffentlichtes Material

A. A. Brill Collection, Library of Congress, Washington, D. C.
C. G. Jung Biographical Archive, Francis A. Countway Library of Medicine, Boston, Massachusetts.
Jung-Archiv, Zürich
Karl Abraham Papers, Library of Congress, Washington, D. C.
Los Angeles Psychoanalytic Society and Institute, Los Angeles, California.
Sigmund Freud Collection, Library of Congress, Washington, D. C.

## Interviews der Autorin

Brunner, Blanche, Mai 1985, Küsnacht.
Fichtl, Paula, Juli 1984 und Februar 1985, Salzburg.
Frey-Rohn, Liliane, Februar 1985, Zürich.
Jung, Franz, April und Juli 1984; Februar 1985; November 1987, Küsnacht.
Meier, C. A., April und Juli 1984, Zürich.
van der Post, Laurens, Juli 1984, Aldeburgh, England.

man Holmes Pearson. Abdruck mit freundlicher Genehmigung der New Directions Publishing Corp.

Auszüge aus *A Secret Symmetry: Sabina Spielrein Between Jung and Freud* von Aldo Carotenuto, übersetzt von Krishna Winston, Arno Pomerans und John Shepley. Copyright © 1982 Random House, Inc., und *Freud: The Man and the Cause* von Ronald Clark. Copyright © 1980 E. M. Partners, A. G. Abdruck mit freundlicher Genehmigung durch Random House, Inc.

Auszüge aus *Memoirs, Dreams, Reflections* von C. G. Jung, aufgezeichnet und herausgegeben von Aniela Jaffé, übersetzt von Richard und Clara Winston. Copyright © 1961, 1962 und 1963 Random House, Inc. Abdruck mit freundlicher Genehmigung durch Pantheon Books, a Division of Random House, Inc.

Auszüge aus *The Freud/Jung Letters: The Correspondence between Sigmund Freud and C. G. Jung*, hg. von William McGuire, übers. von Ralph Manheim und R. F. C. Hull, Bollingen Series XCIV. Copyright © 1974 Sigmund Freud Copyrights, Ltd. und Erbengemeinschaft Professor Dr. C. G. Jung *Word and Image*, hg. von Aniela Jaffé, Bollingen Series XCII: Bd. 2. Copyright © Princeton University Press. Abdruck mit freundlicher Genehmigung der Princeton University Press.

Mein besonderer Dank gilt:

Tom Roberts von Sigmund Freud Copyrights, Colchester, England, für die Erlaubnis, Material aus der Sigmund Freud Collection der Library Of Congress zu verwenden.

Edmund Brill für die Erlaubnis, aus der Korrespondenz Abraham Brills zu zitieren.

Gerda Niedick von der Niedick Linder, A. G.

Richard Wolfe von der Countway Library in Boston.

Grant Allan für die Erlaubnis zur Verwendung von Material aus der Korrespondenz von Ernest Jones.

# Register